最新テーマ別

実践 労働法実務

休職の法律実務

弁護士 塩見卓也 著

城塚健之・佐々木 亮・塩見卓也・嶋﨑 量 編

3

旬報社

シリーズの刊行にあたって

このたび、旬報社から『最新テーマ別［実践］労働法実務』（全13巻）が刊行されることとなった。旬報社の古賀一志さんを中心に、佐々木亮（東京・旬報法律事務所）、嶋﨑量（神奈川・神奈川総合法律事務所）、塩見卓也（京都・市民共同法律事務所）及び城塚健之（大阪・大阪法律事務所）の、いずれも日本労働弁護団に所属する4人の弁護士により編集委員会を構成し、全国各地で活躍中の日本労働弁護団所属の中堅・若手弁護士にも執筆協力を呼びかけて、順次刊行されることになっている。

縁あって、その1冊目を担当させていただいた機会に、このシリーズの意義について、考えていることを申し上げておきたい。

本シリーズは、いわゆる実務書であり、労働者から相談を受けた弁護士・司法書士などの実務家の手引きとなることを想定している。

したがって、本シリーズでは、基本的には、現在の裁判所の考え方をベースに、法解釈を論じることになる。

しかし、私たちは、裁判所の解釈がすべて正しいとは考えていない。

消費者事件などとも共通するが、労働事件においては、使用者が圧倒的に強い立場にある。就業規則による労働条件設定を見れば明らかなように、職場のルールは使用者が一方的に、かつ、使用者に有利に決めていることが多い。

また、使用者はあらゆる情報を集約しているのに対し、労働者には断片的な情報しか与えられていないことも多い。

しかも、労働者と使用者は、お互いの立場が入れ替わることは、通常ない。これはお互いに立場を交換しうる（たとえば、交通事故においては、誰もが加害者にも被害者にもなりうる）市民法の規律する分野とは、決定的に異なるものである。

ところが、しばしば、労働事件を通常の民事事件と同じにとらえ、労働者が合意したのなら仕方ないではないかとか、使用者が一方的に定めたものを、所与のもの、合理的なもの、したがって正しいものとして考える裁判官や弁護士などがいて、私たちは困惑させられることがある。

また、労働契約か請負契約かなどの契約形式については、まさに使用者が一方的に決めているのに、これも労働者が合意したではないかとして、そうした形式に引きずられた解釈や主張をされることも多い。形式に拘泥することなく、実質を見て判断すべきというのは労働法解釈の大原則である。しかし、これは、ことのほか難しい。

もとより、形式的解釈が予測可能性を高め、法的安定性に資する面があることは確かである。また、裁判所（司法）というものは、すでにこの世に存在する法をどう解釈するかという、いわば受け身の存在であり、本来的に保守的なところであるから、社会秩序維持を基本的任務と心得るは、ある意味、自然の成り行きである。その結果、とりわけ刑事司法の分野で顕著であるが、いわゆる治安維持に最大限の価値を置いた判断をしがちである。労働の場面でも、限界なき経済成長を第一義と考え、そのためには企業（使用者）の定立したルールや判断は最大限尊重されるべきであり、労働者はこれに従属して当然（いやなら辞めればよい）と考える傾向は、今でも根強く残っている。しかし、それが労働者の尊厳を後回しにする傾向を助長してきたことは否定できない。実際、労働事件における労働者側の勝訴率は一般の民事事件の原告勝訴率と比べても低い。

とりわけ昭和の時代に作られた判例法理の中には、戦後の経済成長を支えた、いわゆる「企業社会」を維持することが前提となっているものが多い。ここでの「企業社会」とは、終身雇用、年功賃金、企業内労働組合（三種の神器）として語られる空間である。そして、それを支えるものとして、家父長的価値観や、性別役割分担論などがある。それが、使用者の一方的決定を広く認める就業規則不利益変更法理や、配転や懲戒処分などにおける企業の広い裁量の容認といった判決群を生み出してきた（これを分析したものとして、西谷敏「最高裁労働判例の理念的基礎」法律時報73巻9号4頁（2001年）がある）。この「企業社会」は、1980年代後半ころから、新自由主義的考え方に適合しないとして破壊の対象とされてはきたが、今なお、広く残っている。こうした「企業社会」を前提とする過去の裁判所の法解釈は改められなければならない。

他方で、新自由主義は労働法規制を嫌うことから、法解釈の領域でも労働者保護のための規制を緩和しようとする見解が広がりをみせ、併せて、労働時間規制の緩和や労働者派遣の拡大などの法改正が次々と行われてきたのは周知のとおりである。

こうして、私たちは、労働者の尊厳と人間らしい生活を守るためには、新旧いずれの立場とも対峙せざるをえなくなる。

しかし、振り返ってみれば、過去の労働裁判例は、企業の作り上げた一方的なルールに異議申立をした、あまたの先人たちが果敢にたたかい切り拓いてきた成果であった。そうした先人たちの訴えに、同じく社会の一員である裁判官が共感する部分を見いだしたとき、新たな地平が切り開かれてきたのである。

そうであれば、これから労働裁判を担う者としても、現在の裁判所の判断をふまえながらも、「人間の尊厳」のためにあるべき法解釈はどのようなものであるかを考え、おかしいものはおかしいと主張し、変えていく努力をすべきである。本シリーズの各執筆者は、そうした思いで、数々の労働裁判に取り組んできた者ばかりである。そうした「労働弁護士魂」を読者が感じとっていただければ、望外の幸せである。

なお、本書でふれられなかった裁判例や見解もたくさんあるが、これについては、日本労働弁護団編著『新労働相談実践マニュアル』（2021年）（数年ごとに改定を予定）で多くの裁判例を取り上げており、また、本書とは別の観点からのコメントもあり、目を開かされることも多いので、併せて参照されたい。

さらに、本シリーズでは、巻末に、参考判例と書式（代理人弁護士の申入書、訴状等）を、資料として収録することになった。もとより、これも一部にすぎない。これ以外の事案の書式をご覧になりたい方は、たとえば、大阪弁護士会所属の労使の弁護士が協力して執筆した、労働紛争実務研究会編（編集代表　豊川義明）『書式　労働事件の実務－本案訴訟・仮処分・労働審判・あっせん手続まで（第2版）』（民事法研究会、2023年）をご参照いただければ幸いである。

最後に、本書を含むシリーズ全般の刊行は、長年『労旬』の編集長の重責を担っておられる古賀一志さんに全面的にお世話になっている。シリーズ刊行がこれからという現時点では、少々気が早いが、労働者の権利擁護とその伸張に並々ならぬ熱意を持っておられる彼に、いわば同志として感謝の言葉を述べておきたい。

本シリーズが、変化の激しいこの時代において、労働者の権利擁護とその伸張に寄与することがあれば幸いである。

2024年5月

編者を代表して　弁護士　城塚健之

目次

第4章 傷病休職

第5章 健康保険法上の傷病手当金受給手続

第6章 傷病休職と労災との関係

資料

略語一覧

法令・通達

雇用均等法	雇用の分野における男女の均等な機会及び待遇の確保等
高年法	高年齢者等の雇用の安定等に関する法律
厚生労働省「手引き」	厚生労働省「心の健康問題により休業した労働者の職場復帰支援の手引き」（平成24年7月改訂）（巻末資料249頁）
個人情報保護法	個人情報の保護に関する法律
国公法	国家公務員法
個別労働紛争解決法	個別労働関係紛争の解決の促進に関する法律
職安法	職業安定法
パート有期労働法	短時間労働者及び有期雇用労働者の雇用管理の改善等に関する法律
障害者雇用促進法	障害者の雇用の促進等に関する法律
地公法	地方公務員法
労安衛法	労働安全衛生法
労安衛規則	労働安全衛生規則
労安衛施行令	労働安全衛生法施行令
労基法	労働基準法
労契法	労働契約法
労災保険法	労働者災害補償保険法
労組法	労働組合法
労働施策総合推進法	労働施策の総合的な推進並びに労働者の雇用の安定及び職業生活の充実等に関する法律
労働者派遣法	労働者派遣事業の適正な運営の確保及び派遣労働者の保護等に関する法律
基発	労働基準局長通達
基収	労働基準局長が疑義に応えて発する通達

書籍

類型別（Ⅰ）・（Ⅱ）	佐々木宗啓ほか『類型別　労働関係訴訟の実務〔改訂版〕Ⅰ・Ⅱ』（青林書院、2021年）
労働事件50選	須藤典明・清水響『労働事件事実認定重要判決50選』（立花書房、2017年）
労弁マニュアル	日本労働弁護団編『新・労働相談実践マニュアル』（2021年）
菅野＝山川	菅野和夫・山川隆一『労働法（第13版）』（弘文堂、2024年）
菅野	菅野和夫『労働法（初版～第12版）』（弘文堂、1985～2020年）
西谷	西谷敏『労働法（第3版）』（日本評論社、2020年）
荒木	荒木尚志『労働法（第5版）』（有斐閣、2022年）
水町	水町勇一郎『詳解労働法（第3版）』（東京大学出版会、2023年）
土田	土田道夫『労働契約法（第2版）』（有斐閣、2016年）
川口	川口美貴『労働法（第8版）』（信山社、2024年）

判例集・雑誌等

略語	名称	略語	名称
民集	最高裁判所民事判例集	**判時**	判例時報
判タ	判例タイムズ	**労経速**	労働経済判例速報
労判	労働判例	**労民集**	労働関係民事裁判例集
労旬	労働法律旬報	**法時**	法律時報
法曹	法曹時報	**日労研**	日本労働研究雑誌

1 はじめに

2024（令和6）年7月12日厚生労働省雇用環境・均等局総務課発表「令和4年度個別労働紛争解決制度の施行状況」によれば、厚労省が都道府県労働局や労働基準監督署等に設置している総合労働相談コーナーに寄せられる総合労働相談のうち、労働条件その他労働関係に関する事項についての個々の労働者と事業主との間の紛争であり、監督行政の対象となる労働基準法等の違反に関するものを除いた「民事上の個別労働紛争」の件数は、26万6160件となる。そのうち、「いじめ・嫌がらせ」を相談内容とするものは、最多となる19.1%、6万0133件を占める。過去10年でみても、いじめ・嫌がらせの相談件数は、概ね6万件ほどから8万件超の間で推移しており、相談件数のうち最多を占める状況が続いている。個別的労働関係における紛争原因の相当部分を、ハラスメント事案が占めているといえる。

また、厚生労働省2023（令和5）年「労働安全衛生調査（実態調査）」の事業所調査の結果によれば、2022年11月1日から2023年10月31日までの1年間にメンタルヘルス不調によって連続1か月以上休業した労働者または退職した労働者がいた事業場の割合は、13.5%となっている。また、労働者に対する「個人調査」の結果によると、現在の仕事や職業生活で、「強いストレスとなっていると感じる事柄がある」とした人は82.7%となっており、2021年調査の53.3%から大幅増加となっている。

ストレスの内容（主なもの3つ以内）をみると、「仕事の失敗、責任の発生等」が39.7%、「仕事の量」が39.4%、「対人関係（セクハラ、パワハラを含む）」が29.6%、「仕事の質」が27.3%などとなっている。

長時間労働や職場におけるハラスメントは、労働者にとって心理的負荷となり、それが精神障害や脳梗塞・心筋梗塞等の疾病発病の原因となりうる。職場環境と労働者の健康の問題は、現に健康を害することとなった労働者にとって大問題となるとともに、使用者の労務管理においても重大問題となっている。労働者側代理人として、多数の労働事件を手がけてきた筆者においても、中心的に争うポイントが「解雇」であったり、「残業代」であったりするような事案でも、労働者のメンタルをはじめとする健康上の問題と切り離せない事案が、労働相談の大部分を占めるのが実感である。労働相談の現場においては、相談者である労働者が、精神的に傷ついた状態にあることに配慮し、単に労働現場において生じた問題への対応につきアドバイスするだけではなく、当該労働者の今後の生活のためのアドバイスを行う必要がある。

使用者側においては、労働者が何らかの傷病により通常どおりの勤務を継続することが困難となった場合に、労働者に「休職命令」を発令する労務管理が行われることが多い。他方、労働者側の相談現場においても、当該労働者の当面の生活を維持させるために、使用者側に傷病休職制度が整備されているのか、それが適用された場合、賃金支給はどうなるのか等について確認する必要がある。

そして、そのようにして「休職」が適用される事案においては、労働者の発病が職場内におけるハラスメントや長時間労働が原因と疑われるものが多々あることから、それが紛争につながることがあり得る。また、ハラスメントや長時間労働自体を直接には問題にしないとしても、「休職」の適用においては、そもそも職場に休職制度が整備されているのか、整備されていたとしてその内容は合理的なものなのか、労働者に休職が適用されるに際し休職要件は満たされているのか、休職期間中の労務管理は適正になされているか、労働者が復職を願い出た場合にいかなる手続をとるべきなのか、労働者が復職を願い出ても使用者が復職を拒否できる場合とはいかなるものなのか、いかなる場合に使用者が労働者を休職期間満了退職扱いとすることができるのかなど、様々な場面で様々な法的問題が現れる。「休職」の適用においては、これら様々な場面での様々な問題が、そのまま紛争となっていくことがある。

しかし、「休職」は、労働契約法や労働基準法などに規定があるわけではなく、法令の根拠に基づく制度ではない。「休職」は、就業規則等に定められることを通じ労働契約化されることで採用される、契約上の制度である。そのため、各事業者で採用される休職制度の内容も千差万別であり、これまでに「休職」をめぐる問題を体系的・網羅的に整理した書籍は乏しい状況である。

本書は、実務書として、主に労働者側で事件活動をする読者を想定し、「休職」をめぐる諸問題を網羅的に整理した書籍になる。第2章において休職制度とはどういうものであるかの概要を述べ、第3章において労働者の傷病をめぐる相談の現れ方とその対応について、第4章において休職をめぐる紛争の大部分を占める「傷病休職」について、第5章において傷病休職が適用される際に受給手続がとられることが多い健康保険法上の傷病手当金について、第6章において傷病休職と労災の関係について、第7章において公務員における傷病休職について、第8章において傷病休職と障害者雇用促進法との関係について、第9章において傷病休職以外の休職について整理する。

2 休職制度とは

- 休職制度は、労基法や労契法などの労働法規自体の効力によって適用されるものではない。
- 休職制度は、就業規則などに規定されることにより、労働者と使用者との間の労働契約内容となる。休職制度自体を設定しないことも可能である。
- 休職制度は、就業規則等に定められることによって設定される制度なので、事業場ごとの就業規則等の規定内容の違いにより、制度の内容も異なるものとなる。

1——休職制度とその法的根拠

「休職」とは、ある労働者について労務に従事させることが不能または不適当な事由が生じた場合に、使用者がその従業員に対し労働契約関係そのものは維持させながら労務への従事を免除することまたは禁止することをいう[*1]。

＊1　菅野＝山川 699 頁、西谷 266 頁、水町 553 頁、土田 453 頁、荒木 483 頁、川口 507 頁等。

休職制度は、わが国の多くの事業場において採用されているところであり、したがって、労働者の大部分は、なんらかの休職事由が生じた場合に、休職が適用される可能性があることになる。しかし、労契法には、休職に関する規定は存在しない。また、労基法においても、休職制度について明確に言及する規定は存在しない。

休職制度が職場内において採用されうることを示唆する規定としては、就業規則に関する規定である労基法89条がある。同条柱書前段は、「常時十人以上の労働者を使用する使用者は、次に掲げる事項について就業規則を作成し、行政官庁に届け出なければならない」と規定しており、同条8号は「業務外の傷病扶助に関する定めをする場合においては、これに関する事項」を、同条10号は「前各号に掲げるもののほか、当該事業場の労働者のすべてに適用される定めをする場合においては、これに関する事項」と規定する。同条8号及び10号は、そのような制度を設ける場合に記載する必要がある「相対的必要記載事項」についての規定である*2。

傷病休職制度においては、何らかの形で「業務外の傷病扶助に関する定め」をしているものが多い。またそもそも、休職制度は、それが採用される事業場にて就労するすべての労働者に適用されることを前提とするのが通常である。したがって、常時10人以上の労働者を使用する使用者が休職制度を採用する場合、その内容について、労基法89条に基づき、就業規則に規定する必要があることになる。

そして、就業規則上に休職制度が規定された場合、その内容に合理性があり、かつその内容が労働者に周知されているならば、就業規則に定められた休職制度の内容が、当該就業規則が適用される事業場で就労する労働者の労働契約内容となる（労

＊2　菅野＝山川 227-229 頁、水町 182-183 頁、土田 155-156 頁等。

契法7条本文）。この点は、常時10人以上の労働者を使用する事業者であるか否かで異なるところはない。

また、休職制度は、使用者と労働組合との間で締結される労働協約によって定められることもある。その場合、組合員である労働者との間では労働協約上の休職制度が適用されることになる（労組法14条、同16条）。労働協約の効力は、非組合員である労働者には及ばないので、ユニオン・ショップ協定によって労働組合の組織率が100％となっている事業場の場合や、事業場内での労働協約の一般的拘束力（労組法17条）の要件が満たされる場合を除き、事業場内の労働者の労働条件統一を図るために、労働協約に定められたものと同内容の休職制度が就業規則にも規定されるのが通常である。

以上のとおり、休職制度は、労働法規の定めを根拠として就業規則等の定めの有無に関わりなくすべての労働者を対象に適用される制度ではなく、就業規則等に規定されることにより、その内容が労働契約内容となり、その契約上の効力に基づき適用される制度である。そのため、休職制度の適用について検討する場合、まず当該労働契約関係において、休職制度がどのような内容で設定されているかを検討することが重要となる。

なお、公務員の場合、国家公務員法においても、地方公務員法においても、休職に関する規定が設けられており、休職制度の適用要件とその効果については法的根拠が定められている。公務員の休職制度については、第7章において詳述する。

一般的な休職制度においては、就業規則上に、休職事由、休職事由該当性が認められる場合にいかなる手続で休職が適用されるのか、休職期間中の報告義務、休職期間満了前に休職理由が消滅したときは直ちに当該労働者を復職させること、復職手続、復職することなく休職期間が満了となった場合は自然退職とすることなどが定められることによって採用される。

もっとも、休職制度の効力は法規に基づくものではなく、就業規則等の定めによる契約上の効力として認められるものなので、その規定内容いかんによって、事業場ごとに内容は異なることになる。したがって、いかなる内容を休職事由とするかも、就業規則の規定内容によって定まる。休職事由には、傷病休職、事故欠勤休職、起訴休職、組合専従休職、公職休職、出向休職、自己都合休職などがある。最もよく見られるものは、傷病休職であり、休職制度の適用が労働紛争となる事案の大部分も、傷病休職に関する事案である。

2——傷病休職

傷病休職とは、労働者が業務外の傷病（私傷病）によって欠勤し、その欠勤が一定期間以上に及んだときに行われる休職制度をいう。

上記一定期間は、一般的には1か月、3か月、6か月程度に設定されることが多い[*3]。休職制度は労働法規自体に定められるものではなく、就業規則等に定めることによって採用される制度なので、上記一定期間も、就業規則等の定めの内容いかんによって異なることになる。

休職期間も、就業規則等の定めの内容いかんによって異なる。一般的には、6か月から2年程度の期間が設定されいることが多い。また、「勤続5年未満の者　6か月」「勤続10年以上の者　2年」といった具合に、勤続年数や傷病の種類によって異なる休職期間を定めることも多い[*4]。傷病休職制度においては、併せて、休職期間満了時までに復職可能な状態まで回復しなかった場合、当該労働者は自然退職あるいは解雇とする旨が就業規則等に規定される。

＊3　水町 555 頁、菅野＝山川 699 頁、土田 454 頁。

＊4　水町 555-556 頁、柊木野一紀編著『メンタルヘルス不調による休職・復職の実務と規程試し勤務を紛争予防策として活用するために』（日本法令、2022 年）53-54 頁。

私傷病によって就労できない状況は、労働者の労働契約上の債務となる労務の提供ができない状況にあることになるので、形式的には、労働者の債務不履行状態に該当することになる。傷病休職制度は、労働者が私傷病によって就労できない状態になったとしても、いきなり解雇するのではなく、一定期間の療養期間を与えることによって、解雇をできるだけ回避し、労働者の保護を図る点に趣旨を置く。傷病休職制度の詳細は第4章にて述べる。

なお、労基法第8章は、「労働者が業務上負傷し、又は疾病にかかつた場合」、すなわち労働者が労災に遭った場合の使用者の無過失責任による災害補償責任を定めており、労災保険法は、その災害補償責任につき労働者災害補償保険によってカバーする旨を定めている。「私傷病」とは、この「業務上負傷し、又は疾病にかかつた場合」に該当しない、業務外の原因によって受傷・発症した傷病のことをいう。「業務上」の解釈については、第6章にて述べる。

3――事故欠勤休職

事故欠勤休職とは、傷病以外の自己都合による欠勤（事故欠勤）が一定期間以上に及んだときに行われる休職制度をいう。具体的には、何らかの嫌疑により逮捕・勾留されたケースなどにおいて適用されうる。事故欠勤休職においても、休職期間満了までに就労務可能となれば復職させることになるが、就労可能とならなければ自然退職あるいは解雇とされる規定が置かれる[*5]。

＊5　水町 565 頁、菅野＝山川 704-705 頁、土田 453-454 頁、荒木 486-487 頁。

4——起訴休職

起訴休職とは、刑事事件で起訴された者をその事件が裁判所に係属する間または判決が確定するまで休職とすることをいう[*6]。特に、起訴後も勾留が続く場合は、相当期間の不就労が予測される状況となるので、休職制度を適用することの実益がある。

5——組合専従休職

組合専従休職とは、労働者が、自身の所属する労働組合での業務に専念するために適用される休職制度をいう。

企業における労働組合の活動は、職務専念義務を理由に、原則として勤務時間外に行うべきものとされる（大成観光事件・最三小判昭57.4.13民集36巻4号659頁等）。他方、ある程度の規模を有する労働組合は「組合専従者」と呼ばれる組合活動に専従する組合員を置いていることが通常である。企業内で多数派を占めている労働組合や、ユニオン・ショップ制により強制加入としている労働組合の場合、使用者との間の労働協約（労組法14条）に基づき、組合専従休職の定めを置いていることがある。組合専従休職制度が適用されると、労働組合内で組合専従者に選任された労働組合員は、使用者との労働契約に基づき就労すべき業務については労務を免除され、勤務時間内においても組合業務に専念できることになる。

6——公職休職

公職休職とは、労働者が国会議員、地方議員、都道府県知事、

＊6　水町 566 頁、菅野＝山川 705-706 頁、土田 453-454 頁、荒木 487 頁。

市町村首長などの公職に就き、企業の業務と両立できない場合に適用される休職制度である。実際には、就業規則等に公職休職を規定している実例は多くない。

7――出向休職

出向休職とは、労働者が自身の使用者となる企業のグループ企業や関連企業などに出向をするときに、出向期間中は就労先ではなくなる使用者（出向元）との関係で適用される休職制度である。

厚生労働省の定義では、「出向」とは、出向元事業者と何らかの関係を保ちながら、出向先事業者との間において新たな雇用契約関係に基づき相当期間継続的に勤務する形態をいう。

厚生労働省の見解では、出向には、出向元事業者及び出向先事業者双方との間に労働契約関係がある（出向先事業者と労働者との間の雇用契約関係は通常の労働契約関係とは異なる独特のものである）とされる「在籍型出向」と、出向先事業者との間にのみ雇用契約関係がある「移籍型出向」がある。在籍型出向の場合、出向中は出向元事業者においては休職が適用され、出向元事業者での就労義務が免除される一方で、身分関係は出向元事業者との関係で残ることになる[*7]。

8――自己都合休職

自己都合休職とは、留学や災害復興支援ボランティアなど、労働者本人の都合に基づく希望によって適用される休職制度である[*8]。就業規則等に自己都合休職を規定している実例は多くはないが、労働者の留学等の希望を叶えることが企業にとって長

＊7　「労働者派遣事業関係業務取扱要領」（令和３年１月１日以降）10頁。

＊8　水町 567 頁、菅野＝山川 700 頁、土田 453 頁。

期的なメリットにつながると判断し、自己都合休職制度を設けるケースもある。

3 労働者の傷病をめぐる相談への対応

POINT

- 労働者が健康を害した状況にあり、就労が困難な状況にある場合の労働相談においては、①健康保険法上の傷病手当金受給手続、②傷病休職制度の適用とその問題点、③当該傷病についての労災申請、④労災申請に対し不支給決定がなされた場合の不服申立手続、⑤労災と認められた場合の解雇禁止の主張、⑥使用者の安全配慮義務違反等の追及につき、検討すべきことになる。労働相談実務においては、上記①～⑥の手続、これら手続の相互関係、各手続における論点につき、統一的に理解しておく必要がある。
- 健康保険法上の傷病手当金受給手続においても、労災申請においても、通院し診断が出ていることが原則として必要となるので、傷病を有する労働者の労働相談においては、通院の有無を確認し、通院していない場合、すぐにでも通院を開始すべき旨をアドバイスすべきである。
- メンタルヘルス不調を有する労働者の労働相談においては、主治医や労働組合と協力し、労働者のメンタルに配慮しながら対応を検討すべきである。

▶ メンタルヘルス不調を有する労働者の労働相談においては、立証責任等の障壁により、実際に救済を受けるのが困難な場合もあることについても、十分に説明すべきである。

1——労働者の傷病をめぐる問題の統一的理解の必要性

第1章で述べたとおり、近時の労働相談現場においては、職場において長時間労働やパワハラ・セクハラなどの事実が存在することが疑われる事案において、労働者が健康を害した状況にあることについて、労働者本人（ないしその遺族）から相談を受けることが多くなっている。

労働者が健康を害した状況にあり、就労が困難な状況にある場合の労働相談においては、相談者にアドバイスすべきポイントは多岐にわたることになる。

すなわち、①まず、傷病によって就労できない当面の生活を維持するために、健康保険法上の傷病手当金受給のための手続をとることをアドバイスする必要がある(健康保険法99条)。健康保険法上の傷病手当金については、第5章において詳述する。

次に、②勤務先の就業規則等に傷病休職制度が規定されているかを確認し、規定されていれば、傷病休職制度適用に対する対策を立てる必要がある。問題の現れ方としては、本来は傷病休職が適用されることによって相当期間の療養期間が保障されるはずであるにもかかわらず、使用者が傷病休職制度を適正に適用しようとせず、労働者が退職に追い込まれようとしている事案が考えられる。この場合、使用者に対し、就業規則等の定めに従って傷病休職制度を適用した上で、健康保険法上の傷病手当金受給手続に協力するよう求めるべきことになる。また、よくある相談の類型としては、既に傷病休職制度は適用されている中で、労働者が復職を求めても、使用者が復職を拒否し、休職期間満了自然退職に追い込もうとしている事案もある。この場合、使用者に対し、労働者が傷病から就労可能な程度に回復し、復職可能であることを主張し、休職期間満了自然退職させないようにする、あるいは退職扱いが強行されたとしてもその無効を主張すべきことになる。傷病休職をめぐる論点については、第4章にて詳述する。

上記のとおり、傷病休職制度の適用と傷病手当金受給ができる状況にあっても、③当該労働者の傷病が職場の出来事に原因があるのではないかと疑われる場合、別途、労災認定の可能性を検討する必要がある。この場合、厚生労働省の労災認定基準に照らし、当該労働者の傷病が労災と認められる可能性があるか否かを検討した上で、可能性がある場合は、認定基準の観点から労災と認定してもらうための根拠となる証拠を収集し、労災保険法に基づき、労働基準監督署に対し、労災申請を行うべきことになる(労災保険法12条の8)。労災申請に基づく労働基準監督署の調査の結果、労災と認められれば、当該労働者は、労災保険法に基づく給付を受けることができる。もっともこの場合も、労災申請のための準備期間や、労働基準監督署が調査を行い業務上外の認定を行う期間に相当な期間を要するので、労働者の当面の生活を維持させるために、③に先立ち①及び②を行っておく必要がある。また、傷病手当金の受給期間は最大1年6か月なので、その期間内に労災保険法上の給付決定が出ることを目標に、労災申請準備を行う必要がある。

労災申請を行っても、労災とは認められず、不支給決定を受けることも多々ある。その場合、④不服申立手続として、労災保険審査官（都道府県労働局が窓口）への審査請求、労働保険審査会への再審査請求、裁判所への取消訴訟を検討すべきことになる（労災保険法38条)。そのためには、不支給決定が出た段階で、速やかに当該労働者本人（ないしその遺族）から都道府県の労働局に対し、労災調査記録一式の個人情報開示請求をやってもらう必要がある。また、再審査請求段階では、口頭審理期日の約1か月前に労働保険審査会から調査記録一式が送られてくる。不服申立手続においては、これら調査記録を検討し、追加の主張立証を行うなどして、労災と認められるべき根拠を主張すべきことになる。

上記③ないし④を経て、⑤労災が認められた場合、傷病休職制度適用の有無を問わず、労基法19条1項による解雇禁止を使用者に対し主張すべきことになる。労基法19条1項本文は、「使用者は、労働者が業務上負傷し、又は疾病にかかり療養のために休業する期間及びその後三十日間……は、解雇してはならない」と規定しており、仮に労働者の不就労を理由に解雇がなされていたり、傷病休職制度の適用により休職期間満了自然退職とされていても、それらの解雇ないし退職扱いは無効となる。

さらに、労災が認められた場合においては、⑥使用者の安全配慮義務違反（労契法5条）の有無を検討し、安全配慮義務違反が認めうる場合は不法行為・債務不履行に基づく損害賠償請求や民法536条2項に基づく賃金請求を行うべきことになる。労災と認められた傷病が精神障害や脳梗塞・心筋梗塞等の循環器系疾患である場合、長時間労働やパワハラ・セクハラが業務起因性の根拠と認定されることが多く、その場合、通常は同時に使用者の安全配慮義務違反も認められることになる。なお、③の段階で不支給決定が出た場合、④の不服申立手続と並行して、使用者の安全配慮義務違反を追及することも多々あり、労災と認められていなくとも、使用者の安全配慮義務違反が認められる場合もあり得る。

また、長時間労働が発病原因となるような杜撰な労務管理がなされている職場においては、同時に時間外労働に対し割増賃金が支払われていないことが多い。そのような事案であれば、安全配慮義務違反に基づく損害賠償請求を行うと同時に、未払時間外割増賃金等の請求も行うべきことになる。

以上のとおり、労働者が健康を害した状況にあり、就労が困難な状況にある場合の労働相談においては、上記①〜⑥につき検討すべきことになる。実務的には、これらの手続、これら手続の相互関係、各手続における論点につき、統一的に理解しておく必要がある。

なお、傷病休職と労災との関係については第6章にて詳述する。

2——労働相談における労働者のメンタルに対する配慮と説明

医学的知見においては、うつ病の治療は、良好な患者・治療者関係を形成し、「うつ病とはどのような病気か。どのような治療が必要か」を伝え、患者が治療に好ましい対処行動をとることを促すこと、すなわち「心理教育」を治療の基本におく必要があるとされる。「多くのうつ病患者が適切な医療を受けていない」という知見も存在しており、その背景には、うつ病に伴う否定的認知によって、「自分の状態を改善させる上で、医療は役に立たない」という発想が生じがちで、それが医療受診に対する消極さにつながっている事実があると考えられている。抑うつ相では「病気ではなく怠けである」「性格であるから治らない」「どうせ薬なんか効かない」、「こんな状況（例:身体の病気を持っているから、職場の問題があるから）では医療は助けにならない」といった、否定的認知に傾きがちである。それゆえに、うつ病の診断が確定した後は、この否定的認知があることを念頭に置きながら、治療へ導入する必要があるとされている。すなわち、「医療機関受診に消極的なうつ病患者」であるがゆえに、「治療者と患者関係の形成」がうつ病診療において、とりわけ重要とされている＊[1]。

＊1 「日本うつ病学会治療ガイドライン　大うつ病性障害」（2016年7月31日最終改訂）20-21頁。

この医学的知見は、メンタルに不調を抱える労働者の労働相談を受ける場合にも当てはまる。メンタルヘルス不調が重度である場合、そもそも労働相談の場にたどり着くこと自体が、当該労働者にとって困難なこととなる。また、労働相談の現場にはやってきたものの、自身の健康状態につき、治療を要する状況にあることを自覚していない、あるいは自覚していても治療を受けようとしない相談者も多々見られる。労働相談の中で、労働者本人にメンタルヘルス不調がみてとれた場合、先に述べたとおり、健康保険法上の傷病手当金受給手続や労災申請を検討することになる。しかし、いずれの手続においても、給付を受けるためには、傷病に罹患している旨の診断があることが大前提となる。

上記の観点から、メンタルヘルス不調を有する労働者の労働相談を受ける場合、まず精神科・心療内科への通院の有無を確認しなければならない。相談者が通院をしていない場合、原則として、健康保険法上の傷病手当金受給手続においても、労災申請においても、通院し診断が出ていることが必要となる旨を説明し、当該労働者にそれら手続をとりたい気持ちがあるか確認した上で、手続をとるならすぐにでも通院を開始することを勧めるべきである。相談者の中には、一度通院を行い、精神障害発病の診断も受けており、かつ治癒・寛解の診断は受けていないにもかかわらず、医師との相性や「通院してもよくならない」との思いから、自らの判断で通院を中断している者もいる[*2]。通院中断期間中は健康保険法上の傷病手当金も労災保険法上の給付も受けることができない。また、通院中断期間が長くなればなるほど、労災申請手続との関係においては、国はその通院中断期間中に「一旦治癒した」との判断を行いやすくなり、通

*2　佐藤啓二・石倉佐和子・濱名優「精神科診療所における治療脱落の実態の一例」精神神経学雑誌 114 巻 7 号（2012 年）789 頁においては、治療中断者（治療脱落者）のうち 3 分の 1 以上は症状が軽快しないままに治療を中断しており、さらにその中には軽症ではない者が多数含まれていることが明らかにされている。

院再開後につき労災保険法上の給付対象外とされてしまうことになる。したがって、治癒・寛解していないにもかかわらず通院中断している相談者に対しては、通院再開を勧めるべきである。

通院開始（ないし再開）に際しては、医師との相性もあることを説明し、医師と合わないと感じる場合には、遠慮なくセカンド・オピニオンを受診することを勧めるべきである。主治医との関係については、後々当該労働相談が訴訟等に発展した場合、協力を求めるべき場合もあり得るので、その旨も相談者に伝えた上で、先々のために主治医との関係構築を行うべきことまで相談者に理解してもらえれば、よりベターといえる。

メンタルヘルス不調を有する労働者の労働相談を受ける場合、当然ながら、相談を聞く者は、当該労働者に接するに際し、当該労働者のメンタルヘルス不調に配慮した態度をとらなければならない。メンタルヘルス不調を有する労働者の労働相談においては、当該労働者が職場内で受けた出来事について適切な聞き取りを行い、それらの事実が精神的に負荷となった点について共感・理解を示すことにより、信頼関係を構築すべきである。

他方、現実問題としては、当該労働者の説明内容を前提にすれば「これは酷い。救済が必要だ」と思われる事案でも、立証責任等の障壁により、救済が困難といえる事案も非常に多い。メンタルヘルス不調を有する労働者の労働相談を受ける場合、当該労働者の述べる事実に共感・理解を示すと同時に、実際に手続をとった場合の救済の困難さや労力の負担、経済的負担についても十分に説明を行うべきである。

筆者は、ハラスメント事案の相談を受ける場合、必ず「三つのハードルがある」という旨の説明を行っている。一つ目は、ハラスメントの事実は、「その事実がある」と主張する側が立証責任を負うので、仮に裁判官から「多分そういう事実があったんだろうな」というレベルの心証をとったとしても、そのレベルでは、裁判所が求める立証レベルである「高度の蓋然性」（ルンバール事件・最二小判昭50.10.24民集29巻9号1417頁）を有するといえるまでの立証には至らないので、その事実は法的手続内では「なかったもの」とされてしまうという、「立証責任のハードル」である。二つ目は、仮に事実の立証ができても、裁判官は、使用者や上司には労働者に対する指揮命令権・監督権があることを前提に、「指導のやり方が適切・妥当であったとはいえないが、監督権を逸脱・濫用し違法であったとまではいえない」というような理屈で当該事実の違法性を否定することが多いという、「違法性認定のハードル」である。三つ目は、仮に事実の立証があり、違法性も認められたとしても、傷病の発症に業務起因性が認められない場合、裁判官は単に「嫌な思いをした」との点についての精神損害しか賠償を認めず、その金額レベルは十万円からせいぜい数十万円程度であるという、「救済レベルのハードル」である。

上記「三つのハードル」を、メンタルヘルス不調を抱える労働者に対し説明することは、当該労働者にとって非常に厳しいものといえる。しかし、これらの点の説明を正確に行わず、安易に手続に入り、当該労働者の望む救済を得られなかった場合、当該労働者はさらに傷つくことになる。したがって、これらの厳しい説明を行うことも、労働相談においては必須といえる。これら厳しい説明を行いつつ、当該労働者との信頼関係を構築していくことは、労働相談を担当する者としての「腕の見せ所」であるともいえる。

そのような説明を経て、信頼関係を構築し、弁護士が法的手続を受任した場合、それらの法的手続が終了に至るまで、相当の長期戦となることを覚悟しなければならない。その間、メンタルヘルス不調を有する労働者の健康状態は、改善したり悪くなったりの波を繰り返すことになる。そのような長期戦に望むにあたっては、労働組合のサポートを受けることが有益となる。

特にメンタルヘルス不調を抱える労働者の個人加入を可能とする労働組合などにおいては、同じ苦しみを抱える組合員なども おり、互いの共感を得やすく、組合員同士の連帯が長期戦をのりきることの支えとなる。したがって、メンタルヘルス不調を抱える労働者の相談においては、労働組合に加入しそのサポートを受けることについても、選択肢として勧めるべきである。

4 傷病休職

POINT

- 傷病休職とは、労働者が業務外の傷病（私傷病）によって欠勤し、その欠勤が一定期間以上に及んだときに、使用者が休職期間を定めて休職命令等を発し、労働者に療養期間を与える一方で、休職期間満了時までに復職可能な状態まで回復しなかった場合、労働者は自然退職あるいは解雇とすることを内容とする休職制度をいう。
- 傷病休職制度は、労働者が私傷病によって就労できない状態になったとしても、解雇権濫用法理、最後手段原則及び予測原則の観点から、いきなり解雇するのではなく、一定期間の療養期間を与えることによって、解雇を猶予し、解雇をできるだけ回避し、労働者の保護を図る点に趣旨を置く。傷病休職制度を労働者に適用することの本来の目的は、当該労働者に健康に働いてもらうことである。
- 傷病休職制度の適用に基づく休職期間満了自然退職については、傷病による労働不能を理由とする解雇と同様に、解雇権濫用法理の趣旨が及ぶ。
- 使用者は、就業規則上に傷病休職制度の規定を整備した上で、職場復帰プログラム等を策定するなどして、休職から復職までの流れをあらかじめ明確にし、その内容を労働者に十分に説明しておくべきである。

- ▶ 就業規則等に定められる休職事由を充たさない場合の傷病休職命令や、就業規則等に規定される内容よりも労働者にとって不利な内容の傷病休職命令は、就業規則の最低基準効に抵触し、無効となる。

- ▶ 傷病休職期間満了時においては、①労働者が期間満了前に復職の意思表示を行わなかったか、②復職の意思表示がなされていても、使用者が当該労働者の復職が可能であると判断しなかった場合に、当該労働者の自然退職扱いないし解雇がなされることになる。

- ▶ 使用者は、復職しようとする労働者に対し、その健康状態や職場への適応状況に配慮しながら復職させる信義則上の義務を負うと解され、より軽易な業務内容から段階的に元の職務に復職させることなども検討すべきことになる。

- ▶ 傷病休職期間満了前に復職可能な状態にあった事実については、労働者側が立証責任を負うものの、傷病休職期間満了前に、復職可あるいは勤務配慮があれば復職可の診断書とともに復職願が使用者側に提出された場合、退職扱いが権利濫用にあたることには一応の推認が働き、それに対する評価障害事実として、当該労働者が復職することを認めない正当理由の主張立証責任を使用者が負うことになる。

- ▶ 傷病休職制度を採用しているにもかかわらず、傷病休職を適用しないまま私傷病による就労不能を理由に解雇することは、原則としてできない。ただし、職場復帰の可能性の欠如が決定的で、労働契約の継続を期待できないような場合には、傷病休職制度を適用せずに解雇が可能となることもあり得る。

1——傷病休職の意義とその趣旨

第2章で述べたとおり、休職制度のうち、実際に問題となることが最も多いのは、傷病休職である。傷病休職とは、労働者が業務外の傷病（私傷病）によって欠勤し、その欠勤が一定期間以上に及んだときに行われる休職制度をいう。休職制度の内容は、就業規則等の定めの内容いかんによって異なるが、上記一定期間は、一般的には1か月、3か月、6か月程度に期間に設定されることが多く、休職期間は6か月から2年程度の期間が設定されいることが多い。そして、傷病休職制度においては、併せて休職期間満了時までに復職可能な状態まで回復しなかった場合、当該労働者は自然退職あるいは解雇とする旨が就業規則等に規定される。

すなわち、傷病休職制度は、私傷病による欠勤がある程度の長期間に及んだことを前提に、使用者が相当な治療期間を休職期間とする「休職命令」を発することによって、あるいは休職規程の内容によっては、「休職合意」を行うことによって、休職期間中は労働者に治療に専念させ、それでも回復できなかったときに初めて退職の効力を生じさせる制度である[*1]。

私傷病によって就労できない状況は、使用者側の落ち度によらず労働者が労働契約上の債務である労務の提供（労契法6条）をできない状況にあることになるので、形式的には、労働者の債務不履行状態に該当することになる。したがって、その状況は、使用者にとって解雇理由になり得る。もっとも、当該解雇が有効といえるか否かについては、解雇権濫用法理（労契法16条）の考え方が適用されることになる。

ドイツでは、解雇権濫用法理における解雇の社会的相当性の

＊1　水町555頁、菅野＝山川699頁、土田454頁、荒木484頁。

判断基準として、解雇が使用者にとって残された最後の手段であること（最後手段原則）、労働関係の将来予測の観点から解雇が必要といえること（予測原則・期待可能性の原則）が挙げられており*2、日本の裁判例でもこの考え方は大いに参考にされている。労働者の傷病を理由とする解雇においては、まず、労働者に傷病が存在したとしても、それが労働能力に大きな影響を及ぼさない場合、解雇理由とすることはできない（HIV感染者解雇事件・東京地判平7.3.30労判667号14頁等）。また、傷病による労働能力喪失が一時的なもので、治療などによる回復が見込まれる場合には、直ちに解雇することの合理性は認められない（最後手段原則）。傷病による労働能力喪失が相当長期間継続することが予測され、雇用継続が使用者に期待できないといえる状況に至れば（予測原則・期待可能性の原則）、解雇の正当性が認め得ることになる。

傷病休職制度は、労働者が私傷病によって就労できない状態になったとしても、最後手段原則及び予測原則・期待可能性の原則の観点から、いきなり解雇するのではなく、一定期間の療養期間を与えることによって、解雇をできるだけ回避し、労働者の保護を図る点に趣旨を置く（エール・フランス事件・東京地判昭59.1.27労判423号23頁。東洋シート事件・広島地判平2.2.19判タ757号177頁等も同旨）。使用者側の観点から見れば、解雇猶予制度であり*3、傷病休職の適用自体が解雇回避努力の一環ということになる。

休職期間満了退職は、私傷病によって就労できないことを理由とする解雇と同様に、労働者の意思にかかわらず労働契約を終了させるものなので、その効力が有効に生じたといえるか否かの判断においては、解雇権濫用法理の考え方が及ぶことにな

*2 土田662-663頁、西谷459頁。

*3 菅野＝山川699頁、横山直樹『メンタルヘルスの諸問題と企業実務』（商事法務、2023年）38頁。

る。傷病休職期間満了退職の効力が争われた裁判例のリーディングケースとなったエール・フランス事件判決（東京地判昭59.1.27労判423号23頁）は、傷病休職制度が、「使用者の解雇権の行使を一定期間制限して、労働者の権利を保護しようとする制度である」ことからして、「休業期間満了前に従業員が自己の傷病が治癒したとして復職を申し出たのに対し、使用者側ではその治癒がいまだ十分でないとして復職を拒否し、結局休業期間満了による自然退職に従業員を追い込むことになる恐れなしとせず、したがって、自然退職扱いの合理性の範囲を逸脱し、使用者の有する解雇権の行使を実質的に容易にする結果を招来することのないように配慮することが必要であ」ると述べている。

2――就業規則上における傷病休職規定の一般的な内容

休職制度は、就業規則等の定めによって設定されるものなので、その定めの内容いかんによって休職制度の内容も異なるものとなる。もっとも、労働者が私傷病によって就労できない状態になったとしても一定期間の療養期間を与えることによって解雇を猶予し、解雇をできるだけ回避し、労働者の保護を図る傷病休職制度の趣旨からすれば、合理的な内容の傷病休職制度を設定しようとするならば（労契法7条）、ある程度の内容は共通するものとなる。

就業規則において休職制度を採用する場合、一般的に、以下のような規定が設けられることになる。

> （休職）
> 第○条　従業員が次の各号のいずれかに該当する場合、休職を命ずることがある。
> 1　業務外の傷病（私傷病）による欠勤等により業務遂行に支障をきたす状況が当初の欠勤開始日から暦日で通算して3

か月を超える場合
2　会社の了承を得て公職に就任し、会社の業務に支障があると認められたとき
3　会社が従業員に出向を命じた場合
4　……
（休職の期間）
第○条　休職の期間は次の通りとする。
1　前条第1号の場合
イ　勤続3年未満　3か月
ロ　勤続3年以上5年未満　6か月
ハ　勤続5年以上10年未満　1年
ニ　勤続10年以上　1年6か月
2　前条第2号～第○号の場合　会社が必要と認める期間
（休職期間中の給与等の扱い）
第○条　休職期間中の給与は支給しない。ただし、出向に伴う休職の場合は、出向先との協定に基づき給与を支給する。
第2項　休職期間中は、出向に伴う休職の場合を除き、勤続年数には通算しない。
第3項　休職中の従業員は、社会保険料の本人負担分について、会社が指定する日までに、会社指定の口座に振り込む方法により支払うものとする。
第4項　私傷病により休職する従業員の休職期間中については、会社は、当該従業員のために、健康保険法上の傷病手当金受給手続をとるものとする。
（復職）
第○条　休職中の従業員が復職を希望する場合には、所定の手続きにより会社に復職願を提出しなければならない。
第2項　私傷病により休職する従業員は、休職期間中に休職事由が消滅したとして復職を申し出る場合には、前項の復職願とともに、医師が就労可能の旨を記載した診断書を提出し

なければならない。
第3項　前項の場合で、会社が診断書を発行した医師に対する面談の上の事情聴取を求めた場合、従業員はその実現に協力するものとする。
第4項　第2項の復職願及び診断書が提出された場合、会社は、当該従業員に対し、会社の指定する産業医への面談ないし会社の指定する医師への検診を命ずることがある。
第5項　休職期間満了時までに第2項の復職願及び診断書が提出され、会社が休職前の職務に復職可と認めた場合、会社は、従業員を休職前の職務に復職させる。
第6項　休職期間満了時までに第2項の復職願及び診断書が提出され、会社が休職前の職務に復職可とは認めなかった場合においても、会社は、当該従業員に対し、休職期間の延長ないしリハビリ勤務を命ずることができる。
（私傷病の再発）
第○条　私傷病により休職した従業員が、前条に基づく復職後6か月以内に、休職の原因となった同一の理由ないし類似の理由により欠勤ないし完全な労務提供をできない状況に至ったときは、会社は、復職を取り消し、当該従業員に休職を命ずることができる。
第2項　前項の規定に基づき休職となった場合、一時的復職の前後の休職期間を通算する。
（自然退職）
第○条　私傷病により休職する従業員が、その休職期間が満了しても、なお、職務に復帰することができない場合は、休職期間の満了日をもって自然退職とする。
第2項　前項の場合においても、従業員が職務に復帰できる見込みがあると判断できる場合、会社は、当該従業員の休職期間を延長することができる。

上記はあくまで一例であり、上記よりもっと詳細な内容の休職規定が定められるものも多いが、一般的に、上記の例にも挙げたとおり、就業規則上の休職規定には、最低限の定めとして、休職事由、休職期間、休職期間中の給与等の扱い、復職のための手続、休職期間満了時までに復職できない場合に自然退職とする旨が規定される。

3——傷病休職についての一般的な労務管理

3-1 使用者がとるべき安全管理体制等

使用者は、以下のとおり、安全管理体制構築義務、健康管理義務、労働時間管理義務、ハラスメント防止措置義務を有する。これらの義務は、法規に基づく義務なので、当該事業場において傷病休職制度が採用されているか否かにかかわらず、使用者はこれらの義務を負うことになる。

[1] 安全管理体制構築義務

労安衛法は、一定規模以上の事業者に対し、統括安全衛生管理者（同法10条)、安全管理者（同法11条)、衛生管理者（同法12条)、産業医（同法13条)、作業主任者（同法14条）を置くなどにより安全衛生管理体制を確立することを義務付けている。

その他、労安衛法には、事業内容に応じた危害防止措置義務が詳細に定められており、それらを遵守していないことは、そのまま事業者の安全配慮義務違反（労契法5条）の根拠となり得る。

[2] 健康管理義務

事業者は、年1回の定期健康診断を実施する義務を有し（労安衛法66条1項)、それを実施するのに要する費用は、法により事業者に健康診断の実施が義務づけられている以上、当然に事業者が負担すべきものとされる（昭和47年9月18日基発602号）。裁判例では、セヴァ福祉会事件判決（京都地判令4.5.11労判1268号22頁）が、定期健康診断費用を労働者に負担させた金額が使用者の不当利得になると判断している。労働者は、事業者が行なう健康診断を受ける義務を有するが（労安衛法66条5項本文）、事業者の指定した医師又は歯科医師が行なう健康診断を受けることを希望しない場合、他の医師又は歯科医師の行なう健康診断を受け、その結果を証明する書面を事業者に提出することで代替することができる（同5項但書）。なお、健康診断は労働者のためのものなので、受診拒否は原則として懲戒理由にならないと解されるが、健康診断が集団感染のおそれのある病気にかかわる場合は、労働者は受診義務を負うとされる。愛知県教委事件判決（最一小判平13.4.26労判804号15頁）は、胸部X線検査を拒否した労働者の懲戒を有効としている。

また、事業者は、労働者に対し、厚生労働省令で定めるところにより、医師等による心理的な負担の程度を把握するための検査（ストレスチェック）を行わなければならないとされる（同66条の10）。ストレスチェックについては、労働者側に受ける義務はなく、また当面の間は従業員50人未満の事業場につき努力義務とされている（労安衛法附則4条）。

［3］労働時間管理義務

使用者は、労働時間を適切に管理する責務も課されており、労働者の労働日ごとの始業・終業時刻を、タイムカード、ICカード等の客観的な記録を基礎として確認し、これを記録する義務を有する（労安衛法66条の8の3、労安衛規則52条の7の3、「労働時間の適正な把握のために使用者が講ずべき措置に関する基準」平成13年4月6日基発339号）。

労働時間管理記録は、賃金台帳とともに、5年間保存されなければならないが（労基法108条、同109条）、この保存義務は、経過措置として、当面の間は3年でよいとされている（労基法附則143条1項）。

［4］ハラスメント防止措置義務

使用者は、職場において行われる優越的な関係を背景とした言動であつて、業務上必要かつ相当な範囲を超えたものによりその雇用する労働者の就業環境が害されることのないよう、当該労働者からの相談に応じ、適切に対応するために必要な体制の整備その他の雇用管理上必要な措置を講じなければならない（労働施策総合推進法30条の2第1項）。労働施策総合推進法30条の2第3項に基づき定められる指針[*4]（いわゆる「パワハラ指針」）は、「職場におけるパワーハラスメント」につき、「職場において行われる①優越的な関係を背景とした言動であって、②業務上必要かつ相当な範囲を超えたものにより、③労働者の就業環境が害されるものであり、①から③までの要素を全て満たすもの」と定義する。すなわち、同条1項は、使用者に上記定義によるパワーハラスメントの防止措置義務を課している。

また、使用者は、職場において行われる性的な言動に対するその雇用する労働者の対応により当該労働者がその労働条件につき不利益を受け、又は当該性的な言動により当該労働者の就業環境が害されることのないよう、当該労働者からの相談に応じ、適切に対応するために必要な体制の整備その他の雇用管理上必要な措置を講じなければならない（雇用均等法11条1項）。すなわち、使用者には、セクシャル・ハラスメントについても、防止措置義務が課されている。男女雇用機会均等法は、職場における妊娠、出産等に関する言動に起因する問題に関する雇用管理上の措置についても同旨の規定を置く（同法11条の3）。

＊4 「事業主が職場における優越的な関係を背景とした言動に起因する問題に関して雇用管理上講ずべき措置等についての指針」（令和2年厚生労働省告第5号）【令和2年6月1日適用】。

上記ハラスメント防止措置義務として、使用者は、ア）職場におけるハラスメントを行ってはならないことその他職場におけるハラスメントに起因する問題に対する自社の労働者の関心と理解を深めること、イ）自社の労働者が他の労働者に対する言動に必要な注意を払うよう、研修その他の必要な配慮をすること、ウ）事業主自身（法人の場合はその役員）が、ハラスメント問題に関する理解と関心を深め、労働者に対する言動に必要な注意を払うことが責務とされる（労働施策総合推進法30条の3、雇用均等法11条の2、同11条の4）。

上掲のパワハラ指針をはじめとする厚生労働省の定める指針[*5]は、ハラスメント防止措置義務として、具体的に、事業主の方針の明確化及びその周知・啓発（パワーハラスメントの行為者については、厳正に対処する旨の方針・対処の内容を就業規則等の文書に規定し、管理監督者を含む労働者に周知・啓発すること等）、相談（苦情を含む）に応じ、適切に対応するために必要な体制の整備（相談窓口をあらかじめ定め、労働者に周知し、相談窓口担当者が、内容や状況に応じ適切に対応できるようにすること等）、職場におけるハラスメントへの事後の迅速かつ適切な対応（事実関係を迅速かつ正確に確認し、事実関係の確認ができた場合には速やかに被害者に対する配慮のための措置及び行為者に対する措置を適正に行い、再発防止に向けた措置を講ずること等）、相談者・行為者等のプライバシーを保護するために必要な措置を講じ、労働者に周知すること、事業主に相談したこと、事実関係の確認に協力したこと、都道府県労働局の援助制度を利用したこと等を理由として、解雇その他不利益な取扱いをされない旨を定め、労働者に周知・啓発することを求

＊5　雇用均等法11条4項に基づく「事業主が職場における性的な言動に起因する問題に関して雇事業主が職場における性的な言動に起因する問題に関して雇用管理上講ずべき措置等についての指針」（平成18年厚生労働省告示615号）【令和2年6月1日適用】、同法11条の3第3項に基づく「職場における妊娠・出産・育児休業等に関するハラスメントを防止するために講ずべき措置」（平成28年厚生労働省告示312号）【令和2年6月1日適用】。

めている。

3-2 傷病休職制度適用における労務管理

[1] 医学的知見を踏まえた対応の必要性

使用者にとって、傷病休職制度を労働者に適用することの本来の目的は、休職命令や復職拒否、休職期間満了自然退職などの効力の有効性を争うことではなく、当該労働者に健康に働いてもらうことである。

一般的な労務管理の場面においては、使用者と労働者との法的関係について、法的観点からあるべき労務管理を検討すれば足りるものが多い。しかし、メンタルヘルス不調をはじめとする何らかの健康問題を抱える労働者の労務管理においては、法的観点からの使用者と労働者との関係の検討のみならず、労働者の主治医や、会社の産業医・指定医などによる医学的観点からの検討も要する。そして、休職を要するか、復職は可能かなどの検討場面においては、「治癒・寛解」という用語の認識や、診断書記載内容の意味の認識において、会社担当者と医療関係者との間や、主治医と産業医との間に齟齬が生じる場合があり得る*6。この点で、一般的な労務管理の場面に比べ、健康問題を抱える労働者の労務管理の難しさがあり、その齟齬が後々に休職命令や復職拒否、休職期間満了自然退職などの効力の有効性をめぐる紛争につながることがあり得る。紛争を未然に防ぐためには、健康問題を抱える労働者の労務管理においては、使用者においても、医学的知見を踏まえた労務管理が必要となる。

[2] 健康情報の扱い

傷病休職制度の適用を検討する場面においては、上記のとお

---

*6　柊木野一紀編著『メンタルヘルス不調による休職・復職の実務と規程　試し勤務を紛争予防策として活用するために』(日本法令、2022 年) 14-19 頁。

り、労働者の主治医や、会社の産業医・指定医などによる医学的観点からの検討も要することから、使用者は、労働者の健康情報を得ることになる。

規模の小さい、個人情報をほとんど扱わない企業を除き、大半の企業は、個人情報保護法における「個人情報取扱事業者」に該当し（個人情報保護法2条3項）、同法の適用を受ける。健康診断の結果や、病歴、その他健康に関する労働者の健康情報も、個人情報として、同法に従った取り扱いが求められる[*7]。

個人情報保護の観点から、使用者は、取り扱う労働者の健康情報等の内容は必要最小限とすべきである。労働者の健康情報等を収集する場合には、原則として、あらかじめ本人の同意を得て、本人を通して行われなければならない（同法20条2項）。これらを第三者へ提供する場合も、原則として本人の同意が必要となる（同法27条1項）。収集した労働者の健康情報等については、取り扱いのルールを策定・周知の上で、漏洩等の防止措置を厳重に講ずる必要がある。労働者の健康情報等を取り扱う者については、その者の権限を明確にし、情報は特定の部署で一元的に管理し、業務上必要と判断される限りで集約・整理した情報を必要とする者に伝えられる体制が構築されるべきである。また、健康情報等を取り扱う者に対して、健康情報等の保護措置のため必要な教育及び研修を行うべきである[*8]。

［3］職場の心理的負荷要因への対応

特にメンタルヘルス不調を抱える労働者の場合、職場内に何らかの心理的負荷要因があり、それが不調の要因となっていることが多い。職場内における心理的負荷要因については、使用

＊7 「雇用分野における個人情報保護に関するガイドライン」（平成24年厚労省告示357号）、「雇用管理に関する個人情報のうち健康情報を取り扱うに当たっての留意点」（平成24年基発0611第1号）、水島郁子「使用者の健康配慮義務と労働者のメンタルヘルス情報」日本労働法学会誌122号（2013年）24頁。

＊8 厚生労働省「手引き」5頁。

者が労働施策総合推進法30条の2に基づくハラスメント防止措置を適切に講じている場合、労働者からの相談・苦情の場でその事実の存在が明らかになることがある。長時間労働が心理的負荷要因となっている場合、使用者が適切に労働時間管理義務を果たしていれば、自ずとその事実は使用者側においても明らかとなる。

労働者が重度のうつ病に至らず、「適応障害」等の診断を受けている場合、速やかに労働者をその心理的負荷要因から切り離すことが、労働者の速やかな健康回復につながり得る。したがって、使用者においては、精神障害に罹患した労働者の心理的負荷要因を把握した場合、傷病休職の適用を検討すると同時に、業務軽減や時間外労働の免除、時短勤務、ハラスメント加害者から切り離す配置転換などの措置を検討すべきである。

[4] 制度内容の明確性と説明責任

傷病を抱える労働者にとって、傷病休職制度の適用は、その制度内容が明確であり、その内容につき正確に説明されたならば、自身が傷病から回復するための療養期間が保障されるものとして、心強いものとなる。逆に、その制度内容が不明確であったり、使用者からの説明も不十分であったりするならば、休職期間中の自身の収入がどうなるのか、傷病から速やかに回復できない場合どうなるのかなど、制度の適用自体に対し多大な不安を感じることとなる。

使用者は、労働者が不安を持つことなく制度の適用を受け入れ、円滑に職場復帰できるようにするために、就業規則上の傷病休職制度の規定を整備した上で、職場復帰プログラム等を策定するなどして、休職から復職までの流れをあらかじめ明確にし、その内容を労働者に十分に説明しておくべきである。また、傷病休職制度の適用の検討に際しては、使用者は、健康保険法上の傷病手当金受給などの経済的保障についても十分に説明すべきであり、加えて不安・悩みの相談先の紹介、公的または民間の職場復帰支援サービスの紹介など、傷病休職制度の適用に関連する諸制度についても説明できればベターである[*9]。

3-3 傷病休職命令発令段階における問題点

［1］受診命令の可否

特にメンタルヘルス不調事案では、労働者の素因、性格傾向の個別性から、労働者の症状、病態の把握が難しいという問題がある[*10]。メンタルヘルス不調を疑われる状況にある労働者が、自ら通院・受診しようとしない場合、使用者は労働者に対し、その指定する医療機関での受診を命ずることができるかという問題がある。

法令上、労働者は、事業者が行なう健康診断を受ける義務を有するが（労安衛法66条5項本文）、それ以外に労働者が受診命令に従わなければならないことの根拠となる規定は存在しない。したがって、使用者は、原則として労働者に対し受診を命令することはできず、受診を命ずるには、何らかの労働契約上の根拠が必要となる。使用者は、労働者が受診すべきといえる状況にある場合、まずは自ら医師の診察を受けるよう説得し、同意を得るべきである。

労働者が受診に応じない場合に受診命令を行う契約上の根拠について、電電公社帯広局事件最高裁判決は、就業規則等において使用者の受診命令の根拠となる合理的な内容の規定が存在する場合においては、使用者に受診命令権が認められるとしている（最一小判昭61.3.13集民147号237頁（労判470号6頁））。

この場合さらに、使用者は、指定する医療機関での受診を命ずることができるかという問題がある。上記最高裁判例の事例

＊9　厚生労働省「手引き」1-2、10、12-13頁（本書249、251-252頁）。

＊10　水島・前掲注＊7・23頁。

では、「健康管理従事者による指示の具体的内容については、特に公社就業規則ないし健康管理規程上の定めは存しないが、要管理者の健康の早期回復という目的に照らし合理性ないし相当性を肯定し得る内容の指示であることを要する」と述べており、少なくとも、指定する医療機関で受診させることが当該労働者の健康回復目的に照らし合理性・相当性を有するといえるものでなければならないといえる。もっとも、上記最高裁判例の事例では、「右の合理性ないし相当性が肯定できる以上、健康管理従事者の指示できる事項を特に限定的に考える必要はなく、例えば、精密検診を行う病院ないし担当医師の指定、その検診実施の時期等についても指示することができるものというべきである。換言すれば、要管理者は、労働契約上、その内容の合理性ないし相当性が肯定できる限度において、健康回復を目的とする精密検診を受診すべき旨の健康管理従事者の指示に従うとともに、病院ないし担当医師の指定及び検診実施の時期に関する指示に従う義務を負担しているものというべきである」と述べられており、合理性・相当性を有するといえる範囲であれば、指定する医療機関での受診命令に対し、労働者は従う義務がある旨を述べている。

他方、上記最高裁判例の事例では、「要管理者が労働契約上負担していると認められる前記精密検診の受診義務は、具体的な治療の方法についてまで健康管理従事者の指示に従うべき義務を課するものでないことは明らかであるのみならず、要管理者が別途自ら選択した医師によつて診療を受けることを制限するものでもない」と述べられており、労働者に受診命令に従う義務があったとしても、具体的な治療方法についてまで従う義務はなく、労働者が使用者の指定医療機関以外の医療機関にて別途受診する自由を有する旨も明らかにされている[*11]。

＊11　水町 556 頁は、自己決定権としての意思選択の自由の重要性、日本の法制度・企業実務における産業医の位置づけ、労安衛法上の法定健康診断ですら医師選択の自由が保障されて

裁判例には、傷病休職命令発令段階ではなく休職期間満了前段階の事案であるが、就業規則等に受診命令の根拠がなくとも、使用者の安全配慮義務及び労働契約上の信義則を根拠に、労働者に使用者が指定した医師の診断を受ける義務があるとしたものがある（京セラ事件・東京高判昭61.11.13労判487号66頁）。他方、裁判例には、うつ病による傷病休職から復職した教員に対し、校医から連絡しても回答を得られなかったとの事実などから職務遂行上の支障を理由とする解雇がなされた事案で、当該教員に回復可能性が認められ、また、退職の当否等の検討にあたって主治医意見を聴取していないなど性急なものであったといえることから、解雇は客観的に合理的な理由を欠いており、社会通念上相当であるとは認められないとして無効としたものがある（J学園（うつ病・解雇）事件・東京地判平22.3.24労判1008号35頁）。

傷病休職をめぐる労務管理は、一時的な問題ではなく、継続的な一連のプロセスからみてどういえるのかが重要であり、そのプロセスに照らし、事案によっては、就業規則等に使用者の受診命令の根拠となる規定がない場合でも、労働者に使用者の指定医療機関での受診義務が信義則上認められる場合もあり得る。タカゾノテクノロジー事件判決(大阪地判令2.7.9労判1245号50頁）は、就業規則上に受診命令の明確な根拠はない中で、就業規則上の業務命令としてなされた受診命令について、労使間における信義則ないし公平の観念に照らし合理的かつ相当な措置であるとして可能であるとしつつも、それに労働者が従わなかったとしても、当該事案において、労働者の欠勤が続いていたわけではなかったことや、産業医が時短勤務や勤務配慮の必要がないと判断していたことなどを根拠に、傷病休職命令の効力を否定している。重要なポイントは、労働者も使用者も、専

いること（同法66条5項但書）から、法定外の健康診断や受診命令についても、原則として労働者に医師選択の自由が認められるべきであるとする。

門家である医師の診断・対応を尊重しつつ、一連のプロセスを踏まえ、状況に応じ誠実な対応を行うことが、労働契約上の信義則に照らし求められるといえる点である[*12]。

［2］診断書提出命令の可否

傷病休職制度が就業規則に定められる場合、私傷病による一定期間の欠勤や不完全な就労の継続が休職事由とされるのが一般的である。このうち、「私傷病による」との要件については、通常は主治医による診断書によって私傷病に受傷・罹患していることが確認されることになる。そこで、使用者が傷病休職命令を発令するに先立ち、私傷病の内容を確認するために、労働者に対し診断書提出を命ずることができるのかが問題となる。

本章３－２［２］「健康情報の扱い」にて先に述べたとおり、労働者の健康情報は個人情報保護法の適用対象となる。したがって、労働者の診断書についても、法令上の例外事由に該当しない限り、労働者の同意なく一方的な命令によって提出を義務付けることはできないといえる（個人情報保護法20条2項）。なお、労安衛法に基づく健康診断（労安衛法66条1項、同5項）については、「法令に基づく場合」（個人情報保護法20条2項1号、同27条1項1号）として、労働者の同意なく使用者に提供できるとされている[*13]。

診断書は、使用者が労働者の欠勤を病気欠勤として取り扱うか否かという場面や、傷病休職命令の発令の場面、傷病休職からの復職の可否を判断する場面において、その判断根拠となる重要な書面となる。当然、労働者もそのことを理解しているはずであり、使用者は、それらの各場面においては、診断書提出の必要性を十分に説明の上、労働者の同意を得て提出させるべきである。十分な説明を行ったにもかかわらず、その提出がな

＊12　水町 556 頁。

＊13　柊木野編著・前掲注＊6・60 頁。

い場合は、欠勤を病気欠勤として扱わないことによる不利益を労働者が受けることも致し方ないといえる。また、復職の可否を判断する場面においては、診断書の不提出は、休職期間満了退職扱いの正当性の評価根拠事実となり得よう。裁判例では、大建工業事件決定（大阪地決平15.4.16労判849号35頁）は、休職中の労働者が、職務復帰を希望するにあたり、使用者が求める就労可能と判断できるだけの資料を提出しなかったために解雇された事案において、労働者が従前の職務を通常程度行える健康状態に復したか否かを使用者が確認することは当然必要なことであり、就労の可否の判断の一要素として医師の診断を使用者が要求することは信義公平の観念に照らし合理的かつ相当な措置であるから、就業規則所定の事由に基づく解雇は、社会通念上相当な合理的な理由があるとしている。

傷病休職命令発令を検討すべき段階において、十分な説明を行ったにもかかわらず診断書の提出がない場合、受診命令が就業規則上可能な場合は受診命令を発令の上で、その診断結果の任意提出を改めて求めることになり、それでも提出がない場合は、本章７－１にて述べる傷病休職を適用しないままでの解雇が検討されうることになろうが、解雇を有効とするには、前提として使用者が十分な説明を繰り返し行ったことや、その説明内容の合理性の高さとの相関関係で、労働者が診断書を提出しないことが信義則に反するといえる事実関係が必要となろう。この場合、私傷病に罹患しているか不明のまま、使用者側の一方的判断で私傷病に罹患しているものとして傷病休職命令を発令する、あるいは事故欠勤休職の規定がある場合はそれを適用することも手段として考え得るが、労働者が私傷病に罹患したか否かが不明である以上、当該休職は使用者の都合によるものとして、使用者に休職期間中の賃金支払い義務（民法536条2

項）が生じるのではないかという問題が残る[*14]。

［3］就業規則に従った傷病休職命令（休職事由該当性等）

傷病休職命令に限らず、休職命令は、就業規則や労働協約の定めに基づきなされるものであるところ、その定めの内容は労働契約内容となるとともに、最低基準効を有している（労契法7条、同法12条、労組法16条）。したがって、休職命令は、就業規則等に定められた要件が充たされた上で発令されるべきものであり、休職事由が充たされない休職命令は、労働者の自由な意思に基づく同意（山梨県民信用組合事件・最二小判平28.2.19民集70巻2号123頁参照）がない限り、無効となる。実際、休職命令においては、休職期間中が無給となる、休職期間が勤務期間として通算されないなど、労働者に不利益な側面も多々あるので、休職命令自体の有効性が争いになり得る。

休職事由該当性について判断した裁判例として、タカゾノテクノロジー事件判決（大阪地判令2.7.9労判1245号50頁）[*15]は、使用者が労働者の適応障害再発の可能性を考え、繰り返し当該労働者に対し受診命令を発令したものの、当該労働者がそれに従わなかった事例においても、当該事案において、労働者の欠勤が続いていたわけではなかったことや、産業医が時短勤務や勤務配慮の必要がないと判断していたことなどを根拠に、就業規則上の傷病休職命令発令要件となる「私傷病により長期に欠勤が見込まれる、又はそれに準ずる事情がある」が充たされていないとして、傷病休職命令の効力を否定している。同様に、富

＊14　柊木野編著・前掲注＊6・61頁。

＊15　なお、同事件判決は、使用者側が日本ヒューレット・パッカード事件最高裁判決（最二小判平24.4.27集民240号237頁（労判1055号5頁））を引用しつつ、使用者が取るべき措置が休職命令しかなかったと主張していたのに対し、日本ヒューレット・パッカード事件は労働者の欠勤が続いた事案であって、本件とは事案を異にすると述べる。また、同事件判決は、使用者が、同事案での休職命令が解雇猶予としての休職制度の趣旨に沿ったものであると主張していたのに対し、傷病休職制度にそのような趣旨が含まれるとしても、それは能力不足を含む解雇一般を避けるためのものではなく、あくまで労働者の欠勤が続いて就業できないような場合にそのことを理由に解雇することを避けるものであって、欠勤が続いたわけではない本件とは前提が異なると述べる。

国生命保険（第1回、第2回休職命令）事件判決（東京高判平7.8.30労民集46巻4号1210頁（労判684号39頁））は、頸肩腕障害のため1年7か月余りにわたり傷病欠勤をした後に復職した労働者に対し、当該傷病が治癒しておらず増悪する可能性の存することが就業規則所定の休職事由である「本人の帰責事由により業務上必要な資格を失うなど、該当業務に従事させることが不適当と認めた場合」及び「その他前各号に準ずるやむを得ない理由があると会社が認めた場合」に当たるとしてされた休職命令につき、前者の理由は、当該労働者に何らかの帰責事由があることを要すると解されるところ、前記傷病が同人の責めに帰すべき事由に起因するとはいえず、後者の理由についても、同人の症状及び復職後の勤務状況が就業規則所定の傷病休職事由と同視できる程度に勤務の支障を生じているともいえないとして、休職命令を無効としている。

また、就業規則等に規定される内容よりも労働者にとって不利な内容で傷病休職命令を発令することは、就業規則の最低基準効に抵触するという点からも無効となる。傷病休職命令は、就業規則等に定められた要件を充たした状況において、就業規則等に定められた手続を踏まえた上で発令されなければならない。

裁判例においては、J学園（うつ病・解雇）事件判決（東京地判平22.3.24労判1008号35頁）は、就業規則上、引続き90日間の欠勤が傷病休職命令発令の要件とされ、休職期間は1年間とされていたにもかかわらず、欠勤開始初日から1年間の経過をもって退職とする旨の傷病休職命令を発令したことは、就業規則の解釈を誤ったものといわざるを得ないとし、その点を解雇権濫用の評価根拠事実としている。この事案の場合、就業規則上、労働者の療養期間は、90日間の病気欠勤期間に、1年間の傷病休職期間を加えた、15か月間が保障されていたといえる。傷病休職制度の趣旨が、一定期間の療養期間を与えることによって、解雇を猶予し、解雇をできるだけ回避し、労働者の保護を図る点にあることからすれば、就業規則上15か月間の療養期間を保障していたにもかかわらず、1年間の療養期間しか与えない傷病休職命令を発令することは、就業規則の最低基準効に抵触するものといえる。

上記の事例のように、傷病休職制度は、傷病休職命令の発令前に、一定期間以上の病気欠勤期間ないし不完全な労務提供がなされた期間があることを要件とするのが通常である。この要件との関係で、筆者は、労働者が療養のために年次有給休暇（労基法39条）を取得した期間まで欠勤期間に含めた上で傷病休職命令を発令した事案に遭遇したことがある。年次有給休暇は理由の如何を問わず行使できる権利であり、年次有給休暇の取得により労働者に対し不利益取り扱いすることは避けねばならず（労基法附則136条）、権利行使を抑制するような不利益扱いは違法となる（日本シェーリング事件最高裁判決・最一小判平元.12.14民集43巻12号1895頁）。したがって、年次有給休暇の取得日数を病気欠勤期間に含めることは違法となろう。

［4］傷病休職命令発令判断

傷病休職命令発令の判断権者は、通常の場合は使用者である。もっとも、就業規則上に労働者からの申出による傷病休職が規定されている場合は、合意による傷病休職適用もあり得る。

傷病休職命令発令は、主治医の診断、産業医の意見、当該労働者の勤怠状況、業務能率、面談実施状況、労働者の労働意欲などの諸事情を総合判断して発令すべきものとなる。この中でも重要なのは、主治医の診断、産業医の意見、勤怠状況である。

主治医の診断や産業医の意見は、休職命令発令段階においては、命令を発令するか否かの判断においても重要であるが、将来的な復職判断との関係においても重要となる。したがって、使用者は、休職命令発令段階から、短期間の休職により復職可能であることが明らかである場合を除き、労働者の同意を得た上で、積極的に主治医と情報交換を行うべきである[16]。本来の最終的な目標は、労働者を休職期間満了退職にすることではなく、労働者に健康な状態で復職してもらうことであり、その目標を見据えた情報交換を早い段階から行っておくことがベターといえる。ただし、労働者のメンタルヘルス不調が重い場合、早い段階から主治医にアプローチをすることが当該労働者の精神的負担になる場合もあるので、その場合は症状が落ち着くのを待ってからアプローチするなどの配慮も必要である。

主治医との情報交換においては、使用者からの情報提供も重要となる。主治医は、当該労働者の職務がどのようなものであるかを把握しているわけではない。そのため、使用者からの情報提供がなければ、当該労働者の職務がどの程度の負荷となるのかを主治医が把握できない場合も多い。使用者からは、労働者の同意を得た上で、職務の内容、配置転換等の可能性、勤怠状況、業務能率、傷病休職制度の内容等が主治医に伝えられるとよいといえる。他方、主治医からは、受診日、診断内容、投薬状況、回復状況などの情報を得られるとよいが、これもあくまで労働者の同意を得た上での話である。情報交換の方法としては、本人に同行し担当者が主治医から話を聞く、産業医から主治医に情報提供書と質問状を送る、使用者から主治医に情報提供書と質問状を送るというやり方が考えられる[17]。

なお、出向中の労働者が私傷病に罹患し欠勤が一定期間以上に及んだ場合、傷病休職の命令権者は出向元か出向先かという問題がある。基本的には、出向元事業者と出向先事業者の間で締結された出向契約や、労働者と出向元・出向先事業者との間の各労働契約の内容によって決せられるべきものとなる[18]。契約に特段の定めがない場合、傷病休職は実際の就労先の労務提

＊16　厚生労働省「手引き」10 頁（本書 249 頁）。

＊17　情報提供書については、厚生労働省「手引き」に書式がある（本書 261 頁）。

＊18　水町 557 頁。

供にかかわる問題であると同時に、労働者の地位の帰趨にもかかわる問題なので、出向先も、出向元も、各々の就業規則の規定に基づき傷病休職命令を発令することができるとした裁判例がある（日本瓦斯（日本瓦斯運輸整備）事件・東京高判平19.9.11労判957号89頁）。

3-4 傷病休職期間中の問題点

［1］傷病休職期間中の賃金

傷病休職は、労働者側の事情である私傷病によって就労できない状況にあることが前提なので、ノーワーク・ノーペイの原則により、傷病休職期間中につき、使用者は労働者に対し賃金を支払わなくともよいのが原則となるが、就業規則上に賃金を支給する旨を定めることは自由である。賃金支給の定めがある場合、傷病休職命令を受けた労働者は、不就労であったとしても、労働契約上の権利として就業規則どおりの賃金を使用者に対し請求することができる（労契法7条）。

もっとも、実際には、就業規則上に傷病休職期間中は無給とする規定が設けられる事業場が大部分である。この場合、使用者は、労働者の当面の生活維持のために、健康保険法上の傷病手当金受給手続をとるべきであることについては第3章にて述べたとおりである。健康保険法上の傷病手当金受給手続については、第5章にて詳述する。

また、先に述べたとおり、使用者が傷病休職命令を発令したとしても、前提となる就業規則上の休職事由たる、私傷病によって就労できない状況が認められず、休職命令自体が無効となる場合があり得る。その場合、労働者の不就労は使用者の責めに帰すべき事由によるものといえるので、労働者は、傷病休職命令による不就労期間中につき、使用者に対する賃金請求権を失わない（民法536条2項）。裁判例では、前掲のタカゾノテクノロジー事件判決（大阪地判令2.7.9労判1245号50頁）、富国生命保険（第1回、第2回休職命令）事件判決（東京高判平7.8.30労民集46巻4号1210頁（労判684号39頁））のいずれにおいても、傷病休職命令の無効を前提に賃金請求権を認めている*[19]。

［2］療養専念義務の有無と傷病休職期間中の遊興・副業

傷病休職期間中、労働契約上の信義則に基づく義務として、労働者は療養専念義務を負うかという問題がある。使用者側からは、傷病休職期間中の労働者が遊興していたり、無断兼業をしていたりなどが人事部に報告される場合が多く見られると述べられている*[20]。使用者側からすれば、そのような事態は療養期間を保障する傷病休職の趣旨に反し、また他の労働者からの不満の種になることから、労働者に療養専念義務を課したいところであろう。

しかし、傷病の内容は多様であり、その傷病から回復するための療養の内容も多様である*[21]。例えば、トラック運転手が足の骨を複雑骨折し、相当の長期間運転業務に従事できない状況で傷病休職が適用された場合に、当該労働者に療養期間中SNSで遊ぶことを禁止することは、上半身の健康には大きな問題のない労働者に非常に酷であるといえる。傷病休職期間中は就労義務が免除されているのであり、その間の私生活に使用者が過度に介入することは許されるものではない上に、傷病を罹患している者も当然に個人的な楽しみを得るべき人格権を有するのであるから、回復に支障のない範囲での適度な飲酒や遊興は許容されるべきである。むしろ、傷病の内容によっては、外出や旅行等が傷病からの回復に寄与することもあり得る。したがっ

＊19　傷病休職ではない休職命令の事案ではあるが、クレディ・スイス証券（休職命令）事件判決（東京地判平24.1.23労判1047号74頁）も休職命令の無効を前提に賃金請求権を認めている。

＊20　横山・前掲注＊3・45頁。

＊21　水町558頁。

て、あらゆる遊興や副業を全て禁止する趣旨で、労働者に療養専念義務を課すことはできないと解すべきである。

また副業に関しては、健康保険法上の傷病手当金受給に関する行政通達[22]は、「健康保険法第99条第1項に規定する『療養のため労務に服することができないとき』(労務不能)の解釈運用については、被保険者がその本来の職場における労務に就くことが不可能な場合であっても、現に職場転換その他の措置により就労可能な程度の他の比較的軽微な労務に服し、これによって相当額の報酬を得ているような場合は、労務不能には該当しないものであるが、本来の職場における労務に対する代替的性格をもたない副業ないし内職等の労務に従事したり、あるいは傷病手当金の支給があるまでの間、一時的に軽微な他の労務に服することにより、賃金を得るような場合その他これらに準ずる場合には、通常なお労務不能に該当するものであること。」と定めている。すなわち、健康保険法上の傷病手当金受給と、「本来の職場における労務に対する代替的性格をもたない副業ないし内職等の労務に従事」することは矛盾しないとされている。本来、労働時間外にどのように過ごすかは労働者の自由であり、労働契約から当然に兼業を控えるべき義務が導かれるわけではない[23]。

多くの企業では、就業規則上に兼業の原則禁止や兼業する場合には使用者の許可を要する旨の規定を置くが、当然にその規定に基づく兼業禁止・不許可が有効となるわけではなく、兼業が競業にあたる場合や、職務内容や労働時間からみて本来の労務提供に悪影響を及ぼす蓋然性が高い場合など、兼業の制限には合理的理由が必要である。裁判例においては、小川建設事件決定(東京地決平22.7.7労判397号30頁)は、兼業の全面禁止

＊22　厚生労働省平成15年2月25日保保発0225007号・庁保険発4号「地方社会保険事務局長あて厚生労働省保険局保険課長・社会保険庁運営部医療保険課長通知」。

＊23　水町621頁、土田116-118頁、西谷212頁。

規定は合理性（現在の労契法7条）を欠くと判示している。また、マンナ運輸事件判決（京都地判平24.7.13労判1058号21頁）は、兼業アルバイトの不許可を執拗に繰り返し、本業に支障がないといえるものまで不許可としたことが不法行為に該当するとされている。これらの点から、回復の支障とならない範囲の副業は、傷病休職期間中においても、就業規則上の兼業に関する規定に抵触しない限りで許容されると解される。例えば、大学教員が傷病休職期間中において、専門分野に関し受けた取材に対しコメントし、記事化されたことで取材元から謝礼を受けとったというレベルのものは十分に許容されよう。

もっとも、就業規則上の兼業避止義務違反と判断される内容の兼業であり、その内容が療養期間が与えられたことの趣旨に反するレベルの内容であった場合は、副業は許容されないといえる。裁判例では、傷病休職が適用された事案ではないが、ジャムコ立川工場事件判決（東京地八王子支判平17.3.16労判893号65頁）は、労災認定された後の休業中において、自営業としてオートバイ店を開店したことを理由に解雇された事案において、自営業で就労し始めた後は労働基準法19条1項の「療養のために休業する期間」にはあたらないと認定した上で、休業期間中の兼業は職場秩序を乱し就業規則上の懲戒解雇事由となりうるので、使用者が雇用契約における信頼関係破壊を理由に、適正手続のもとで懲戒解雇処分にしたことは解雇権の濫用には当たらないとしている。

あらゆる遊興や副業を全て禁止する趣旨で、労働者に療養専念義務を課すことはできないとしても、療養中の遊興等が信義則に反するといえる内容の場合は労働者の懲戒等の処分が可能となる場合があり得る。いかなる場合に信義則違反といえるかは、行為の内容・性質、頻度、費やした時間の量などを根拠に、医師の見解も踏まえて判断されるべきである＊[24]。裁判例では、マガジンハウス事件判決（東京地判平20.3.10労経速2000号26頁）は、使用者が賃金全額を支給しながらの「私傷病欠勤」を認めていた中で、労働者が休職期間中に週1回程度出社して労働組合活動を行ったり、外出、飲酒、旅行等の遊興を繰り返し、会社社長や役員・社員らを過激な表現を用いて批判したりしたことが、療養の趣旨に反し会社の信用・名誉を傷つけるものであるとして、当該労働者の解雇を有効としている。

傷病休職期間中の遊興等の状況が、既に傷病から回復していることを推認させる場合、使用者は、傷病休職適用の取り消しを検討することも考えられる。この場合、使用者は、当該労働者の遊興等の状況の根拠資料を踏まえて、産業医に相談し、また労働者の同意を得た上で主治医の見解を求めるべきことになろう＊[25]。

［3］傷病休職中の労働者への連絡方法

特にメンタルヘルス不調によって傷病休職となった労働者の場合、傷病休職期間に先立つ病気欠勤期間も含め、労働者やその家族は、病気に対する不安のみならず、復職に対する様々な不安や焦りを抱えることが多い。休養期間中に、使用者が労働者に対し、適切に連絡をとり、必要な情報を提供・説明し、また労働者の状況を確認することは、労働者の負担にならない範囲で適切に行われれば、休養中の労働者の不安や孤立感を和らげるだけでなく、症状の回復にも寄与し得る＊[26]。使用者側にとっても、休養期間中に定期的に労働者の状況を確認しておくことは、具体的な復帰プランを早期に策定するのに役立つ上に、休職期間満了直前に復職願が出た場合に生じやすい紛争を回避

＊24　横山・前掲注＊3・46頁。

＊25　横山・前掲注＊3・46-47頁。

＊26　厚生労働省「手引き」12頁（本書251頁）、柊木野編著・前掲注＊6・73頁。

しやすくなるメリットがある。

休養期間中の連絡について、就業規則上にその詳細が定められている場合は、まずそれに従うことが原則となる。もっとも、病気の特性やそのときの状況によってどの程度の頻度で連絡をとるべきかは変わってくる。使用者からの連絡の頻度が多すぎる場合、休養中の労働者にとって、その連絡への対応自体が負担となり、回復の妨げとなることもあり得る。使用者は、産業医や主治医に相談しながら、当該労働者の症状の重さや状況に応じ連絡の方法や頻度を検討すべきである。また、休養中の労働者の状態は家族の対応によっても左右されることもあるため、必要に応じ家族に説明を行うことも検討すべきである。他方、メンタルヘルス不調が重度に至らない場合、休養に入り職場から一定の距離をとることで症状がある程度落ち着くことも多い。連絡・説明のタイミングとしては、例えば、傷病手当金申請のための手続準備のために診断書の提出を受ける段階で、傷病手当金の支給による生活保障があることの説明とともに、就業規則上の傷病休職制度の概要を説明し、復職に向けた状況確認のための連絡方法等についても説明を行うと、本人への負担が軽減されることがある*27。

具体的な連絡方法としては、労働者との連絡窓口を一本化する、休養中の定期的な連絡方法や頻度を事前に決めておき、それを早い段階で説明しておく、連絡方法は本人負担の少ない電子メールや電話等にするなどが望ましい。もっとも、重要な説明事項については、やりとりの記録を残すためにも、労働者が後からでも確認できるようにするためにも、ペーパーでの説明文書を交付すべきである。連絡窓口は、労働者のメンタルヘルス不調の原因が上司にある場合もあるので、上司ではない人事労務担当者が望ましいといえる。連絡に際しては、傷病休職制

＊27　厚生労働省「手引き」12頁（本書251頁）、柊木野編著・前掲注＊6・73-74頁。

度の内容、給与や健康保険法上の傷病手当金等の労働者の収入に関する情報、有給休暇の残日数、休職延長や復職の手続をとる際の流れ、休職延長や復職の手続をとる場合に必要な労働者側の情報・書類、復職の際のリハビリ勤務についてなどを、当該労働者の状況に応じ適切な時期に繰り返し説明しておくのが望ましい*28。

［4］傷病休職期間中の労働者の報告義務

傷病休職期間中の労働者の健康状態等に関する報告義務については、就業規則上にその詳細が合理的な内容で定められている場合は、まずそれに従うことが原則となる（労契法7条）。また、就業規則上に定めがない場合でも、既に適法に傷病休職が適用された状況にあるならば、療養期間を与えその間に健康状態を取り戻し職場復帰を目指す傷病休職制度の趣旨からすれば、使用者が合理性・相当性を有する頻度・方法で労働者に対し報告を求めた場合には、原則として労働者は報告義務を有すると解すべきことになろう。

労働者からの報告に際しては、報告に併せ、診断書の提出も求められることがある。先に述べたとおり、診断書については、法令上の例外事由に該当しない限り、労働者の同意なく一方的な命令によって提出を義務付けることはできない（個人情報保護法20条2項）。もっとも、傷病休職命令発令前の時期において未だ労働者が私傷病に罹患しているか否かも明らかでない場合とは異なり、既に私傷病に罹患していることに争いがない傷病休職期間中においては、使用者は命令によって診断書提出を義務付けられないとしても、その不提出によって病状が明らかにならないことによる不利益を労働者が被ることは致し方ないことになろう。

＊28　柊木野編著・前掲注＊6・74-78 頁。

傷病休職命令が発令された事案ではないが、体調不良の原因が受動喫煙であると主張する労働者につき、その旨の明確な診断が出ないため、合意による休職を適用することになった事案であるライトスタッフ事件判決（東京地判平24.8.23労判1061号28頁）は、「本件休職合意の提案に応じた以上、その内容からみて、これに伴う誠実義務の一環として、使用者である被告に対し、適宜、本件休職の原因となった自らの体調（病状）とその回復具合いのほか、受動喫煙との関係ないしはその診断結果等について報告する義務を負っていたものといわざるを得ない」として、報告義務の不履行が解雇の客観的合理的理由になると判示している（結論としては、解雇の社会的相当性を否定し解雇無効としている）。

[5] 傷病休職期間中の労働者の守秘義務等

傷病休職期間においては、傷病休職制度適用の効果として、労働者の主たる労働契約上の債務である就労義務は免除される一方で、労働契約自体は継続している。したがって、労働者は、傷病休職期間中においても、業務上の守秘義務や競業避止義務などの労働契約上の付随義務を負う[*29]。

[6] 傷病休職期間中の退職勧奨

使用者が、傷病休職期間満了まで残期間があるにもかかわらず、治癒の可能性が低いこと等を理由に、傷病休職適用労働者に対し退職勧奨を行う事例がある。しかし、傷病休職制度が適用された以上、傷病休職期間満了を待たず退職を求めること自体、療養期間を保障し解雇を猶予する傷病休職制度の趣旨に反するものであり、退職勧奨は行われるべきでない。特に精神障害に罹患している労働者の場合、傷病休職期間中に退職勧奨を

＊29　土田456頁。

行うことは、症状を悪化させるおそれがあるので、行われるべきではない[*30]。休職期間中の退職勧奨の事案ではないが、うつ病罹患による傷病休職からの復職後、使用者から退職勧奨が繰り返され、その事実が退職強要と評価され、その後のうつ病の増悪が業務起因性を有すると判断された裁判例として、エム・シー・アンド・ピー事件判決（京都地判平26.2.27労判1092号6頁）がある。

退職勧奨に対し、労働者が退職に応じる意思表示を行えば、原則として退職が成立することになるが、特に労働者の判断能力が衰えることが推認される精神障害の事案では、退職の意思表示が自由な意思に基づくものではない（山梨県民信用組合事件・最二小判平28.2.19民集70巻2号123頁参照）として退職の成立が否定される場合があり得る。傷病休職期間中の退職勧奨の事案ではないが、退職の意思表示が自由な意思に基づかないとしてその効力を否定した裁判例として、TRUST事件判決（東京地立川支判平29.1.31労判1156号11頁）、グローバルマーケティングほか事件判決（東京地判令3.10.14労判1264号42頁）がある。また、公務員の退職願に基づく辞職承認処分について、退職願が自由な意思に基づくものではないとして処分取消を認容した裁判例として、栃木県事件判決（宇都宮地判令5.3.29労判1293号23頁）、公務員が統合失調症により意思能力を欠いていたとして退職願に基づく依願退職処分を取り消した裁判例として、長崎市・長崎市選挙管理委員会事件判決（福岡高判令3.10.14労働判例ジャーナル119号32頁）がある。

＊30　横山・前掲注＊3・48頁。

3-5 傷病休職における「治癒」の意義

[1] 精神医学における「寛解」「治癒」「回復」

精神神経疾患における「寛解」(remission) とは、一般に、病気の症状が一時的あるいは継続的に軽減、または、ほぼ消失し、臨床的にコントロールされた状態をいう。ほぼ「治癒」に近い状態であるが、精神神経疾患の中には慢性疾患の要素を持つものもあり、症状消失後も一定期間の予防的な内服や経過観察を行うことがあるため、治癒とは言わず「寛解」と呼ぶことが多い*31。

他方、「治癒」については、医学上明確な定義がなされていないが、一般的には「薬物の持続的服用、日常生活の制限、補助具の装用などを行わなくても生体の機能が正常に営まれ、かつ病気の再発が予測されない状態」を意味するとされる。

うつ病においては、寛解状態が一定期間維持されて初めて「回復」といえるものとされており、その一定期間とは、国際疾病分類第10版 (ICD − 10) では2か月とされている*32。この「回復」が、「治癒」と同義、ないし近似する概念であるといえる。

[2] 労働契約上の「治癒」

傷病休職制度は、労働者が私傷病によって就労できない状態になり、労働契約上の労務提供義務を果たせない状況になったとしても、いきなり解雇するのではなく、一定期間の療養期間を与えることによって、解雇を猶予し、解雇をできるだけ回避し、労働者の保護を図る点に趣旨を置く (エール・フランス事

＊31 無償サイト「脳科学辞典」のうち、木下晃秀、里村嘉弘、滝沢龍（東京大学大学院医学系研究科精神医学）による「寛解」の項目（2012 年）(https://bsd.neuroinf.jp/wiki/%E5%AF%9B%E8%A7%A3)。

＊32 第 106 回日本精神神経学会総会教育講演・尾崎紀夫「社会復帰に繋げるうつ病治療：真の recovery を目指して」精神経誌 112 巻 10 号（2010 年）1048-1049 頁。なお、この論文では、「回復」と認めるための一定期間は 4 か月から 6 か月とするのが妥当と述べられる。

件・東京地判昭59.1.27労判423号23頁、東洋シート事件・広島地判平2.2.19判タ757号177頁等）。

この趣旨からすれば、傷病休職制度における、復職要件との関係での「治癒」とは、労働者の労務提供義務が債務の本旨に従って行うことができる状態に回復したことを意味するといえる。かつての裁判例においては、復職するための傷病休職事由の消滅とは、「従前の職務を通常の程度に行える健康状態に復したときをいう」と、元の職務に復帰できる程度に回復したことをいう旨が述べられていた（平仙レース事件・浦和地判昭40.12.16労民集16巻6号1113頁、アロマカラー事件・東京地決昭54.3.27労経速1010号25頁、大建工業事件・大阪地決平15.4.16労判849号35頁等）。傷病休職は、労働者側の事由である私傷病に基づくものであることからして、傷病休職制度における「治癒」とは、一応原則としては、元の職務に復帰できる程度に回復したことを意味すると解すべきであろう[*33]。

もっとも、傷病休職が適用された事案ではないが、1998（平成10）年の片山組事件最高裁判決（最一小判平10.4.9集民188号1頁（労判736号15頁））が、「労働者が職種や業務内容を特定せずに労働契約を締結した場合においては、現に就業を命じられた特定の業務について労務の提供が十全にはできないとしても、その能力、経験、地位、当該企業の規模、業種、当該企業における労働者の配置・異動の実情及び難易等に照らして当該労働者が配置される現実的可能性があると認められる他の業務について労務の提供をすることができ、かつ、その提供を申し出ているならば、なお債務の本旨に従った履行の提供があると解するのが相当である。そのように解さないと、同一の企業における同様の労働契約を締結した労働者の提供し得る労務の範囲に同様の身体的原因による制約が生じた場合に、その能力、

＊33　土田458頁。

経験、地位等にかかわりなく、現に就業を命じられている業務によって、労務の提供が債務の本旨に従ったものになるか否か、また、その結果、賃金請求権を取得するか否かが左右されることになり、不合理である」と判示して以降、近時の裁判例では、傷病休職からの復職の場面においても、職種の限定されていない労働者の場合、現実的に配置可能な業務を遂行できる状態にあることで、復職は可能であると判断されている（東海旅客鉄道（退職）事件・大阪地判平11.10.4労判771号25頁、独立行政法人N事件・東京地判平16.3.26労判876号56頁、キヤノンソフト情報システム事件・大阪地判平20.1.25労判960号49頁、第一興商事件・東京地判平24.12.25労判1068号5頁等）。アメックス事件判決（東京地判平26.11.26労判1112号47頁）は、「健康時と同様」の業務遂行が可能であることを復職の条件とする就業規則変更につき、「業務外傷病のうち特に精神疾患は、一般に再発の危険性が高く、完治も容易なものではないこと」からすれば、業務外傷病者の復職を著しく困難にするものであって、その不利益の程度は大きいとして、その就業規則変更を無効としている（労契法10条本文）が、この判決も片山組事件最高裁判決の趣旨を踏まえたものといえる。すなわち、労働者の労務提供義務が債務の本旨に従って行うことができる状態に回復したとは、必ずしも元の職務に健康な状態で復帰できるレベルまで回復したことを意味するものではない。

また、1984（昭和59）年の前掲エール・フランス事件判決は、使用者が「傷病が治癒していないことをもって復職を容認しえない旨を主張する場合にあっては、単に傷病が完治していないこと、あるいは従前の職務を従前どおりに行えないことを主張立証すれば足りるのではなく、治癒の程度が不完全なために労務の提供が不完全であり、かつ、その程度が、今後の完治の見込みや、復職が予定される職場の諸般の事情等を考慮して、解雇を正当視しうるほどのものであることまでをも主張立証することを要する」と述べ、①相当期間内に傷病が治癒することが見込まれ、②当人に適切なより軽易な業務が現に存在する場合には、使用者は傷病が治癒するまでの間労働者をその業務に配置すべき信義則上の義務を負い、このような配慮をせずに労働者を解雇しまたは退職とした場合には、解雇権濫用または就業規則上の要件不該当として解雇・退職を無効とする旨の判断を行い、以降の裁判例においても同様の判断を行うものが多くなっている。これらの判断については、理論的には、就業規則上の「治癒」や「職務に復帰できる」等の文言について、その形式的な文言によるのではなく、労働契約上の信義則に基づいて補充的・修正的解釈を行っているものと位置づけられる[*34][*35]。

傷病休職制度が適用された労働者が職場復帰を求める場合、使用者は主治医による職場復帰が可能という判断が記された診断書の提出を求めることになるが、主治医による診断は、日常生活における病状の回復程度によって職場復帰の可能性を判断していることが多く、必ずしも職場で求められる業務遂行能力まで回復しているとの判断がなされたとは限らない[*36]。逆に、主治医の目から見て完全回復とはなっていなくとも、リハビリ勤務等を経れば労働者の労務提供義務が債務の本旨に従って行うことができる状態まで回復することが十分に見込める場合もあり得る。

このように、傷病休職においては、労働契約上の復職要件たる「治癒」と医学的な「寛解」「治癒」「回復」の意味合いにずれが生じうることに留意しなければならない。

［3］労災保険法上の「治癒」

厚生労働省による精神障害の労災認定基準は、「精神障害の症

＊34　水町 561-562 頁、土田 458 頁。

＊35　復職時における配慮義務について、多数の裁判例を分析したものとして、藤原稔弘「傷病休職と使用者の復職配慮義務」關西大學法學論集 68 巻 5 号（2019 年）1047 頁。

＊36　厚生労働省「手引き」13 頁（本書 252 頁）。

状が現れなくなった又は症状が改善し安定した状態が一定期間継続している場合や、社会復帰を目指して行ったリハビリテーション療法等を終えた場合であって、通常の就労が可能な状態に至ったときには、投薬等を継続していても通常は治ゆ（症状固定）の状態にあると考えられる」と述べる[*37]。すなわち、労災保険法上の「治癒」も、労働契約上の「治癒」と同様、「通常の就労が可能な状態に至った」といえるか否かを問題にしている。

もっとも、認定基準は、「『寛解』との診断がない場合も含め、療養を継続して十分な治療を行ってもなお症状に改善の見込みがないと判断され、症状が固定しているときには、治ゆ（症状固定）の状態にあると考えられるが、その判断は、医学意見を踏まえ慎重かつ適切に行う必要がある」とも述べる[*38]。すなわち、労災保険法上の「治癒」とは、「療養補償給付及び休業補償給付をいつまで給付するか」を画する概念として、症状が残っていても、症状に改善の見込みがない症状固定といえる段階も含むものとなっている。その点で傷病休職制度における復職要件たる「治癒」との違いがあることに留意しなければならない。

3-6 復職前の配慮―傷病休職期間の延長・試し出勤

［1］傷病休職期間の延長

労働者が傷病休職期間満了までに復職可能な程度に回復するに至らない場合、通常の傷病休職規定に従えば、就業規則上の復職要件を充たさず、当該労働者は休職期間満了退職扱いとされるか、解雇されることになる。

もっとも、就業規則上に、傷病休職期間について、「必要に応

＊37　基発0901第2号令和5年9月1日「心理的負荷による精神障害の認定基準について」9-10頁。

＊38　同上10頁。

じ、これを延長することができる」というような規定が設けられていることも多い。このような規定がある場合、規定の文言上は、休職期間延長を行うか否かは使用者側の裁量判断によると解されるものが多いと考えられる。

しかし、先に述べたとおり、1984（昭和59）年のエール・フランス事件判決（東京地判昭59.1.27労判423号23頁）以降においては、傷病休職期間満了までに完全な治癒には至っていなくとも、相当期間内に傷病が治癒することが見込まれる場合には、使用者に信義則上の配慮義務が生じると解される傾向が強くなっている。したがって、このような規定がある場合で、傷病休職期間満了までに完全な治癒には至らずとも相当期間内に治癒することが見込まれる場合は、信義則上の配慮義務として、使用者は傷病休職期間を延長する措置を検討すべきことになる。この点は、就業規則上に傷病休職期間延長の定めがなかったとしても、事業場内において傷病休職期間延長の先例・実績があり、それら先例との比較及び労働者の実際の回復状況から見て、傷病休職期間を延長しないことが不合理と判断される場合も、同様に延長措置を検討すべき信義則上の義務が使用者にあるといえよう。また、事業場内において傷病休職期間延長の先例・実績がない場合であっても、僅かな期間の延長で十分に復職が見込めるような場合も、解雇権濫用法理における最後手段原則及び予測原則（期待可能性原則）の観点から見れば、延長措置を検討すべき信義則上の義務が使用者にあるといえよう。

［2］試し出勤

就業規則上、正式な職場復帰の決定の前に、試し出勤制度が設けられていることもある[*39]。試し出勤により、より早い段階で職場復帰の試みを開始することができ、早期の復帰に結びつ

＊39　試し出勤の就業規則規定例として、柊木野編著・前掲注＊6・147-154頁。

けることが期待できる。また、長期に休業している労働者にとっては、就業に関する不安の緩和に寄与するとともに、労働者自身が実際の職場において自分自身及び職場の状況を確認しながら復帰の準備を行うことができるため、より高い職場復帰率をもたらすことが期待できる。具体的には、職場復帰前に、通常の勤務時間と同様の時間帯にて短時間または通常の労働時間で模擬的な軽作業等を行う、労働者の自宅から職場の近くまで通常の出勤経路で移動を行い一定時間を過ごした後に帰宅するなどが行われる*40。

試し出勤の目的は、長期間の傷病休職から復職するのに先立ち、一定時間に出勤するというルーティンに身体を慣らし職場復帰をスムーズにする点にあり、試し出勤期間において労働者を就労させることを目的とするものではない。したがって、試し出勤期間においては、労働者の就労義務は免除されているものと解され、使用者に賃金支払い義務は生じない。もっとも、労働者に軽作業を行わせる場合、その作業について使用者が指示を与えたり、作業内容が業務（職務）に当たる場合などには、使用者に賃金支払い義務が生じ得ることに留意する必要がある。

裁判例では、綜企画設計事件判決（東京地判平28.9.28労判1189号84頁）は、「試し出勤は、期間を区切り、業務状況・勤怠等の見極めにより面談を行い、傷病診断書（必要に応じ会社が医師との面談相当を行う）結果、復職可能かの審査を行う期間とします」と通知されており、就業規則上も休職期間は延長することがあり、復職させる際は別に定める「職場復帰支援プランを用いる」と定められている状況でなされた試し出勤は、傷病休職期間を延長し復職可能か否かを見極めるための期間という趣旨で行われたものであるとして、試し出勤の開始をもって復職したものと認めることはできないと判示している。

＊40　厚生労働省「手引き」19頁（本書258頁）。

試し出勤は、復職前に労働者の身体を慣らすという目的があり、かつその期間に賃金は生じないとの観点から、運用にあたっては、産業医等も含めてその必要性を検討するとともに、主治医からも試し出勤等を行うことが本人の療養を進める上での支障とならないとの判断を受けることや、労働者の職場復帰をスムーズに行うという目的を達成するために必要な時間帯・態様、時期・期間等に限るべきであり、いたずらに長期にわたることは避けるべきである*41。

3-7 復職の意思表示

傷病休職を適用された労働者が、傷病が治癒した、あるいは就労可能な状態にまで回復した状況になった場合、休職事由が消滅したことになるので、労働者は復職を求めるべきことになる。労働者が回復したことについては、労働者側からその旨の申告がなければ、通常は使用者側においてその事実を知る契機がないので、労働者側から回復した事実の報告と復職の意思表示を行うべきことになる。

もっとも、使用者側からあらかじめ傷病休職制度の全体像と復職手続についての説明がなければ、労働者にとって、自身にどれだけの療養期間が保障されているのか、いつまでに回復しておくべきか、回復した場合にいかなる手続をとるべきなのかが明らかでない。使用者は、労働者が回復した場合に速やかな復職手続をとることができるよう、傷病休職命令の発令前や傷病休職期間中において、傷病休職制度の内容、休職延長や復職の手続をとる際の流れ、休職延長や復職の手続をとる場合に必要な労働者側の情報・書類、復職の際のリハビリ勤務についてなどを、当該労働者の状況に応じ適切な時期に繰り返し説明しておくべきである*42。

＊41　厚生労働省「手引き」19 頁（本書 258 頁）。

＊42　柊木野編著・前掲注＊6・74-78 頁。

上記の説明が適切になされている場合、労働者は、傷病休職期間満了前において復職可能な程度の回復に至った時点で、復職の意思表示を行うことになる。復職の意思表示の方法については、就業規則等にその詳細が定められている場合はそれに従うことになる。復職の意思表示は、一般的には、労働者が主治医の作成による復職可能の旨が記載された診断書とともに復職願（ないし復職届）を提出するという方法がとられる*[43]。

3-8 復職可否の判断

［1］復職判断の手続

休職制度は、一般に、就労を不適当とする事由が生じたときに就労を一時的に停止する措置であるから、休職事由の消滅によって当然復職を認めるのが原則である*[44]。

もっとも、傷病休職の場合、実際に労働者が復職可能な程度に回復したのか否かについては、労働者側からその旨の申告がなければ、通常は使用者側においてその事実を知る契機がない。また、使用者は、労働者に対する安全配慮義務（労契法5条）として、配慮なく安易に復職させ業務を課すことによって、労働者が傷病を再発させたり増悪させたりする事態を避けるべき責任がある。そこで、一般的な就業規則等においては、労働者からの復職願提出を復職の要件とするとともに、復職願が出た場合に、使用者側で復職の可否について判断するための手続が定められていることが多い。

主治医は、当該労働者の休職前における業務内容の詳細までは知らないことが多く、主治医による診断は、日常生活における病状の回復程度によって職場復帰の可能性を判断しているこ

＊43　厚生労働省「手引き」10頁（本書249頁）。

＊44　土田457頁、平仙レース事件・浦和地判昭40.12.16労民集16巻6号1113頁、アメックス事件・東京地判平26.11.26労判1112号47頁等。

ともあり得るので、必ずしも職場で求められる業務遂行能力まで回復しているとの判断であるとは限らない。そのため、復職手続においては、主治医の判断と職場で必要とされる業務遂行能力の内容等について、産業医等が精査した上で採るべき対応を判断するよう定められていることも多い。

安全でスムーズな職場復帰を支援するためには、最終的な職場復帰決定の手続の前に、必要な情報の収集と評価を行った上で職場復帰の可否を適切に判断し、さらに職場復帰支援プランを準備しておくことが必要である。産業医が選任されていない50人未満の小規模事業場においては、人事労務管理スタッフや管理監督者等が、主治医との連携を図りながら検討を進めていくべきことになる。通常、職場復帰の準備にはある程度の時間を要することが多いため、職場復帰前の面談等は、実際の職場復帰までに十分な準備期間を設定した上で計画・実施するべきである。職場復帰の可否及び職場復帰支援プランに関する話し合いの結果については、記録にまとめ、事業場内産業保健スタッフ等や管理監督者等の関係者がその内容を互いに確認しながらその後の職場復帰支援を進めていくべきである*45。

診断書に記載されている内容だけでは十分な職場復帰支援プランを作成するのが困難な場合、産業医等は、労働者の同意を得た上で、主治医に対し、治療状況及び病状の回復状況、今後の通院治療の必要性及び治療状況についての概要、業務遂行や通勤に影響を及ぼす症状や薬の副作用の有無、傷病休職中の生活状況、その他職場復帰に関して考慮すべき問題点などを確認すべきである*46。

また、人事労務管理担当者は、当該労働者に対し、今後の就業に関する労働者の考えについて、具体的には、希望する復帰先、希望する就業上の配慮の内容や期間、その他管理監督者や

＊45　厚生労働省「手引き」13 頁（本書 252 頁）。

＊46　厚生労働省「手引き」14 頁（本書 253 頁）。

人事労務管理スタッフ等への意見や希望（職場の問題点の改善や勤務体制の変更、健康管理上の支援方法など）を聞き取るべきである。また、可能であれば、必要に応じて家族から家庭での状態、具体的には、病状の改善の程度、食事・睡眠・飲酒等の生活習慣などについての情報を得られると有益である[*47]。

［2］職場復帰の可否についての判断

一般に、復職可否の判断は、「症状の回復」並びに「業務遂行能力の回復」などをもとに行われる[*48]。職場復帰可否について定型的・具体的な判断基準を示すことは困難であり、個々のケースに応じて総合的な判断を行わなければならない。労働者の業務遂行能力が職場復帰時には未だ発病・受傷前のレベルまでは完全に改善していないことも考慮した上で、職場の受け入れ制度や態勢と組み合わせながら判断すべきである。復職判断においては、あらかじめ復職判断の考慮要素となる情報を収集した上で、復帰後に求められる業務が可能かどうかについて、主治医の判断やこれに対する産業医等の医学的な考え方も考慮して判断を行うことになる。

職場復帰判断基準の例として、労働者が職場復帰に対して十分な意欲を示し、通勤時間帯に一人で安全に通勤ができること、会社が設定している勤務日に勤務時間の就労が継続して可能であること、業務に必要な作業（読書、コンピュータ作業、軽度の運動等）をこなすことができること、作業等による疲労が翌日までに十分回復していること等の他、適切な睡眠覚醒リズムが整っていること、昼間の眠気がないこと、業務遂行に必要な注意力・集中力が回復していること等が挙げられる。リハビリ勤務制度等が整備されている場合、これを利用することにより、

＊47　厚生労働省「手引き」14 頁（本書 253 頁）。

＊48　柊木野編著・前掲注＊6・114 頁。

より柔軟な判断が可能となる[*49]。

使用者が最終的な職場復帰の決定を行った場合、その旨を労働者に対して通知するとともに、就業上の配慮の内容についても併せて通知すべきことになる。通常は、この時点で復職辞令などが交付されることになる。

[3] 復帰プランの作成

厚生労働省の手引きでは、職場復帰が可能と判断された場合、職場復帰支援プランを作成することが推奨されている[*50]。通常、元の就業状態に戻すまでにはいくつかの段階を設定しながら経過をみる。職場復帰支援プランの作成に当たっては、それぞれの段階に応じた内容及び期間の設定を行うものとされる。その上で、労働者に対し、きちんとした計画に基づき着実に職場復帰を進めることが、職場復帰後に長期に安定して働けるようになることにつながることの十分な理解を促すべきものとされる。

職場復帰支援プランにおいては、職場復帰日、業務でのサポートの内容や方法、業務内容や業務量の変更、段階的な就業上の配慮（残業・交替勤務・深夜業務等の制限又は禁止、就業時間短縮など）、治療上必要なその他の配慮（診療のための外出許可など）、配置転換や異動の必要性、業務制限、フォローアップ面談の実施方法、就業制限等の見直しを行うタイミング、全ての就業上の配慮や医学的観察が不要となる時期についての見通しなどが記載されることになる。

なお、職場復帰支援として実施する就業上の配慮は、当該労働者の健康を保持し、円滑な職場復帰を目的とするものなので、この目的に必要な内容を超えた措置を講ずるべきではない。また、職場復帰にあたり人事労務管理上の配慮を行う上で処遇の変更を行う場合は、処遇の変更及び変更後の処遇の内容につい

＊49　厚生労働省「手引き」19頁（本書258頁）、柊木野編著・前掲注＊6・99-107頁。

＊50　厚生労働省「手引き」10、14-15頁（本書249、253-254頁）。

て、あらかじめ就業規則に定める等によりルール化しておくとともに、実際の変更は、合理的な範囲とすること、労働者にその必要性について十分な説明を行うことが必要である*51。

3-9 傷病休職期間満了

労働者が傷病休職期間満了までに復職可能な程度に回復するに至らない場合、通常の傷病休職規定に従えば、就業規則上の復職要件を充たさず、当該労働者は休職期間満了退職扱いとされるか、解雇されることになる。労働者は、退職ないし解雇を避けるためには、原則として、傷病休職期間満了前に復職可能な程度まで健康状態を回復させた上で、使用者に対し、復職可能を示す主治医の診断書を添えて、復職の意思表示を行う必要がある。

したがって、使用者側が労働者に対し傷病休職制度の適用と復職手続につき十分な説明を行っていたにもかかわらず、復職の意思表示を行えないまま休職期間満了時が過ぎてしまった場合、当該労働者は、休職期間満了退職扱いないし解雇とされても致し方ないといえる。

また、労働者が復職の意思表示を行った場合においても、使用者側の復職の可否に関する判断において、復職不可と判断され、休職期間満了退職扱ないし解雇とされる場合がある。

このように、傷病休職期間満了時においては、①労働者が期間満了前に復職の意思表示を行わなかったか、②復職の意思表示がなされていても、使用者が当該労働者の復職が可能であると判断しなかった場合に、当該労働者の自然退職扱いないし解雇がなされることになる。この場合、使用者は、退職ないし解雇となったことを示す辞令等の書面を当該労働者に交付すべきことになる。労基法上、退職証明書の交付義務は、労働者から

＊51　厚生労働省「手引き」15-16頁（本書254-255頁）。

の請求があった場合に生じるものとされているが（同法22条）、傷病休職期間満了による退職の場合、傷病休職制度の適切な適用のプロセスが明らかにされるべきなので、使用者は労働者からの請求がなくとも、退職ないし解雇となったことを示す辞令等の書面を交付すべきであろう。

この傷病休職期間満了による自然退職扱いないし解雇について、就業規則上の要件が充たされていない、あるいは解雇権濫用法理に照らし客観的合理的理由や社会的相当性が認められないとして、その効力を争うものが、傷病休職制度をめぐる紛争において最も多い紛争類型である。この紛争類型における攻撃防御方法、論点の詳細については、本章5にて後述する。

3-10 復職後の対応とその問題点

［1］職場復帰後のフォローアップ

傷病休職からの職場復帰においては、傷病休職期間中、従前行っていた業務から離れていることや、傷病には再燃・再発のおそれもあり得ること、後遺障害に対する配慮が必要な場合もあり得ることなど、使用者側において配慮すべき点が多々あり得る。特にメンタルヘルスが問題となる場合には様々な要因が複雑に重なり合っていることが多いため、職場復帰の可否の判断や職場復帰支援プランの作成には多くの不確定要素が含まれることが少なくない。また、周到に職場復帰の準備を行ったとしても、実際には様々な事情から当初の計画どおりに職場復帰が進まないこともある。そのため職場復帰支援においては、職場復帰後の経過観察とプランの見直しも重要となってくる。したがって、職場復帰後は、定期的に、職場復帰支援プランどおりに順調に進んでいるか、進んでいない場合プランを修正すべきかなどをチェックするフォローアップが実施されるべきである[*52]。

フォローアップのための面談においては、使用者は、労働者に対し、傷病の再燃・再発等の問題発生の有無の確認、勤務状況及び業務遂行能力の確認・評価、職場復帰支援プランの実施状況の確認、治療状況の確認、職場復帰支援プランの評価と見直し、職場環境等の改善の要否、管理監督者・同僚等への配慮等を確認・検討の上で、適宜職場復帰支援プランの評価や見直しを行っていくのが望ましい[*53]。

[2] 復職を契機とする配転

傷病休職制度における復職要件との関係での「治癒」とは、労働者の労務提供義務が債務の本旨に従って行うことができる状態に回復したことを意味し、原則としては、傷病休職前の職務に復帰できる程度に回復したことを意味すると解されることについては、本章3－5「傷病休職における『治癒』の意義」にて述べたとおりである。

復職に際し職場・職務が変わることについては、より好ましい職場への配転であったとしても、新しい環境への適応にはある程度の時間と心理的負担を要することから、特に精神障害の再燃・再発に結びつく可能性が指摘されている。それゆえに、復職に際しては、上記のとおり、労働契約上も元の職務への復帰が原則といえることに加え、労働者の健康に対する配慮の面から見ても、傷病休職前の職場・職務に復帰させることが原則とされるべきといえる[*54]。

ただし、これはあくまでも原則であり、労働者が配転命令等を誘因として精神障害を発病したケースにおいては、配転命令後の職場・職務に適応できなかった結果である可能性が高いた

＊52　厚生労働省「手引き」16頁（本書255頁）。

＊53　厚生労働省「手引き」16-17頁（本書255-256頁）。

＊54　厚生労働省「手引き」19-20頁（本書258-259頁）。

め、適応できていた以前の職場に戻すか、または他の適応可能と思われる職場への異動を積極的に考慮した方がよい場合がある。また、上司のパワーハラスメントなど、職場要因と個人要因の不適合が生じている可能性がある場合、運転業務・高所作業等従事する業務に一定の危険を有する場合、元の職場環境等や同僚が大きく変わっている場合などにおいても、復職者本人や職場、主治医等からも十分に情報を集め、総合的に判断しながら配転の必要性を検討する必要がある*[55]。復職に際し配転を行う場合は、就業規則等の規定に基づき適法に行うか、労働者の同意を得て行う必要があるが*[56]、復職者の健康にかかわる問題であることから、使用者は、配転の意図、必要性について十分に説明を行った上で、復職者の同意を得るよう努めるべきである。他方、職務内容や勤務場所の変更を伴う配転命令ではなく、これらを伴わない業務指示で足りる勤務配慮、例えば従前の職場での同一職務における軽減業務への従事の指示などは、適法な業務命令によってこれを行うことができる*[57]。

なお、職種限定合意のある労働契約においては、復職時における勤務配慮の一環であったとしても、配転を行うためには労働者の本人同意が必要である（社会福祉法人滋賀県社会福祉協議会事件・最二小判令6.4.26労判1308号5頁）。裁判例においては、学校法人日通学園（大学准教授）事件判決（千葉地判令2.3.25労判1243号101頁）は、復職に際し大学教員が事務職への配転を命じられた事案において、争点となっていた職種限定合意の有無につき、元准教授は職種を教育職員に限定して学校法人に雇用された者であると認定した上で、教育職員としての限定合意があるから、元准教授が教育職員としての職務に応じた労務の提供をすることができるようになった場合には、休職

＊55　厚生労働省「手引き」20頁（本書259頁）。
＊56　水町564頁。
＊57　水町564頁。

事由が消滅したといえ、そのような場合に元准教授が労務の提供を申し出ている場合には、債務の本旨に従った履行の提供があると解され、学校法人は元准教授を復職させなければならないとの旨を判示し、准教授としての地位確認請求及び准教授としての賃金と事務職員としての賃金の差額請求を認容している。また、大阪市食肉市場事件決定（大阪地決令3.9.15TKC文献番号25590921）も、争点となっていた職種限定合意の有無につき、事務職以外の職、とりわけ食肉処理業務に就かせることはない旨の職種限定の合意が明示又は黙示に成立していたと認められるとした上で、食肉処理業務を担う業務課に異動させる配転命令を違法・無効とし、配転命令前の事務職であれば就労可能な状態に回復した旨を告げ、診断書を提出し、配転命令前の業務への労務提供の申出をもって債務の本旨に従った履行の提供をしたということができ、休職期間満了により自然退職となる理由もないとの旨を判示する。

［3］職場復帰後における勤務配慮

労働者に復職可能の診断が出ているとはいえども、長期間にわたって休職していた労働者は、実際の業務から長期間離れていたのだから、いきなり発病前と同じ質、量の仕事を期待することには無理がある。また、うつ病などでは、回復過程においても状態に波があるのが通常である＊58。

本章３－５［２］「労働契約上の『治癒』」でも述べたとおり、1984（昭和59）年のエール・フランス事件判決（東京地判昭59.1.27労判423号23頁）以降の裁判例においては、①相当期間内に傷病が治癒することが見込まれ、②当人に適切なより軽易な業務が現に存在する場合には、使用者は傷病が治癒するまでの間労働者をその業務に配置すべき信義則上の義務を負うと

＊58　厚生労働省「手引き」20頁（本書259頁）、尾崎・前掲注＊32参照。

解する傾向が強くなっている。この信義則上の配慮義務からすれば、復職における最終的な目標を傷病休職前の職務への健康な状態での復帰に置くとしても、使用者は、復職しようとする労働者に対し、すぐにその職務に戻すのではなく、その健康状態や職場への適応状況に配慮しながら、より軽易な業務内容から段階的に復職させることも検討すべきといえる。

この段階的復職ないしリハビリ勤務の採用にあたっては、あらかじめルールを定めておくことが望ましい。勤務配慮の内容として短時間勤務を採用する場合には、適切な生活リズムが整っていることが望ましいという観点からは、始業時間を遅らせるのではなく終業時間を早める方が望ましい。また、同僚に比べて過度に業務を軽減されることは逆にストレスを高めること等もあるので、負荷業務量等についての調整も必要である。就業上の配慮の個々のケースへの適用に当たっては、どのような順序でどのような内容を適用するかについて、主治医に相談するなどにより、慎重に検討することが望ましい。具体的な就業上の配慮の例としては、短時間勤務、軽作業や定型業務への従事、残業・深夜業務の禁止、出張制限、交替勤務制限、業務制限（危険作業、運転業務、高所作業、窓口業務、苦情処理業務等の禁止又は免除）、フレックスタイム制度の制限又は適用、転勤についての配慮などが挙げられる*59。

復職しようとする労働者に対し段階的復職ないしリハビリ勤務を適用することは法的義務ではないが、就業規則によっては、これらが制度化されている場合もある。制度化されている場合は、前掲エール・フランス事件判決の示す信義則上の配慮義務の観点からは、段階的復職ないしリハビリ勤務を適用すれば元の職務に復帰できる程度まで回復することが予測できる状態にあったにもかかわらず、その適用を行わずに休職期間満了退な

＊59　厚生労働省「手引き」20 頁（本書 259 頁）。

いし解雇とすることは、信義則上の配慮義務違反であり、相当性を欠くものとされよう。また、リハビリ勤務が制度化されていない場合でも、使用者に大きな負担とならないレベルの勤務配慮を行えば近いうちに十分に債務の本旨に従った就労が可能となることが見込める場合は、そのような勤務配慮を行わないことは信義則上の配慮義務違反になろう。

なお、リハビリ勤務の適用においては、その開始時点が「復職」で、リハビリ勤務期間中は傷病休職期間に当たらないのか、リハビリ勤務期間中も傷病休職期間にあたり、傷病休職期間満了時まで通常の勤務に戻れなければ休職期間満了退職となってしまうのかという問題がある。この点は、リハビリ勤務の内容によって、いずれの場合もあり得ると考えられる。裁判例においては、西濃シェンカー事件判決（東京地判平22.3.18労判1011号73頁）は、就業規則に休職期間延長規定がなく、復職に関し「原則として休職前の職務に復帰させる。ただし、旧職務へ復帰することが困難な場合又は不適当な場合には、旧職務とは異なる職務に配置することがある」との規定があるなかで、週3日、10時から14時まで人事部で、電車通勤者の通勤経路等の正確性チェックや、郵便物の宛名ラベル作成等の軽作業を行う内容でのリハビリ勤務を行い、その期間中の当初には傷病手当金も受給し、傷病手当金受給期間が過ぎてからは通常の賃金よりも低い賃金支給を受けていたという事案で、当該リハビリ勤務は「復職」ではなく、休職期間の延長にあたり、その休職期間延長の終期であるリハビリ勤務期間の満了時に退職扱いとしたことに信義則違反は認められないとしている。逆に、リハビリ勤務の内容が、元の職務を従前と同じように遂行するものの、時間外労働が免除されたり、時短勤務が認められていたりしているという内容で、その業務内容に応じた通常の賃金が支払われている場合には、リハビリ勤務期間の開始時点で「復職」したものと解されよう。いずれにしても、紛争を避けるためには、リハビリ勤務の適用に際し、その開始時が復職なのか、元の職務に復帰した時点が復職なのかをあらかじめ明示し、説明しておくべきであろう。

［4］リハビリ勤務・勤務配慮期間中の賃金

本章3－6［2］「試し出勤」にて述べた、復職前における試し出勤の場合、その出勤はあくまで事業場まで出勤することへの慣らしのために行われるに過ぎず、使用者の指揮命令下における就労を行うことを目的とするものではない。したがって、試し出勤期間においては、実質的に使用者の指揮命令下における就労を行ったといえるような事実がない限り、使用者に当該労働者に対する賃金支払義務は生じない。

それに対し、リハビリ勤務・勤務配慮の期間中においては、その軽重に差はあれど、何らかの形で使用者の指揮命令下にあると評価される労務を行っていることが通常である。そこで、その労務に対する賃金について、いかなる内容のものが支給されるべきかという点が問題となる。

まず、リハビリ「勤務」という名称になっていても、事業場内にて行われる作業内容が労務ではなく本当の意味での「リハビリ」として身体を動かしているだけに過ぎない内容であり、出退勤時間等の拘束がなく、使用者の指揮命令に服しているともいえないような場合であれば、そもそも「使用されて労働」（労契法2条1項、同6条）しているとはいえないので、使用者に賃金支払義務は生じないといえる。ツキネコ事件判決（東京地判令3.10.27労判1291号83頁）は、使用者側が傷病休職期間として扱い、傷病手当金を受給しながら復職可否判断のために軽作業を行っていた期間につき、使用者に賃金支払義務は生じないと判断している。

他方、受けている勤務配慮が、時間外労働の免除や出張制限など、元の職務につきフルタイム勤務することを前提とするレベルのものであるような場合であれば、使用者は傷病休職前に元の職務に従事していた時期と同水準の賃金支払義務を有することになろう。また、時短勤務による勤務配慮を受けた状態での元の職務での就労であれば、使用者は傷病休職前に元の職務に従事していた時期と同水準の賃金に対し時間比例で減少させた金額での賃金支払義務を有することになろう。

問題は、元の業務のレベルではない、軽易な業務にて就労する内容でのリハビリ勤務ないし勤務配慮が適用されている場合である。この場合、元の業務でないとはいえ、使用者の指揮命令下における就労が行われていること自体は間違いないので、使用者には何らかの形での賃金支払義務が生ずることになる。その際の賃金水準については、元の賃金水準は元の職務に従事することに対する対価として設定されており、リハビリ勤務期間中の就労は労働契約上の本来の債務の本旨に従った就労とはいえないことから、使用者には傷病休職前の水準の賃金支払義務は生じないことになるといえる（日本放送協会事件・名古屋高判平30.6.26労判1189号51頁）。もっとも、リハビリ勤務期間中の賃金につき、就業規則や労使合意に基づき、元の職務に従事していた場合と同水準とすることは自由である。通常の場合、個別の事案に即し、労使間の話し合いにより、リハビリ勤務期間中に従事する業務の軽易さに応じ、本来の労働契約における賃金水準よりも低い金額での賃金支給を行うことにつき個別合意を行い、その合意された金額を支給するという運用がとられるのが一般的と考えられる。先に述べた西濃シェンカー事件判決（東京地判平22.3.18労判1011号73頁）も、リハビリ勤務期間中の賃金額につき別途の合意がなされた事案である。

実際の事案では、上記のような賃金合意がなく、賃金支給の有無やその内容が不明確なまま、リハビリ勤務が行われることもあり得る。この場合にいかなる水準の賃金が支払われるべきかについては、就業規則の規定等に職務内容に応じ支給されるべき賃金額の客観的基準がある場合であれば、それに従うのが労働契約の合理的意思解釈に沿うものといえる。そのような客観的基準もない場合は、使用者は、リハビリ勤務期間中につき、最低賃金法に従った最低賃金を支払うべきことになろう（前掲日本放送協会事件）。

［5］復職後の賃金切り下げ

復職後、就労は可能であったとしても、傷病の影響や後遺障害の残存等により、労働者の職務遂行能力が低下している場合があり得る。使用者としては、復職前よりも業務遂行のパフォーマンスが落ちていることが、当該労働者の賃金を傷病休職前の水準から切り下げたいと考える動機となる。

この場合、パフォーマンスは落ちていても、元の職務に復帰しているのであれば、原則として賃金の切り下げはできないといえる。もっとも、労働者の賃金決定について、就業規則上に職能資格制度が採用されており、正当な人事評価に基づき職能資格等級の降格を可能とする規定がある場合であれば、その就業規則上の根拠に基づき、その人事評価の中でパフォーマンスが落ちていることがマイナスに評価され、その結果として賃金が切り下げられることはあり得る*60。ただし、その場合も正当な人事評価がなされていることが前提であり、それがなければ、職能資格等級の降格は権利濫用となる（マッキャンエリクソン事件・東京高判平19.5.17労判937号175頁等）。そのような就業規則上の根拠がない場合、労働者の自由な意思に基づく同意がない限り、賃金や職能資格等級を切り下げることはできないといえる（山梨県民信用組合事件・最二小判平28.2.19民集70巻2号123頁、Chubb損害保険（降格減給）事件・東京地判平

＊60　逆に、職能資格等級の降格ができる就業規則上の根拠がなければ、降格を行うことはできない。アーク証券（第一次仮処分）事件・東京地決平8.12.11労判711号57頁、Chubb損害保険（降格減給）事件・東京地判平29.5.31労判1166号42頁等。

29.5.31労判1166号42頁)。

また、本章3－5［2］「労働契約上の『治癒』」で述べたとおり、1998(平成10)年の片山組事件最高裁判決(最一小判平10.4.9集民188号1頁(労判736号15頁))以降、裁判例においては、職種の限定されていない労働者の場合、現実的に配置可能な業務を遂行できる状態にあることで、復職は可能であると判断されるようになっている。これら判例・裁判例の趣旨から、復職における配慮義務として、元の職務に比べ軽易な職務に復職させる場合もあり得る。この場合も、使用者としては、元の職務の水準ではない職務での就労になるのであれば、当該労働者の賃金を切り下げたいと考えることになる。

まず、復職に際して、当該労働者の責任を軽減する趣旨で、「部長」「課長」といった役職から外すという措置が行われた場合、元の役職に応じて支払われることになっていた役付手当等の支給がなくなることは原則として仕方がないことといえる。裁判例は、役職・職位の降格は、就業規則に特に根拠規程がなくても、人事権の行使として使用者の裁量により可能としており(バンク・オブ・アメリカ・イリノイ事件・東京地判平7.12.4労判685号17頁等)、実際に当該労働者の状態が責任軽減を要するといえる状況であれば、このような降職も可能といえる。もっとも、当該労働者の状態が責任軽減を不要とするレベルまで回復していることが十分に明らかな場合であれば、そのような降職は人事権の濫用となり、賃金の切り下げは違法となる場合もあり得よう。傷病休職からの復職の事案ではないが、降職が人事権の濫用にあたると判断した裁判例として、広島精研工業事件判決(広島高判令4.3.29労働判例ジャーナル126号36頁)、医療法人財団東京厚生会(大森記念病院)事件判決(東京地判平9.11.18労判728号36頁)、大阪府板金工業組合事件判決(大阪地判平22.5.21労判1015号48頁)などがある。

また、復職に際し職務の内容を変更して負担を軽減する措置をとった場合、就業規則上に職務給の賃金体系が採用されており、職務等級表において職務の内容に応じた賃金額が明示されているならば、軽減された職務の等級に従った賃金額に切り下げられることに労働契約上の根拠があり、適法といえることになる。もっとも、この場合も、当該労働者の状態が職務の内容を変更して負担を軽減する必要性が認められないレベルまで回復していたにもかかわらず、職務の変更と職務等級の引き下げが強行されたような場合であれば、人事権の濫用として賃金の切り下げは違法となる場合もあり得よう。傷病休職からの復職の事案ではないが、職務等級の引き下げが人事権の濫用にあたると判断した裁判例として、日本ガイダント事件（仙台地決平14.11.14労判842号56頁）、コナミデジタルエンタテイメント事件（東京高判平23.12.27労判1042号15頁）などがある。

さらに、職務給及び職務等級表を採用していない場合でも、職務内容が変更されたことにより賃金を切り下げることに就業規則上の根拠がある場合は、賃金の切り下げも適法とされる場合があり得る。一般社団法人あんしん財団事件東京高裁判決（東京高判平31.3.14労判1205号28頁）は、就業規則上に、復職時の賃金について、「復職にあたって旧職務と異なる職務に就いた場合は、職務の内容、心身の状況等を勘案して給与を決めることとする」と規定されていた事案において、過去の管理職の復職の例にならい、管理職の役職を外し、負担を減らし復職させたとの事実認定を前提に、賃金の切り下げが人事権の濫用にあたらないと判断している。

以上のとおり、復職に際し賃金を切り下げられるかは、就業規則等においてそれを可能とする労働契約上の根拠があるか否か、賃金切り下げについての就業規則等の根拠規定の要件を充たす事実があるか否か、要件が一応充たされていたとしてもそれが人事権の濫用にあたるか否かが検討されることになる。

使用者としては、紛争を避けるために、復職労働者の回復状況をしっかり把握し、当該労働者としっかり話し合い、復職後の賃金設定の根拠を十分に説明し、労働者の納得の上での同意を得ておくべきであるといえる。

3-11 再度の休職をめぐる問題点

うつ病をはじめとする精神障害は、医学的知見においても、一旦寛解ないし回復と判断されたとしても、新たに何らかの心理的負荷要因にさらされた場合などに再燃・再発することが多い*61。また、脳梗塞・心筋梗塞等の血管の劣化が原因となる疾病も、既に動脈硬化が存在する中で、血管のプラークが脳血管や冠動脈を再び詰まらせることによって疾病が再発することがある。精神障害や脳梗塞・心筋梗塞に限らずとも、多くの疾病は、一旦寛解したとしても、再発のおそれがあることが多い。それゆえに、傷病休職からの復職労働者が、復職から間もない時期に、再び病気欠勤を行うようになる場合がある。

また、使用者側からは、休職と復職を繰り返す労働者の存在に苦慮することがあるとの指摘を聞くことがある。すなわち、傷病休職期間中においても賃金を支給する旨を定めているような事業者の場合、「働かなくても賃金が出る」ことを動機に濫用的に傷病休職を繰り返しているのではないかと疑われる事例もあると聞く。賃金支払を行わない場合でも、傷病休職期間中の社会保険料負担が生じる、退職にならないため代替となる人員の採用ができない、他の労働者から不満が出るなどの問題点があると指摘される。

上記のような問題への対応として、就業規則上に、「復職後6か月以内に、休職の原因となった同一の理由ないし類似の理由

---

*61 尾崎・前掲注*32。また、岡村仁「うつ病のメカニズム」バイオメカニズム学会誌35巻1号(2011年)3頁は、うつ病エピソードの初回発病においては、強いストレスを伴う出来事が誘因となることが多く、初回エピソードに関与したストレスにより、脳内の生物学的特性が長期的に変化し、それが積み重なっていくと、最終的には特に強いストレス要因がなくとも、その後のうつ病発症の危険性を増大させると述べる。

により欠勤ないし完全な労務提供をできない状況に至ったときは、会社は、復職を取り消し、当該従業員に休職を命ずることができる。この場合、一時的復職の前後の休職期間を通算する」といった内容の、休職期間の通算規定を置くものが多い。復職から時間をおかずに再び傷病休職となる状況は、継続的に債務の本旨に従った就労ができていない状況と評価し得るので、通算できる場合のインターバル期間が「継続的に債務の本旨に従った就労ができていない状況にある」といえないほど不合理に長く設定されているような場合を除き、そのような通算規定を置くことにも合理性（労契法7条）が認められるといえる。

通算可能とするインターバル期間については、うつ病が再発しやすい疾病であることや、地方公共団体の休職期間の通算に関する分限条例の規定において1年と設定されているものが多いことを根拠に、1年とすることも可能であるとする見解がある*62。しかし、地方公務員の場合、条例において3年間という長期の傷病休職期間が保障されていることが多く、それだけの長期間の療養期間を保障することとの相関関係で、通算できる場合のインターバル期間も長めに設定することに合理性が認められるものといえる。民間企業の場合には、傷病休職期間が半年程度に設定されている場合もあり、そのように療養期間が長期に設定されていない場合には、インターバル期間を長期に設定することの合理性は否定されると解される。公務員や一部大企業のような長期間の療養期間保障がなされていない場合は、通算規定を設ける場合でも、そのインターバル期間は通常は6か月が限度と解するべきであろう。

このような通算規定がない場合、就業規則が労働条件の最低基準であることからすれば（労契法12条）、傷病休職の適用を受けた労働者が、傷病休職期間満了前に回復し、一旦リハビリ

＊62　柊木野編著・前掲注＊6・85-89頁。

勤務でもない完全な元の職務への復職を果たした後に、何らかの原因により傷病を再燃・再発させ、再び傷病休職となった場合、傷病休職期間はリセットされ、改めて就業規則の傷病休職規定で保障された休職期間が療養期間として保障されると解すべきことになろう。もっとも、休職と復職を何度も繰り返し就労が安定しない状況が、解雇権濫用法理における予測原則（期待可能性原則）の観点から見て、もはや安定して債務の本旨に従った就労を継続することが見込めないレベルであるといえる場合、普通解雇の理由とされることは考えられる*63。

他方、就業規則に合理性のある通算規定が設けられている場合、一時的復職の前後を通算した傷病休職期間が上限に達すれば、当該労働者は休職期間満了自然退職とされることになる。

復職後の再燃・再発と通算規定に関し、参考になる裁判例として、カンドー事件判決（東京地判平17.2.18労判892号80頁）がある。同判決は、傷病休職期間の上限が2年であり、就業規則上に「復職後3か月以内に再び同一の理由により欠勤するに至ったときは、休職期間は前後通算する」との規定が定められている会社において、躁うつ病により7か月間の傷病休職の後に復職した労働者が、復職後において躁うつ病の躁状態にあることに起因する暴言等を繰り返したこと理由に解雇された事案で、労働者の回復可能性を認定するとともに、復職から3か月以上は経過していたものの、「休職期間は最大2年となるところ……、前回の休職期間は7か月余りにすぎないことからすると、治療の効果が期待できるのであれば、被告において、再度の休職を検討するのが相当である」と述べ、解雇無効と判断している。すなわち、通算規定がある場合であっても、傷病休職期間の上限までにまだ相当の残期間がある場合には、少なくともその残期間については、労働者の療養期間として保障されなければ

＊63　横山・前掲注＊3・68頁。

ばならず、そのような療養期間も与えないまま解雇ないし自然退職とすることは、解雇権濫用法理の趣旨に反するといえよう。

3-12 産業医の立場

産業医とは、事業場において労働者の健康管理等について、専門的な立場から指導・助言を行う医師をいう[*64]。

産業医は、労働者の健康管理等を行うのに必要な医学に関する知識について厚生労働省令で定める一定の要件を備えた者でなければならないとされる（労安衛法13条2項）。具体的には、①労働者の健康管理等を行うのに必要な医学に関する知識についての研修であって厚生労働大臣の指定する者が行うものを修了した者、②産業医の養成等を行うことを目的とする医学の正規の課程を設置している産業医科大学その他厚生労働大臣が指定する大学で当該課程と実習を履修し卒業した者、③労働衛生コンサルタント試験に合格した者で、その試験の区分が保健衛生である者、④大学において労働衛生に関する科目を担当する常勤の教授・准教授・講師経験者、⑤その他厚生労働大臣が定める者のいずれかが、産業医の資格者となる（労安衛規則14条2項）。

産業医は、健康診断及び面接指導等の実施とその結果に基づく労働者の健康保持措置、作業環境の維持管理、作業の管理、労働者の健康管理、健康教育、健康相談、衛生教育、労働者の健康障害の原因の調査及び再発防止のための措置に関することなどのうち、医学に関する専門的知識を必要とするものを行うことを職務とする（労安衛規則14条1項）。

事業者は、常時50人以上の労働者を使用するに至った時から14日以内に産業医を選任する必要がある。また、産業医を選任した際は、遅滞なく所轄労働基準監督署長に届け出る義務があり（労安衛法13条、労安衛法施行令5条、労安衛規則13条1項、

＊64　産業医制度の歴史と役割については、堀江正知「産業医制度の歴史と新たな役割」日本労働法学会誌136号（2023年）70頁参照。

同2項)。常時50人以上で999人以下の労働者を使用する事業場における産業医は、嘱託(非常勤)で可能だが、常時1000人以上の労働者を使用する場合や、労働安全衛生規則13条1項2号に列挙される業務に従事している労働者が常時500人以上いる場合、専属産業医を置くことが必要となる。さらに、常時3000人を超える事業場は、専属産業医を2人以上選任しなければならない(労安衛規則13条1項)。わが国の産業医は大部分が嘱託産業医であり、開業医や勤務医が日常診療の傍ら産業医の業務を担っている場合が多い*65。

本書でもこれまで述べてきたとおり、産業医は、傷病休職制度適用のプロセスにおける様々な場面に関与することがあり、その過程においては労働者と面談することもある。特に、傷病休職適用労働者から復職願が出た場合の復職の可否判断において、産業医は重要な役割を果たす。それらの過程において、産業医が労安衛法の求める役割を果たしていないといえる場合などに、産業医と労働者との間で紛争が生じることがあり得る。

裁判例としては、産業医損害賠償命令事件(大阪地判平23.10.25判時2138号81頁)がある。同事件判決は、内科専門の年配のベテラン産業医が、自律神経失調症の診断名で休職していた労働者(X)が復職準備段階にあるとして、その回復度合い等を測る目的で面接を行った際に、さほど状態は悪くないと考え、激励の趣旨で、断続的に、「それは病気やない、それは甘えなんや」、「薬を飲まずに頑張れ」、「こんな状態が続いとったら生きとってもおもんないやろが」などと発言し、その後労働者の不調状態が悪化ないし遷延化し、復職が約4か月間延期されたとの主治医の診断等を受けた事案で、「(産業医は)勤務先から、自律神経失調症により休職中の職員との面談を依頼されたのであるから、面談に際し、主治医と同等の注意義務まで

*65 公益社団法人東京都医師会 HP(https://www.tokyo.med.or.jp/sangyoi/whats)。

は負わないものの、産業医として合理的に期待される一般的知見を踏まえて、面談相手であるXの病状の概略を把握し、面談においてその病状を悪化させるような言動を差し控えるべき注意義務を負っていた」、「産業医は、大局的な見地から労働衛生管理を行う統括管理に尽きるものではなく、メンタルヘルスケア、職場復帰の支援、健康相談などを通じて、個別の労働者の健康管理を行うことをも職務としており、産業医になるための学科研修・実習にも、独立の科目としてメンタルヘルスが掲げられていること……に照らせば、産業医には、メンタルヘルスにつき一通りの医学的知識を有することが合理的に期待される」と述べた上で、産業医の言動の違法性を認め、休業損害と精神損害を併せて、60万円の賠償請求を認めている。この裁判例は、産業医は、①臨床上の専門分野外の業務についても、産業医養成教育で伝えられている程度の産業医学に関する知識を習得する必要があること、②面談等に際して事前の情報が十分でない場合には、自ら休職者等に関する情報を取得するよう努める必要があることなどを示唆している[*66]（▶1）。

3-13 有期雇用・短時間雇用と傷病休職

傷病休職制度は、労働者が私傷病によって就労できない状態になったとしても、いきなり解雇するのではなく、一定期間の療養期間を与えることによって、解雇をできるだけ回避し、労働者の保護を図る点に趣旨を置く。使用者側からみれば、そのように一定期間の療養期間を与え解雇を猶予することの意味は、傷病休職の適用対象となり得る労働者が長期雇用を見込まれた労働者であるからこそ認められるといえる。すなわち、比較的長期にわたる労働者の傷病についても、長期継続的な労働契約関係の下では、一時的な履行障害と評価しうるがゆえに、合理

＊66　三柴丈典「裁判事例から学ぶ産業医の活動と責任」Medical Practice 31巻9号（2014年）1389-1390頁。

的な療養期間につき解雇を猶予することによって、労使双方が持つ長期にわたる就労への期待に応える制度として、傷病休職制度を設けているものと解することができる。

上記の観点からは、短期雇用を前提とする有期雇用労働者には、傷病休職制度の適用は想定されていないようにも思われる。他方、パート有期労働法8条は、短時間・有期雇用労働者の労働条件につき、通常の労働者との間で不合理な相違を設けてはならないとし、同法9条は、通常の労働者と同視すべき短時間・有期雇用労働者について、短時間・有期雇用労働者であることを理由として差別的取扱いをしてはならないと定めている。これらの規定との関係で、通常の労働者には傷病休職制度が用意されているにもかかわらず、有期雇用労働者や短時間雇用労働者に傷病休職制度を適用しないことが不合理な相違や差別的取り扱いとされる可能性もある。

まず、短時間労働者であっても無期雇用の労働者である場合、長期雇用を見込まれた労働者であることについては通常の労働者と異なるところはない。したがって、無期雇用の短時間労働者に傷病休職制度による解雇猶予を適用しないことはパート有期労働法8条違反となると評価されることが多くなると考えられる。

それに対し、有期雇用労働者の場合、雇用期間との関係でみれば、数か月にわたり継続することが予想される労働不能は一時的な履行障害とは必ずしも評価されない。したがって、期間の定めどおりに契約が終了することが予定されている有期雇用労働者の場合、傷病休職制度を適用しないことは不合理とはいえないと考えられる。もっとも、有期雇用労働者についても、その契約期間がもとより3年ないし5年とされているなど相当長期間の契約期間となっている場合や、更新限度の定めがなく契約更新により通算した契約期間が長期に及んでいる場合、無期雇用への転換が予定されているなど長期雇用となる可能性がある場合は、相当長期にわたる労働者の傷病についても一時的な履行障害と評価しうる。したがって、これらのような場合は傷病休職を適用しないことは不合理としてパート有期労働法8条違反となり得よう*67。

4——傷病休職をめぐる紛争の類型

傷病休職をめぐる紛争は、傷病休職制度の適用において現れる論点ごとに紛争となることがあり得る。

傷病休職をめぐる紛争類型としては、①傷病休職命令の適用自体の可否を問題とするもの、②傷病休職期間中の賃金等の扱いを問題とするもの、③労働者からの復職の申出に対する対応を問題とするもの、④休職期間満了退職扱いの有効性を問題とするもの、⑤復職後の使用者及び労働者の対応を問題とするもの、⑥復職後の再度の休職の扱いを問題とするもの、⑦傷病休職をめぐる産業医の関与を問題とするものなどが考えられる。

これらの紛争類型のうち、大多数を占めるものは、上記④の休職期間満了退職を問題とするものである*68。もっとも、傷病休職制度の適用は、一時的なものではなく、長期間にわたるプロセスを経て適用されるものなので、休職期間満了退職を問題とする紛争においても、その点のみを問題とするのではなく、全体のプロセスからみてどういえるのかが問題となり、上記①～⑦が複合的に問題となる紛争事案も多い。

5——傷病休職期間満了退職をめぐる紛争における攻撃防御方法の概要

5-1 はじめに

傷病休職制度をめぐる紛争において大多数を占めるものは、

＊67　石﨑由希子「病気休職・復職をめぐる法的課題－裁判例の検討」労判1202号（2019年）8頁。

＊68　横山・前掲注＊3・38-39頁。

休職期間満了退職を問題とするものである。

傷病休職期間満了により退職ないし解雇とされた場合に、労働者がその退職ないし解雇が無効であると主張して訴訟を行う場合、通常は、退職ないし解雇が無効であることを前提に、使用者に対し、労働契約上の地位確認請求を行うとともに、労働者が就労可能となったにもかかわらず使用者の落ち度によって就労できなかった期間につき賃金請求（民法536条2項）を行うことになる。

以下、傷病休職期間満了により退職ないし解雇とされた場合における訴訟上の攻防の中心となる、労働契約上の地位確認請求について、要件事実を整理する。

5-2 請求原因

傷病休職期間満了により退職ないし解雇とされた場合における労働契約上の地位確認請求において、労働者側は、まず請求原因として、確認請求の対象となる、①労働契約の成立の事実を主張すべきことになる。

そして、民事訴訟法上、確認の訴えはその訴えに確認の利益がなければ訴訟要件が充たされないので、労働者側は、確認の利益の主張として、②使用者側が労働契約終了を主張している事実を主張しなければならないことになる。

傷病休職期間満了により退職ないし解雇とされた場合における労働契約上の地位確認請求事件においては、その大部分において、労働者側は、同時に休職事由消滅時ないし退職扱い時以降の賃金請求も行うことになる。すなわち、使用者側が不当に労働契約を終了したものと扱っている結果として就労できないことが、使用者側の「責めに帰すべき事由」によって就労できない状況にあるので、使用者に対する賃金請求権を失わないと主張し（民法536条2項）、賃金請求を行うことになる。したがって、通常の場合、上記①の労働契約成立の主張においては、単に労働契約が存在する旨のみを主張するのではなく、より具体的に、いかなる内容で賃金支給される契約となっているかまで主張すべきことになる。

5-3 抗弁—「傷病休職期間満了による退職・解雇」の要件事実とその立証

傷病休職期間満了により退職ないし解雇とされた場合における労働契約上の地位確認請求事件の場合、ほとんどの事案では、労働者側の提訴前の段階で、もともと当事者間に労働契約が存在し、労働者に傷病休職制度が適用され、その結果、使用者が当該労働者との間の労働契約が終了したと主張している事実について、争いがないのが通常であり、使用者側は上記請求原因①及び②の事実を認めてくると考えられる。したがって、実際の訴訟手続においては、請求原因に対する使用者側の抗弁以降の攻防が重要な争点となる。

上記請求原因に対する抗弁として、使用者側は、傷病休職期間満了による労働者の退職（ないし解雇）を主張すべきことになる。その要件事実としては、③傷病休職期間満了による退職・解雇の根拠規定を含む、傷病休職制度についての就業規則等の規定の存在、④労働者に休職規定上の傷病休職事由が存在すること、⑤使用者が労働者に対し傷病休職規定に従って休職させる意思表示（休職命令）を行ったこと、⑥傷病休職期間の経過を主張すべきことになる[*69]。これら③～⑥の事実が認められるならば、労働契約の内容となっている傷病休職制度に基づき、労働者が退職となる効果が生じることになる。

なお、上記③の傷病休職制度の規定内容が、傷病休職期間の経過をもって自然退職とするのではなく、解雇する旨の規定となっている場合は、上記③～⑥に加え、⑦労働者に対し解雇の

＊69　類型別（II）473頁。

意思表示を行った事実を主張する必要がある。

傷病休職制度制度は、契約上に設定されることによって採用されるものなので、契約上の根拠が必要である。そして、傷病休職制度は、通常は特定の労働者にのみ適用される労働条件ではなく、事業場労働者全体に適用される共通の労働条件なので、ほとんどは就業規則に規定される。したがって、上記③の立証においては、通常は、就業規則ないしその一部を構成する休職規程を証拠提出すべきことになる。なお、傷病休職制度が労働協約に規定されている場合は、労働協約を証拠提出すべきである。

また、通常の傷病休職制度は、業務外の傷病による長期欠勤が就業規則上に定められた一定期間（3～6か月が通常）に及んだことを条件に、使用者が休職命令を発令することで適用されることを内容としているので、上記④労働者に傷病休職規定上の傷病休職事由が存在することに争いがある場合、使用者側は、証拠上の根拠に基づき、傷病休職事由該当事実の存在を主張しなければならない。その根拠としては、欠勤理由が傷病であることを示す診断書、欠勤届、その診断書と齟齬のない時期における長期欠勤を示す労務管理記録たる出勤簿、タイムカードなどが証拠となる。なお、正当な理由のない長期欠勤は解雇理由となり得るので、通常は、傷病による長期欠勤開始時期に、労働者側から使用者側に診断書が提出されており、それらの証拠提出は使用者側において可能である。

傷病休職制度は、傷病休職期間満了によって自然退職とする効果を有するので、使用者側がまともな労務管理を行っているならば、傷病休職期間の開始とその期間の長さ、傷病休職期間の終期、傷病休職期間満了までに復職可能とならなければ自然退職とする旨、復職する場合に要する手続等を明記した、傷病休職命令の辞令やその説明文書が交付される。逆に、休職させる旨を明示した書面が存在しない場合、そもそも傷病休職は労働者に適用されておらず、傷病休職期間満了退職の効果も生じないと判断される場合があり得る。また、傷病休職制度は就業規則ないし労働協約によって設定されるのがほとんどなので、休職命令は、就業規則ないし労働協約の規定に従った内容となっていなければ、最低基準効（労契法12条、労組法16条）に抵触し無効となり得る。したがって、使用者が就業規則等の規定に従った内容で、上記⑤労働者に対し休職させる意思表示（休職命令）を行ったことを示す書証として、使用者側は、傷病休職命令の辞令等を提出すべきことになる。なお、就業規則の規定内容によっては、個別合意を傷病休職適用の要件としている場合もあり得る。その場合、休職合意を示す文書が必要な書証となる。

さらに、使用者側がまともな労務管理を行っているならば、遅くとも傷病休職期間満了1か月前ほどの時期になれば、休職期間が満了すれば退職の効果が生じてしまうこと、復職する場合いついつまでに手続をとるべきこと等を通知する文書が労働者に送付されるのが通常である。さらに、休職期間が満了した場合、労働者に対し、休職期間満了通知や離職票、健康保険証の返還を求める文書などが送付されることになる。使用者側は、これらの文書をもって、上記⑥の事実関係として、労働者にあらかじめ休職期間を明示し、その期間中に復職できなければ退職の効果が生じることを明らかにしたにもかかわらず、復職できないまま期間が満了した事実を立証することになる。

傷病休職制度の規定内容が、傷病休職期間の経過をもって解雇する旨の規定となっている場合、さらに、上記⑦解雇の意思表示を行ったことを示す書証として、解雇通知等の文書が提出されるべきことになる。

5-4 再抗弁・再再抗弁事由とその立証

[1] 再抗弁事由についての見解

使用者側の抗弁となる、傷病休職期間満了による労働者の退職に対する、労働者が主張・立証すべき独立の再抗弁事由として、以下のとおり整理する見解がある*70。

すなわち、再抗弁1「治癒」の要件事実として、「労働者の傷病が傷病休職期間満了前に治癒又は寛解したこと」を挙げる。

再抗弁2「復職可能」の要件事実として、「職種・業務限定のない労働契約であること」及び「傷病休職前の職種以外で就労できる職種の存在と労働者の就労意思」を挙げる。

再抗弁3「自動退職規定の相当性欠如」の要件事実として、「自動退職規定が相当性を欠くことの評価根拠事実」を挙げる。

再抗弁4「解雇権の濫用」の要件事実として、「解雇権濫用の評価根拠事実」を挙げる。

再抗弁5「傷病の業務起因性」の要件事実として、「傷病休職の原因となった傷病が業務に起因すること」を挙げる。

これら再抗弁のうち、再抗弁5は、労基法19条1項に基づくものであり、独立の再抗弁事由として挙げることに異論はない。しかし、再抗弁1～4については、それらを独立の再抗弁事由とすることには疑問がある。

合理的な療養期間を与えることにより労働能力を理由とする解雇することを一定期間避けることにより労働者の保護を図るという傷病休職制度の趣旨から、休職期間満了時における自然退職の扱いは、労働能力を理由とする解雇への解雇権濫用法理適用の場合に準じ、解雇が正当化されるような事情が認められなければ、無効となることになる。傷病休職期間満了退職が争

＊70　類型別（II）467－468頁、大江忠『要件事実労働法（第2版）』（第一法規、2023年）197-199頁。

いとなる事件のリーディングケースとなるエール・フランス事件判決（東京地判昭59.1.27労判423号23頁）が、「傷病が治癒していないことをもって復職を容認しえない旨を主張する場合にあっては、単に傷病が完治していないこと、あるいは従前の職務を従前どおりに行えないことを主張立証すれば足りるのではなく、治癒の程度が不完全なために労務の提供が不完全であり、かつ、その程度が、今後の完治の見込みや、復職が予定される職場の諸般の事情等を考慮して、解雇を正当視しうるほどのものであることまでをも主張立証することを要する」と述べるのも、傷病休職制度の趣旨と解雇権濫用法理との関係を踏まえたものであるといえる。

そのような、傷病休職制度の趣旨と解雇権濫用法理との関係からみれば、確かに、「職種・業務限定のない労働契約であること」及び「傷病休職前の職種以外で就労できる職種の存在と労働者の就労意思」が立証されれば、傷病休職期間満了退職は無効となると解されるものの、「傷病休職前の職種以外で就労できる職種の存在と労働者の就労意思」がある場合に傷病休職期間満了退職が無効となり得る場合というのは、「職種・業務限定のない労働契約である」場合に限られるものではないといえる。職種限定合意が労働契約内容となっている場合であったとしても、解雇権濫用法理の趣旨からみれば、例えば、限定合意のある職種への復帰が難しい場合でも、隣接職種での復帰が可能であり、その隣接職種への復帰を労働者が望んでいるなどの場合に、使用者が労働者からの希望に対する検討を行わずそれを拒否し、労働者を退職に追い込むことが、最後手段原則の観点から見て、権利濫用と評価される場合もあり得る。

また、就業規則には、復職にあたってリハビリ勤務期間を設けることができる旨を定めるものも多い。リハビリ勤務を経れば復職が見込める場合や、傷病休職期間を少し延長すれば復職が見込める場合に、単に傷病休職期間満了のみを理由に退職とした場合も、解雇権濫用法理の趣旨から、休職期間満了退職が無効となる場合があり得る。ほかにも、使用者が傷病休職期間や復職手続についての説明義務を怠っていたために傷病休職期間が満了してしまったり、業務起因性までが認められなくとも発病原因の一端が使用者側にあるといえるなど、傷病休職期間満了までに復職できない原因として使用者側に落ち度がある場合においても、解雇権濫用法理の趣旨から、休職期間満了退職が無効となることが考えうる。

そもそも、傷病休職制度は、労働法規に基づくものではなく、労働契約内容として設定されることによって採用される制度なので、その内容は千差万別で、そのような中で再抗弁事由を上記再抗弁１～４のように整理できるのか、疑問である。

筆者は、結局のところ、上記の再抗弁事由の整理における、再抗弁１～３の「治癒」「復職可能」「自動退職規定の相当性欠如」というものは、傷病休職制度の趣旨及び解雇権濫用法理の趣旨からみて、労働者を退職扱いすることが権利濫用といえる場合の典型を示したものと整理すべきであり、上記の整理における再抗弁１～４は、ひとくくりに「権利濫用」として整理すべきと考える。

以下、本書の見解に沿って、再抗弁事由を整理する。

［２］権利濫用の評価根拠事実・評価障害事実

上記述べたとおり、使用者側の抗弁となる、傷病休職期間満了による労働者の退職に対する再抗弁として、傷病休職制度の趣旨及び解雇権濫用法理の趣旨からみて、傷病休職期間満了退職とすることが権利濫用にあたることの評価根拠事実を労働者側から、再々抗弁としてその評価障害事実を使用者側から主張すべきことになる。

労働者側からは、治癒・寛解により本来業務を通常程度に行える事実、治癒・寛解に至っていなくとも本来業務に復職可能である程度に回復した事実、休職前の職種で就労できなくともそれ以外で就労できる職種が存在すること及びその職種での就労意思、リハビリ勤務期間を与えられれば段階的に本来業務に復職可能である事実、傷病休職制度自体に相当性が認められない事実、手続面において休職制度の適用や休職期間満了時の扱い等についての正確な説明が使用者側からなされていなかった事実などを主張することになる。

書証としては、治癒・寛解ないし傷病休職前の職種以外で就労できる旨や、当面のリハビリ勤務ないし勤務配慮があれば復職可能であることなどを示す診断書やカルテとともに、就労意思があることを示す復職願を証拠提出すべきことになる。

また、「労働者が職種や業務内容を限定せずに雇用契約を締結している場合においては、休職前の業務について労務の提供が十全にはできないとしても、その能力、経験、地位、使用者の規模や業種、その社員の配置や異動の実情、難易等を考慮して、配置替え等により現実に配置可能な業務の有無を検討し、これがある場合には、当該労働者に右配置可能な業務を指示すべきである」と述べる片山組事件最高裁判決（最一小判平10.4.9集民188号1頁（労判736号15頁））の趣旨からすれば、職種・業務限定のない労働契約である事実は復職に際し労働者に有利な事実となるので、その場合は職種限定合意がないことを示す労働契約書ないし労働条件通知書、過去の異動履歴を示す経歴書・辞令等を用いてその事実を立証すべきことになる。傷病休職前の職種以外で就労できる職種の存在については、職場の組織図なども役に立つ書証となろう。

他方、カントラ事件判決（大阪高判平14.6.19労判839号47頁）は、労働者がその職種を運転業務に特定して雇用された場合において、その労働者が従前の業務を通常の程度に遂行することができなくなった場合には、原則として、労働契約に基づく債務の本旨に従った履行の提供、すなわち特定された職種の職務に応じた労務の提供をすることはできない状況にあるものといえるので、使用者に賃金支払義務は発生しないが、業務を加減した運転者としての業務を遂行できる状況になっていたと認めることができた時点から使用者に賃金支払義務が発生するとしている。この裁判例からは、職種限定合意の存在は権利濫用の評価障害事実となるといえるので、使用者側としてはその合意を示す労働契約書ないし労働条件通知書等を証拠提出すべきことになろう。

さらに、労働者側としては、傷病休職制度内容が合理性・相当性を欠くこと（労契法7条）の根拠として、就業規則ないしその一部を構成する休職規程、労働協約を引用すべきことになる。傷病休職制度が労働協約で設定される場合、労使合意に基づいているので、通常は労働者にとって一方的に不利となる不合理な内容になるとは考えられないが、特定の労働者に不利となるような規定内容となっている場合には、協約自治の限界を超えるものとして無効となる可能性がある。

手続面において休職制度の適用や休職期間満了時の扱い等についての正確な説明が使用者側からなされていなかった事実については、就業規則や労働協約に定められている手続が踏まれていない事実や、使用者側から交付された傷病休職命令の辞令等の文書において正確な制度の説明が記載されていない事実などを主張すべきことになる。書証としては、就業規則や労働協約の規定を引用しつつ、使用者側から交付された説明不十分な内容の文書などを提出すべきことになる。

その他、長時間労働を示すタイムカード等や、パワーハラスメントの根拠となる録音記録等など、傷病の業務起因性根拠として用いられる書証を、使用者側の落ち度の根拠として、権利濫用の評価根拠事実立証にも用いることが考えられる。

使用者側からは、産業医面談、指定医による診断結果等から、当該労働者が復職できるレベルまで回復していない事実や、配置転換やリハビリ勤務等の配慮を行っても債務の本旨に従った労務提供ができるレベルまで回復できる見込みがないこと、労働者側に対し傷病休職制度の適用や休職期間満了時の扱い等について正確な説明を行い適正に適用した事実、正確な説明と適正な適用がなされたにもかかわらず労働者側が産業医面談や指定医の診察などに協力しなかった事実などを主張することになる。これらの主張の根拠となる労務管理記録は、使用者が適切な労務管理を行っている限り、使用者側において揃っているはずであり、使用者側はそれらの書証に基づき再々抗弁たる権利濫用の評価障害事実を主張すべきことになる。

［3］業務起因性

「使用者は、労働者が業務上負傷し、又は疾病にかかり療養のために休業する期間及びその後三十日間……は、解雇してはならない」(労基法19条1項)。したがって、使用者側の抗弁となる、傷病休職期間満了による労働者の退職に対する再抗弁として、労働者側は、傷病が「業務上」の負傷・発病である事実、すなわち業務起因性を有する労災であると主張し、その療養期間及びその後30日は退職の効力が生じないと主張することができる。

業務起因性の主張においては、既に当該傷病が行政機関から労災であると認められている場合は、まず労災保険法上の給付決定通知や、業務起因性を認める旨の審査請求・再審査請求の裁決書を提出すべきことになる。もっとも、労災の認定には、労災申請から相当の時間を要するため、傷病休職期間満了退職を争う地位確認請求訴訟を行わなければならない段階でも、行政機関の判断は出ていないことも多い。また、行政機関が当該傷病を労災とは認めなかったとしても、必ずしも使用者を被告とする訴訟においても業務起因性が否定されるわけではない。したがって、長時間労働を示すタイムカード等や、パワーハラスメントの根拠となる録音記録等については、労災保険法上の給付決定が出ていなくとも証拠提出し、それらを用いて、精神障害や脳・心疾患等の傷病について、厚生労働省による認定基準に照らし、業務起因性があることを主張・立証すべきことも多い。

6――傷病休職期間満了退職をめぐる紛争と論点

傷病休職期間満了退職を争う事件において争点となる論点として、以下のものが考えられる。

6-1 契約上の根拠

傷病休職制度は、労働法規に根拠を置く制度ではなく、労働契約上の契約内容として設定されることに根拠を置くものなので、労働者に適用するためには、労働契約上の根拠が必要である。そのような契約上の根拠のない「休職命令」や「休職期間満了退職」は効力を持たないことになる。

要件事実的には、使用者側の傷病休職期間満了退職の抗弁における、③傷病休職期間満了による退職・解雇の根拠規定を含む、傷病休職制度についての就業規則等の規定の有無の問題となる。事案によっては、傷病休職制度が整備されていないにもかかわらず、使用者が一方的に「傷病休職命令」を発令し、その「傷病休職期間」の満了により退職の効果が生じたと主張することも考えられる。労働者側としては、使用者側主張の上記③の事実を否認し、その理由として就業規則上に傷病休職制度の規定が存在しないこと等を主張すべきことになる。

6-2 傷病休職制度内容の合理性

傷病休職制度は、労働協約にて定められることもあり得るが、ほとんどの場合は就業規則に定めることで採用される。したがって、その制度内容に合理性が認められない場合、労働契約内容とはならず（労契法7条）、それに基づく「傷病休職命令」や「傷病休職期間満了退職」も効力を持たないことになる。また、労働者の同意のない就業規則変更によって、新たに傷病休職制度を導入する場合や、従前の傷病休職制度の内容を変更する場合においても、その変更内容の合理性がなければ、同様に労働契約内容とならず（労契法10条本文）、それに基づく「傷病休職命令」や「傷病休職期間満了退職」も効力を持たないことになる。

就業規則上の規定の合理性については、例えば、傷病に対する療養期間として設定される傷病休職期間が極端に短いなど、労働者に療養期間を保障し解雇を猶予する傷病休職制度の趣旨に反するといえる規定内容である場合には、合理性が否定される*[71]。アメックス事件判決（東京地判平26.11.26労判1112号47頁）は、「健康時と同様」の業務遂行が可能であることを復職の条件とする就業規則変更は、業務外傷病者の復職を著しく困難にするものであって、その不利益の程度は大きいとして、その就業規則変更の合理性を認めず無効とし、当該事件原告は復職の要件を充たしていたとして、地位確認請求を認容している。

傷病休職制度内容の合理性の問題は、要件事実的には、使用者側の傷病休職期間満了退職の抗弁における、③傷病休職期間満了による退職・解雇の根拠規定を含む、傷病休職制度についての就業規則等の規定につき、その合理性を欠くので契約内容にならないとの理由付け否認としての主張となる。また、労働者側の権利濫用の再抗弁として、合理性を欠く規定に基づく傷病休職制度適用によって傷病休職期間満了退職とすることが相

＊71　荒木486頁は、解雇猶予制度である趣旨から、傷病休職期間は解雇予告期間である30日以上であることが要請されると述べる。実際には、30日程度では治癒し得ないがそれを上回る療養期間を与えれば復職が十分見込める傷病はたくさん存在する。また、通常、傷病休職期間は勤務年数などに応じ設定されるものであり、長期間の勤務を行ってきた労働者を30日の療養期間しか与えず退職させることの合理性は見出しがたい。したがって、30日は、あくまでそれを下回ると明らかに合理性を欠くと評価される日数と解されるべきである。

当性を欠くことの評価根拠事実にも位置づけ得る。

6-3 傷病休職制度内容の周知性

就業規則ないし就業規則変更内容は、労働者に周知されていなければ労働契約内容とはならない（労契法7条、同10条本文）。

使用者は、就業規則を、常時各作業場の見やすい場所へ掲示しまたは備え付けること、労働者に交付すること、磁気ディスク等に記録し労働者がその内容を常時確認できる機器を設置することのいずれかの方法で、労働者に周知させなければならないとされているが（労基法106条、労基法施行規則52条の2）、労契法7条及び同10条本文にいうところの「周知」は、上記の周知方法の様式を問わず、実質的周知で足りるとされている。この実質的周知とは、労働者が知ろうと思えば知りうる状態に置くことを意味し、労働者が実際にその内容を知っているか否かは問われないと解されている。

もっとも、実質的周知があったといえるためには、単に労働者が情報にアクセスできることのみならず、労働者がその情報を認識・理解できる状態にあったことも求められると解されている。これは、就業規則の定める労働条件が労働契約内容となる前提条件として、他方当事者である労働者に対してその内容を認識・理解可能なものにすることを要請するものであり、「使用者は、労働者に提示する労働条件及び労働契約の内容について、労働者の理解を深めるようにするものとする」と定める労契法4条1項の趣旨からも要請されるものと解される*72。したがって、単に口頭で内容を説明しただけであるとか、就業規則全体ではなく一部の条項のみを抜き出した文書を配布しただけというような場合には、実質的周知は認められない。

上記の意味での実質的周知性を欠く場合、就業規則上の傷病

＊72　水町 197-198 頁、西谷 186-187 頁。

休職制度は労働契約内容とならないため、その規定に基づく「傷病休職命令」や「傷病休職期間満了退職」も効力を持たないことになる。

傷病休職制度を規定した就業規則の周知性の問題も、要件事実的には、使用者側の傷病休職期間満了退職の抗弁における、③傷病休職期間満了による退職・解雇の根拠規定を含む、傷病休職制度についての就業規則等の規定の存在につき、その周知性を欠くので契約内容にならないとの理由付け否認としての主張となる。

6-4 傷病休職命令の存否

就業規則上に傷病休職制度が整備され、その制度内容について説明がなされるなどして、労働者がその内容を理解していたとしても、当該労働者に対し、制度を適用する旨の傷病休職命令が存在しなければ、使用者側の傷病休職期間満了退職の抗弁における要件事実である、⑤使用者が労働者に対し傷病休職規定に従って休職させる意思表示（休職命令）を行った事実が認められないことになる。したがって、傷病休職命令の存否も争点となり得る。

この点、北港観光バス（休職期間満了）事件判決（大阪高判平26.4.23労働判例ジャーナル29号36頁）は、労働者から休み続けるとどうなるかという質問がなされたのに対し、使用者側が制度の説明をしたのみで、正式な傷病休職命令を出していない事実関係において、傷病休職命令が存在しないので、傷病休職期間満了退職の効果も生じない旨を判示している。この事案では、上記説明があったことをもって、黙示の休職命令の存在を認めることもできないと判示している。

6-5 傷病休職事由該当性

傷病休職命令は、就業規則などの契約上の根拠に基づくものなので、当然就業規則等の規定に従った要件を満たさなければ効力を持たない。すなわち、使用者側の傷病休職期間満了退職の抗弁における要件事実である、③傷病休職期間満了による退職・解雇の根拠規定を含む、傷病休職制度についての就業規則等の規定の存在と、⑤使用者が労働者に対し傷病休職規定に従って休職させる意思表示（休職命令）を行ったことが認められたとしても、④労働者に傷病休職規定上の傷病休職事由が存在する事実が認められなければ、「傷病休職命令」や「傷病休職期間満了退職」は効力を持たないことになる。

先に本章３－３［３］「就業規則に従った傷病休職命令（休職事由該当性等）」でも述べたとおり、タカゾノテクノロジー事件判決（大阪地判令2.7.9労判1245号50頁）は、労働者の欠勤が続いていたわけではなかったことや、産業医が時短勤務や勤務配慮の必要がないと判断していたことなどを根拠に、就業規則上の傷病休職命令発令要件となる「私傷病により長期に欠勤が見込まれる、又はそれに準ずる事情がある」が充たされていないと判示している。また、富国生命保険（第1回、第2回休職命令）事件判決（東京高判平7.8.30労民集46巻4号1210頁（労判684号39頁））も、「その他前各号に準ずるやむを得ない理由があると会社が認めた場合」との休職事由への該当性が問題になった事案であるが、休職事由該当性を否定し、休職命令の効力も否定している。

その他、例えば就業規則上に「業務外の傷病により欠勤が3カ月以上にわたる場合」に傷病休職命令を発することができるものと定められているにもかかわらず、３か月の病休を待たず、療養期間３か月の診断書が提出されたことをもって傷病休職命令が発令された場合や、労働者が療養のために年次有給休暇（労基法39条）を取得した期間まで欠勤期間に含めた上で傷病休職命令を発令した場合などは、休職事由該当性が認められない上に、就業規則の最低基準効（労契法12条）にも反するので、効力を持たないといえる。また、業務起因性の認められる労災といえる傷病に対しては、業務外傷病での就労不能を前提とする傷病休職命令の休職事由該当性は認められない。裁判例では、大裕事件判決（大阪地判平26.4.11労働判例ジャーナル29号2頁）は、業務遂行中に上司から受けたパワハラ行為により精神障害を発症したとの認定を前提に、当該精神障害は休職事由である「業務外の傷病」に該当するとはいえず、休職命令は就業規則上の根拠を欠き、本件休職命令が有効であることを前提とする傷病休職期間満了自然退職も無効であると判示する。

就業規則上の休職事由該当性に関しては、丙川商店事件判決（京都地判令3.8.6労判1252号33頁）が、就業規則上の休職事由の一つとして、文言上「業務上の傷病により欠勤し3カ月を経過しても治癒しないとき（療養休職）」と規定しているが、一方で労働者の休職事由につき「業務外の傷病」として取り扱われていることについて当事者間に争いはない事案で、使用者側が「業務上の」とあるのは明白な誤記であり、正しくは「業務外の」であると主張したのに対し、労働者の身分の喪失にも関わる規定を、文言と正反対の意味に読み替えた上で労働者の不利に適用することは、労働者保護の見地から労働者の権利義務を明確化するために制定される就業規則の性質に照らし、採用し難い解釈であるとして、休職事由は充たされておらず、休職期間満了退職も無効であると判示している。就業規則は労使合意ではなく使用者側による一方的決定で制定されうるものであること、それゆえに就業規則の最低基準効は厳格に解されるべきであるといえることからして、正当な判断といえる。

6-6 傷病休職期間の経過

使用者側の傷病休職期間満了退職の抗弁における要件事実である、⑥傷病休職期間の経過については、他の要件事実である、③傷病休職期間満了による退職・解雇の根拠規定を含む、傷病休職制度についての就業規則等の規定の存在、④労働者に傷病休職規定上の傷病休職事由があること、⑤使用者が労働者に対し傷病休職規定に従って休職させる意思表示(休職命令)を行ったことが認められる場合であれば、大方の場合、就業規則上の傷病休職制度の定めや、傷病休職辞令等の記載などにより、当該傷病休職における休職期間がいつまでなのかが明らかとなっているはずなので、その期間の経過の事実があること自体は争いにならないといえる。

もっとも、傷病休職辞令等において休職期間が明示されていなかったり、傷病休職命令があったこと自体には争いがなくとも、その正式な発令がどの時点なのかが不明確であったり、就業規則上の休職期間の設定が「その都度会社が決める」というように不明確となっている場合などには、傷病休職期間の経過自体が争いになることがあり得る。

また、学説には、労働者は休職期間中においても、法律上の取得要件を充たせば、年次有給休暇、産前産後休暇、育児・介護休暇等を取得できると解する見解がある*73。この見解に従って労働者側が年休権行使を主張した場合も、その年休権が行使された日は休職期間にカウントされるべきではないので、傷病休職期間経過の事実が争いになり得る。

傷病休職期間の経過が争いになる場合、「どんなに遅くともこの時点で傷病休職期間が経過した」といえる時点より前に労働者が復職の意思表示を行った事実が認められるならば、その期間経過のみをもって退職扱いとすることはできないことになるといえる。

＊73　水町558頁。これに対し行政解釈(昭和24年12月28日基1456号、昭和31年2月13日基収489号)は、病気休業中の労働者が年次有給休暇を請求して病気欠勤に充用することは可能であるが、休職命令が発令された場合、労働者の労働義務は免除されるので、労働義務のない日に年次有給休暇を請求する余地はないとする。水町教授は、年休権には、労働義務からの解放に併せ、不就労でも賃金請求できる効果が強行的に保障されているのであり、傷病休職期間中においても有給休暇の保障は認められなければならないと述べる。

6-7 復職願と復職拒否

［1］復職可の診断書提出があった場合の主張立証責任

本章３－５「傷病休職における『治癒』の意義」から３－８「復職可否の判断」にて述べたとおり、傷病休職期間中に労働者が「寛解」「治癒」「回復」と評価され得る健康状態にまで回復した場合、通常の傷病休職制度に従えば、労働者は、復職可の診断書とともに復職願を使用者に提出することになる。傷病休職期間満了退職が無効であると主張して行われる労働契約上の地位確認請求事件のうち多く場合、このように労働者が診断書及び復職願を提出したにもかかわらず、使用者が復職不可との判断を行い、傷病休職期間が経過した結果、労働者が退職扱いとされたという事実関係にある。

この場合、本書の見解に従った要件事実整理に基づけば、労働者が、使用者側の傷病休職期間満了退職の抗弁に対する再抗弁として、傷病休職期間満了退職とすることが、傷病休職制度の趣旨及び解雇権濫用法理の趣旨に照らし権利濫用にあたることの評価根拠事実を主張すべきことになる。そして、労働者が復職可の診断書とともに復職願を使用者に提出した事実は、傷病休職期間満了退職扱いが権利濫用にあたることの重要な評価根拠事実として位置づけられることになる。

そして、傷病休職期間満了退職を争う事件のリーディングケースであるエール・フランス事件判決（東京地判昭59.1.27労判423号23頁）は、「当該従業員が前職場に復帰できると使用者において判断しない限り、復職させる義務を使用者が負担するものではなく、休業期間の満了により自動的に退職の効果が発生すると解することは、復職を申し出る従業員に対し、客観的に前職場に復帰できるまでに傷病が治癒したことの立証責任を負担させる結果になり、休職中の従業員の復職を実際上困難にする恐れが多分にあって相当でなく、使用者において当該従業員が復職することを認めることができない事由を具体的に主張立証する必要がある」と述べる。この考え方は、東洋シート事件判決（広島地判平2.2.19判タ757号177頁）など、その後の裁判例でも述べられるところである。

すなわち、エール・フランス事件判決等の考え方によれば、要件事実論的に見て、傷病休職期間満了退職扱いが権利濫用にあたることの評価根拠事実の主張・立証責任は労働者側にあるものの、労働者が復職可の診断書とともに復職願を使用者に提出した事実を主張立証した場合には、傷病休職期間満了退職扱いが権利濫用にあたることには一応の推認が働き、それに対する評価障害事実として、当該労働者が復職することを認めることができないとする正当理由の主張立証責任を使用者が負うことになるものといえる。

この場合、使用者としては、主治医による復職可の診断書が出ていたとしても、当該労働者が債務の本旨に従った就労ができるとはいえないことの根拠を挙げる必要がある。そのような根拠を挙げないまま復職させない場合、学校法人日通学園（大学准教授）事件判決（千葉地判令2.3.25労判1243号101頁）は、休職事由が消滅した後に復職命令を発令するのに必要な合理的期間を経ても復職できないことは労働者に著しく不利益であるとして、一定の合理的期間を経ても使用者が復職を発令しない場合は、当然に復職するものと解すると判示している。

逆に、大建工業事件決定（大阪地決平15.4.16労判849号35頁）は、休職中の労働者が、職務復帰を希望するにあたり、使用者が求める就労可能と判断できるだけの資料を提出しなかったために解雇された事案において、労働者が従前の職務を通常程度行える健康状態に復したか否かを使用者が確認することは当然必要なことであり、就労の可否の判断の一要素として医師の診断を使用者が要求することは信義公平の観念に照らし合理的かつ相当な措置であるから、就業規則所定の事由に基づく解雇は、社会通念上相当な合理的な理由があるとしている。すなわち、まず前提として、労働者は復職を申し出るに際しては、復職可の記載がある診断書の提出するなどにより、休職事由が消滅したことを労働者側で疎明する必要がある。

［2］使用者の勤務配慮義務と主張立証責任

本章3－5「傷病休職における『治癒』の意義」でも述べたとおり、片山組事件最高裁判決（最一小判平10.4.9集民188号1頁（労判736号15頁））は、「労働者が職種や業務内容を特定せずに労働契約を締結した場合においては、現に就業を命じられた特定の業務について労務の提供が十全にはできないとしても、その能力、経験、地位、当該企業の規模、業種、当該企業における労働者の配置・異動の実情及び難易等に照らして当該労働者が配置される現実的可能性があると認められる他の業務について労務の提供をすることができ、かつ、その提供を申し出ているならば、なお債務の本旨に従った履行の提供があると解するのが相当である。そのように解さないと、同一の企業における同様の労働契約を締結した労働者の提供し得る労務の範囲に同様の身体的原因による制約が生じた場合に、その能力、経験、地位等にかかわりなく、現に就業を命じられている業務によって、労務の提供が債務の本旨に従ったものになるか否か、また、その結果、賃金請求権を取得するか否かが左右されることになり、不合理である」と判示している。そして、この最高裁判決後においては、傷病休職期間満了退職が争われる事件においても、東海旅客鉄道（退職）事件（大阪地判平11.10.4労判771号25頁）等の裁判例は、片山組事件最高裁判決と同様の考え方を述べつつ、「当該労働者が復職後の職務を限定せずに復職の意思を示している場合には、使用者から指示される右配置可能な業務について労務の提供を申し出ているものというべき」

であるとの旨を判示している。

さらに、同じく本章3－5「傷病休職における『治癒』の意義」でも述べたとおり、エール・フランス事件判決（東京地判昭59.1.27労判423号23頁）は、「傷病が治癒していないことをもって復職を容認しえない旨を主張する場合にあっては、単に傷病が完治していないこと、あるいは従前の職務を従前どおりに行えないことを主張立証すれば足りるのではなく、治癒の程度が不完全なために労務の提供が不完全であり、かつ、その程度が、今後の完治の見込みや、復職が予定される職場の諸般の事情等を考慮して、解雇を正当視しうるほどのものであることまでをも主張立証することを要する」と述べている。この裁判例の考え方から、使用者には、労働者の復職にあたっての信義則上の勤務配慮義務があると解されている。

これら裁判例の考え方や、傷病休職制度及び解雇権濫用法理の趣旨からみれば、仮に労働者から復職願と同時に提出された診断書において、傷病休職前の職務への完全な復職を可能とする趣旨の記載ではなく、「当面の間勤務軽減を要する」や、「時短勤務であれば復職可と判断する」、「○○の業務であれば復職可と判断する」などの記載があったとしても、使用者は、その診断書に記載されるような勤務配慮を行うことによる復職可能性を検討すべきであり、その検討を行うこともなく、あるいは勤務配慮を行わないことに対する合理的理由を挙げないまま復職拒否を行うことは、権利濫用にあたると評価されるといえる。逆にいえば、上記のような内容の診断書が提出された場合、使用者は、権利濫用の評価障害事実として、診断書の記載に沿った勤務配慮について検討を行った事実、その検討を行った上でも復職可能とは判断できない正当理由を主張立証しなければならないといえる。

この点、店舗プランニング事件判決（東京地判平26.7.18労経速2220号11頁）は、主治医による「復職可能な状態である。ただし、会社側が本人の病状を悪化させないよう十分職場環境を整える必要がある」との診断書を提出したものの、傷病休職からの復職が認められず解雇がなされた事案において、上記診断書提出後に、「本人の病状は増悪している」等の診断がなされ、それを踏まえ労働者の所属する組合が本人が治療に専念したいので休職期間を1年6か月以上とすることを要求していたことや、健康保険傷病手当金支給請求書における診断書に「うつ病」で「頭痛等の身体症状強く出ており、労務不能」との診断がされていたこと、使用者側代理人から使用者の指定する病院において診断を受けて診断書を提出するように求める業務上の指示を受けたにもかかわらずその指示に応じず、主治医の診断書のみを提出したことことなどから、就業規則上の解雇事由である「心身の障害により、勤務に支障が出た場合」に該当する事実が認められるとして、解雇を有効と判断している。

また、傷病休職期間満了退職を争う事件ではないが、労働者が復職拒否により就労できなかった期間の賃金を使用者に請求した事件である日本テレビ放送網事件判決（東京地判平26.5.13労経速2220号3頁）においては、主治医による復職可の診断書は提出されていたものの、人事担当者が主治医と面談して意見聴取することを労働者が拒否したこと、使用者が主治医に対し文書で意見照会したところ「今後も職場における対人関係が休職前と同様である場合には、再度症状の悪化を招く可能性があり、その点に対する配慮が必要である」等の記載があったこと、復職を申し出た後も、労働者が使用者側人事局員との面談を拒否し続けたり、人事面談には出たものの声を荒げたりする状態であったことなどを理由に、請求を棄却している。

これらの判決の事例のように、復職可、あるいは勤務配慮があれば復職可の診断書が提出された場合でも、使用者側が復職を不可とする根拠につき十分な立証を行えば、その正当性も認められることになる。

他方、綜企画設計事件判決（東京地判平28.9.28労判1189号84頁）は、傷病休職期間を延長し復職可能か否かを見極めるための期間という趣旨で行われた試し出勤中に、従前の職務を通常程度行うことができる状態になっていたか、仮にそうでないとしても、相当の期間内に通常の業務を遂行できる程度に回復すると見込まれる状況にあったとの認定を前提に、傷病休職期間満了退職扱いはその効果が認められないとしている。この事案での試し出勤は、傷病休職期間の延長にあたると認定されているので、相当の期間内に回復が見込めるので退職扱いを無効とするとの判断は、延長期間満了時においても当てはまることを意味する。

6-8 傷病休職期間満了退職と解雇権濫用法理

本章５「傷病休職期間満了退職をめぐる紛争における攻撃防御方法の概要」５－４「再抗弁・再再抗弁事由とその立証」にて述べたとおり、合理的な療養期間を与えることにより労働能力を理由とする解雇することを一定期間避けることにより労働者の保護を図るという傷病休職制度の趣旨から、休職期間満了時における自然退職の扱いは、労働能力を理由とする解雇への解雇権濫用法理適用の場合に準じ、解雇が正当化されるような事情が認められなければ、無効となりうることになる。

私見では、労基法19条１項が業務起因性を有する傷病の療養のために就労できないことを理由として解雇することを禁止していることの趣旨からして、労働者が傷病・健康状態を理由に就労できない場合において、そうなった原因の一端が使用者側の態度にあることが認められる場合、その事実は解雇や傷病休職期間満了退職に社会的相当性がなく無効であることの評価根拠事実となると考える。

すなわち、傷病に業務起因性が認められれば、療養期間中の傷病休職期間満了退職は当然に無効となるが、業務起因性が認められない場合であったとしても、発病・受傷前後の過程においてパワーハラスメントや相当程度の長時間労働の事実などが認められ、傷病の業務起因性が認められないのはあくまで厚生労働省の認定基準からみて僅かに基準を満たさないだけに過ぎないような場合であれば、使用者側の落ち度の重さに応じ、復職に際してより高度の配慮義務が使用者側に生ずると解するべきである。そして、そのような高度の配慮義務が履行されていない場合は、傷病休職期間満了退職扱いは権利濫用とされるべきである。

また、傷病休職制度に対する使用者側の説明不足のために、労働者がいつまでに復職可の診断書を主治医からもらわなければならないか、いつまでに復職願を提出しなければならないかを認識できず、実際には復職可能な程度に回復していたにもかかわらず、傷病休職期間を徒過してしまうこともあり得る。このような事実関係も、解雇権濫用法理の趣旨からすれば、傷病休職期間満了退職扱いが権利濫用となることの評価根拠事実となろう。

さらに、解雇権濫用法理の趣旨からすれば、傷病休職命令の発令自体に退職に追い込む目的などの不当目的が認められる場合も、傷病休職期間満了退職扱いが権利濫用となることの評価根拠事実となる。裁判例では、日本通運（休職命令・退職）事件判決（東京地判平23.2.25労判1028号56頁）は、傷病休職命令の発令は退職に追い込む目的を有していたとは認められないとの認定を傷病休職期間満了退職を有効とすることの根拠としているが、逆にいえば、不当目的が認められる場合には傷病休職期間満了退職扱いが権利濫用となることの評価根拠事実となることを示している。

6-9 業務起因性の再抗弁

使用者側の傷病休職期間満了退職の抗弁に対し、労働者が業務起因性の再抗弁を主張した場合、厚生労働省の労災認定基準等の考え方に照らし、傷病に業務起因性が認められるならば、傷病休職期間満了退職の効力は生じないことになる（労基法19条1項）。

裁判例においては、東芝（うつ病・解雇）事件最高裁判決（最二小判平26.3.24集民246号89頁（労判1094号22頁））が維持した同事件控訴審判決（東京高判平23.2.23労判1022号5頁）は、傷病休職期間満了後の解雇に労基法19条1項の効力が及ぶことを明らかにしている。また、アイフル（旧ライフ）事件大阪高裁判決（大阪高判平24.12.13労判1072号55頁）は、傷病休職期間満了退職にも労基法19条1項の効力が及ぶことを明らかにしており、同判決は最高裁でも維持されている（最三小決平26.3.11TKC文献番号25504245）。同様に、エム・シー・アンド・ピー事件判決（京都地判平26.2.27労判1092号6頁）、エターナルキャスト事件（東京地判平29.3.13労判1189号129頁）等の下級審判決も、傷病休職期間満了退職にも労基法19条1項の効力が及ぶことを明らかにしている。

傷病休職期間満了退職と傷病休職期間満了後の解雇では、改めて解雇の意思表示がなされたか否かの点でしか違いがなく、傷病休職期間満了退職において、労基法19条1項の効力が及ばないと解することの合理性は認め難い（▶2）。

7――傷病休職制度と解雇をめぐる紛争と論点

7-1 休職命令を発令しない中での解雇

傷病休職制度の趣旨が、労働者が私傷病によって就労できない状態になったとしても、解雇権濫用法理、最後手段原則及び予測原則（期待可能性原則）の観点から、いきなり解雇するのではなく、一定期間の療養期間を与えることによって、解雇を猶予し、解雇をできるだけ回避し、労働者の保護を図る点にあることからすれば、労働者が私傷病に罹患し十分な労務提供ができない状況になったとしても、傷病休職制度を適用せずに解雇することは、原則として解雇権の濫用となるといえる（労契法16条）。この点、日本ヒューレット・パッカード事件最高裁判決（最二小判平24.4.27集民240号237頁（労判1055号5頁））は、精神不調が原因で無断欠勤した労働者に対する無断欠勤を理由とする懲戒規定に基づく諭旨退職処分につき、具体的な事情から当該労働者が諭旨退職処分当時に精神的不調のために欠勤を続けていたと事実認定した上で、使用者は精神科医による健康診断を実施するなどした上で、その診断結果等に応じて、必要な場合は治療を勧めた上で休職等の処分を検討し、その後の経過を見るなどの対応を採るべきであると評価し、当該労働者の無断欠勤は就業規則所定の懲戒事由である正当な理由のない無断欠勤に当たらず、上記の対応をとらずになされた諭旨退職処分が懲戒事由を欠き無効であると判断している[*74]。

もっとも、休職期間を待たずとも、労働者の労働能力の低下と回復による職場復帰の可能性の欠如が決定的で、労働契約の継続を期待できないような場合には、最後手段原則及び予測原則（期待可能性原則）の観点からみても、傷病休職制度を適用せずに解雇することも解雇権濫用にはあたらないと解される[*75]。この場合も、あくまで回復可能性の欠如が決定的であることが十分に明らかであることを要するといえる。裁判例では、比較的回復可能性の欠如が判断しやすい疾病である脳梗塞をトラック運転手が発病した事例である岡田運送事件判決は、傷病休職制度適用を経ない解雇を有効としている一方で（東京地判平14.4.24労判828号22頁）、躁うつ病発病の事例であるカンドー

＊74　他方、この最高裁判決を受けて同事件の労働者が復職を求めたところ、使用者が当該労働者の心身の不調を理由に就労申出を拒絶し、休職命令を発令し、その後休職期間満了退職とした事案である、日本ヒューレット・パッカード（休職期間満了）事件（東京高判平28.2.25労判1162号52頁）では、休職期間満了退職扱いを有効としている。

＊75　水町556-557頁。

事件判決においては、程度が重く治療により回復する可能性がなかったということはできないと述べつつ解雇を無効としている（東京地判平17.2.18労判892号80頁）。

近時の裁判例では、ビックカメラ事件判決（東京地判令元.8.1労経速2406号3頁）において、家電販売店の売場やレジにて販売員として勤務していた労働者が、勤務中に無断で早退し又は売場を離れることが多数あり、また、インカムを用いて著しく不合理な内容の発言を行っていたことを理由に解雇された事案において、労働者側が、「被告は、原告が精神疾患にり患している可能性を把握できたにもかかわらず、早期に専門的な医療機関の受診を指示せず、また、休職命令等の措置をとることなく、原告の問題行動が多くなったことを理由に、強制的に心療内科を受診させ、懲戒処分を続けたりしたものであり、かかる対応は不適切である」と主張していたことに対し、「被告は、原告の問題行動を確認するようになった後、原告に産業医との面談を行わせ、精神科医を受診させたほか、社員就業規程に基づき精神科医への受診及び通院加療を命じるなどしているのであるから、原告の問題行動が精神疾患による可能性について、相当の配慮を行っていたものと認められる」、「被告は、原告に対して休職の措置をとることなく本件解雇を行ったものであるが、原告から休職の申出がされたことは窺われない上……被告の社員就業規程においては、被告が休職を命じるためには、業務外の傷病による勤務不能のための欠勤が引き続き1か月を超えたこと、又は、これに準じる特別な事情に該当することや、医師の診断書の提出が必要とされているところ、原告が1か月を超えて欠勤した事実は認められず……、被告は、原告に対して精神科医の受診を命じた上で、診察した医師に対して病状等を照会したものの、原告の精神疾患の有無や内容、程度及び原告の問題行動に与えた影響は明らかにならなかったというべきであるから、原告に対して休職を命じるべき事情は認められない」と述べつつ、当該労働者の業務遂行能力や勤務状況は著しく不良であったとして解雇権濫用に当たらず、有効であると判断されている。

この事案は、労働者の非違行為を理由とする解雇の事案である点で、同じく傷病休職制度を適用しない解雇でも、私傷病による労働能力の喪失からの回復可能性の欠如が決定的であることを理由とする解雇とは異なる。また、同じく非違行為を理由としていても、無断欠勤による労務不提供を非違行為としているのではなく、労務提供がなされている中での非違行為が解雇理由とされている点で、日本ヒューレット・パッカード事件最高裁判決の事案とは異なる。この事案は、①使用者は指定医での受診を命ずるなどして労働者の健康状態を把握しようとした、②それでも労働者の健康状態は明らかにならなかった、③そのような状況下で労働者の問題行動が顕著であったという事案での事例判断であり、労働者が傷病に罹患していることが明らかな事案においては、やはり使用者は傷病休職制度を適用すべきことが原則となることに変わりはないというべきである*76。

7-2 復職命令拒否と解雇

本章3－10「復職後の対応とその問題点」にて述べたとおり、傷病休職からの復職を契機に配転命令を受けるなど、復職に際し、使用者側から何らかの条件を付けられることがあり得る。そのような条件が労働者の意に反し、労働者がその条件での復職を拒否した結果、解雇等の不利益扱いを受けることもあり得る。

ツキネコ事件判決（東京地判令3.10.27労判1291号83頁）は、傷病休職していた労働者が、使用者から休職前とは異なる部署での復職命令を受けたのに対し、同命令が違法であるとしてこれに応じず、復職後の配属先の変更を求めて出勤しなかったと

＊76　横山・前掲注＊3・43-44頁。

ころ解雇されたという事案で、リハビリ期間から復職命令に至るまで配転先での業務に耐えられないと申し出たことがなく、その業務内容も軽作業であることや、使用者も体調には配慮すると明言していることから、復職命令が医学的に問題であり安全配慮義務を無視した違法なものであるということはできないとした上で、復職命令発令後、4回にわたって出勤を求めたり、出勤できない場合には面談をしたいので都合のつく日を連絡するよう呼びかけたりしたにもかかわらず、労働者が4か月以上無断欠勤を続け、使用者からの連絡に回答しなかったことを理由に、解雇を有効と判断している。使用者側が復職に際し付けた条件が、使用者の安全配慮義務等に照らし、合理性を有するといえる場合は、復職拒否は業務命令違反として、解雇や懲戒の理由になり得る。

逆に、そもそも職種限定合意のある労働契約であったにもかかわらず、復職を契機に本人同意なく職種変更を伴う配転を命じられた場合など、復職に際し付けられた条件が不合理といえる場合であれば、労働者は、復職命令を拒否した上で、使用者に対し民法536条2項に基づき賃金請求を行うことが可能となる。本章3－10［2］「復職を契機とする配転」でも述べたとおり、職種限定合意のある労働契約においては、復職時における勤務配慮の一環であったとしても、配転を行うためには労働者の本人同意が必要であり（社会福祉法人滋賀県社会福祉協議会事件・最二小判令6.4.26労判1308号5頁）、傷病休職からの復職を申し出た労働者が、元の職種限定対象の職種に復職可能といえる状況にあるにもかかわらず、違う職種での復職を命ずることは違法である（学校法人日通学園（大学准教授）事件・千葉地判令2.3.25労判1243号101頁、大阪市食肉市場事件・大阪地決令3.9.15TKC文献番号25590921）。

8――傷病休職をめぐる事件における法的手続の選択

傷病休職期間満了退職を争う事件をはじめとする、傷病休職をめぐる事件においては、就業規則において傷病休職制度がどのような内容で整備されているか、発病・受傷前にどのような経過があったのか、発病・受傷後に制度がどのような形で適用されたのか、労働者はいつから通院を始め、主治医はどのような判断をしているのか、使用者側は傷病休職期間中にどのような労務管理を行ったのか、産業医はどのような評価を行っているのか等々を確認する必要がある。傷病休職をめぐる事件では、これらのプロセス全体を見た上での評価が必要となる。そうすると、傷病休職をめぐる紛争における法的手続の選択においては、労働審判手続のような短期間で判断を行う手続はなじまないといえる場合が多くなる。したがって、法的手続としては、はじめから訴訟手続を選択すべきといえそうな場合が多い。

もっとも、筆者は、傷病休職期間満了退職を争う事件につき、何度か労働審判手続にて解決を得たことがある。労働審判手続を選択するパターンとしては、まず、労働者本人が強く復職を望んでおり、かつ傷病の完治ないし完治に近い寛解状態にあることが医学的に明確である場合である。このような場合、法的には労働者を職場復帰させるべきであることが明らかといえるので、訴訟にて時間をかけるよりは、労働審判手続内において休職期間満了前に完治していたことを速やかに疎明し、速やかな職場復帰を強く求める方が解決が早いといえる。

労働審判手続を選ぶもう一つのパターンは、労働者本人が退職と引き換えとする金銭解決でかまわないと考えている場合である。通常の解雇事件においても、労働者本人が職場復帰にこだわらず、むしろ金銭解決を望んでいる場合には、労働審判手続を選択することが多いが、傷病休職期間満了退職を争う事件においても同じことがいえる。

先に述べたとおり、傷病休職をめぐる事件では、発病・受傷前から傷病休職期間満了までのプロセス全体を見た上での評価が必要となる。労働審判手続においても、これらのプロセス全体につき、根拠となる書証を揃え、それら書証に基づく事実主張を労働審判手続申立段階で全部行うべきことになる。この場合、筆者の経験でも、労働審判手続申立書や書証の分量は相当なものとなる。労働審判手続は、迅速な解決を目指す手続なので、申立段階での主張や書証の分量が大量になる場合、労働審判委員会からは、24条終了（労働審判法24条1項）で終了させられるおそれがある。したがって、傷病休職をめぐる事件につき労働審判手続を申し立てる場合には、24条終了をされないように、事実の時系列を分かり易く整理し、カルテの記録や主治医の診断等についても、どこを読めばよいのかが明確に分かるようにマーカーを引くなどの工夫を行い、長い申立書であったとしても、一読了解で事案を理解できるように作成するべきである。また、労働審判手続申立書の末尾には、申立人がどのような解決を望んでおり、そのような解決の方向性が労働審判手続内においても十分に可能であることが理解できるような文章を入れておくなどの工夫も行うべきである。

9――傷病休職期間満了退職をめぐる訴訟で提出すべき書証と提出時期

傷病休職期間満了退職をめぐる訴訟において、労使の当事者がどの段階でいかなる書証を提出しておくべきかにについて、以下、その立証趣旨も踏まえつつ説明する。

9-1 労働者側から提訴段階に出すべきもの

[1] 雇用契約書、労働条件通知書、給与明細書、求人票（就労開始から間もない場合）

請求原因たる労働契約の成立の立証とともに、地位確認請求と併せて行う賃金請求との関係で賃金等の労働条件を明らかにするためのもの。これらは通常労働者に交付されているであろうものなので（交付されていない場合もあるが）、労働者側から提訴段階で提出すべきである。

[2] 就業規則（賃金規程、休職規程）、場合によっては労働協約

当該労働契約において、傷病休職制度がどのように規定されているかを明らかにする。傷病休職期間満了による退職扱いの事実は使用者側が主張・立証すべき抗弁にあたるが、労働者側は、確認の利益の主張・立証との関係や、使用者による傷病休職制度の適用が就業規則に従ったものになっていない事実を積極的に主張・立証するために、これらを持っている場合、提訴段階からこれらを提出すべきである。

もっとも、これらは労働者に交付されていないことも多い。その場合は、提訴段階から、使用者側に就業規則はじめ傷病休職制度を定めた規程を提出し、契約上の傷病休職制度の内容を明らかにすることを求める求釈明を行うべきである。

[3] 傷病休職命令の辞令、休職合意を示す文書、傷病休職期間満了が迫っていることを労働者に知らせる文書

これらは、使用者側の抗弁にあたる傷病休職期間満了による退職の要件を裏付ける文書であるが、通常は労働者に交付されている文書である。確認の利益の主張・立証との関係で、休職命令を受け、その後傷病休職期間満了退職扱いとなった事実経

緯を明らかにするため、提訴段階から提出すべきである。

これらの文書が労働者側にない、あるいはこれらの文書において傷病休職制度の適用や傷病休職期間満了時の扱い等について正確な説明がなされていないことは、再抗弁としての傷病休職期間満了で退職扱いとすることが権利濫用にあたることの評価根拠事実にもなる。

［4］傷病休職期間満了退職通知、離職票、健康保険証返還請求の書面

確認の利益の主張・立証との関係で、傷病休職期間満了退職扱いとなっていることを明らかにする。傷病休職期間満了退職自体の効力を争う事件なので、通常はこれらの文書が労働者に交付されているはずである。

［5］（就業規則上、休職期間の経過をもって解雇する旨の規定となっている場合）解雇通知、解雇予告通知、解雇理由証明書（労基法22条）

就業規則上、休職期間の経過をもって解雇する旨の規定となっている場合、労働者に交付されるであろう文書なので、確認の利益との関係で、これらを提出すべきである。

［6］復職可能等を示す診断書、復職願

再抗弁である傷病休職期間満了で退職とすることが権利濫用にあたることの評価根拠事実である、傷病休職期間満了前に復職可能であることを明らかにして復職を申し出た事実を明らかにする。労働者側で作成する文書である。

［7］（労基法19条の解雇制限を主張する場合）労災保険法上の給付決定通知、業務起因性を認める旨の審査請求・再審査請求の裁決書

行政機関から労働者に交付される文書なので、労働者側で提訴段階から提出すべきである。

もっとも、行政機関による労災の認定には相当時間がかかるので、使用者に対し提訴する時点ではまだ決定が出ていないことも多い。その場合は、訴訟係属中に決定が出た段階で速やかに提出すべきである。

9-2 使用者側が答弁書ないし最初の準備書面提出段階で出すべきもの

［1］就業規則（賃金規程、休職規程）、場合によっては労働協約

使用者側の傷病休職期間満了退職の抗弁ないし解雇の抗弁の主張・立証に必要な文書である。

当該労働契約において、傷病休職制度がどのように規定されているかを明らかにするものであり、労働者側が持っている場合は、提訴段階で労働者側から提出されることが多いが、労働者に交付されていないことも多い。その場合は、使用者側からこれらを速やかに提出すべきである。また、労働者側から提出があった場合でも、就業規則の改正等により、最新のものでない、あるいは実際に休職命令が出た時点のものでないなどの場合もあり得る。その場合、改正経過も明らかになるようにして提出すべきである。

［2］診断書、欠勤届、出勤簿、タイムカード、傷病休職命令の辞令、休職合意を示す文書、傷病休職期間満了が迫っていることを労働者に知らせる文書、傷病休職期間満了退職通知

使用者側の抗弁として、傷病休職制度が就業規則の規定で定められた要件どおりに適用され、そのまま傷病休職期間が満了した事実を主張・立証するために必要な書証である。

診断書、欠勤届、出勤簿、タイムカードは、労働者の傷病による欠勤期間が、傷病休職命令を出すための就業規則上に定められた要件となる期間を超えたことの立証や、傷病休職命令後、傷病休職期間中に復職できていない事実の立証に必要となる。

傷病休職命令の辞令、休職合意を示す文書、傷病休職期間満了が迫っていることを労働者に知らせる文書、傷病休職期間満了退職通知は、休職制度が労働者側に正確に説明され、就業規則上に定められた要件に沿った適用がなされた事実、正確な説明と適正な適用がなされたにもかかわらず、労働者側が産業医面談や指定医の診察などに協力しなかった事実等の立証に必要となる。

傷病休職命令は、就業規則に基づく使用者側の労務管理として行われるものなので、就業規則に従った傷病休職命令が出されたことを示す労務管理記録は、使用者側で出すべきである。なお、これらの記録は提訴段階で労働者側から出されることも多いが、労働者は労務管理を行う立場にないので、労働者がその全部を保管していなかったなどの事情により、労働者側から提出されるものは、これらの一部のみであることも多い。したがって、使用者側は、労務管理の経過全体が明らかになるよう、速やかにこれらの書証を提出すべきである。

9-3 訴訟の進行に伴って出すべきものとなりうるもの

[1] 産業医面談記録、指定医の診断書

労働者から復職願が出たにもかかわらず使用者がそれを拒否する場合、傷病休職期間満了により失職扱いとすることが権利濫用にあたることの評価障害事実として、使用者側は復職を拒否する合理的理由を主張・立証しなければならない。

使用者側は、復職拒否の合理的理由の根拠を、産業医面談結果や、指定医の診断に置くことが通常である。もっとも、これらの記録は労働者側の個人情報の側面もあるので、必ずしも使用者側の手元にあるわけではない。産業医面談や指定医の診断の時点で、労働者からの承諾の下に使用者側の手元にこれらの書面がある状況であれば、使用者側は速やかに提出すべきである。

使用者側の手元にこれらの書面がない場合、文書送付嘱託（民事訴訟法226条）等によりこれらの書面を証拠化すべきことになる。

[2] カルテ、医師意見書

主治医の診断と使用者側指定医の診断や産業医意見が異なり、傷病の治癒・寛解の事実や回復状況が争いになる場合、カルテに記録されている治療状況や回復状況、検査結果等に基づき、治癒・寛解の事実の有無を双方が主張・立証すべきことになりうる。また、その場合、カルテの記録に基づく評価を医師意見書によって明らかにすべき場合もある。

カルテは、労働者側は患者の立場から医師・病院に対し開示請求を行うことで入手できる。使用者側は、文書送付嘱託（民訴法226条）を申し立てて証拠化することになる。

［3］組織図、過去の異動履歴を示す経歴書・辞令等

労働者側から、傷病休職前の職種で就労できなくともそれ以外で就労できる職種が存在すること及びその職種での就労意思が主張された場合、当該労働者にとって復職可能といえる部署が存在するか否かについて、労働者側から根拠となる証拠が提出されることもある。また、使用者側からも、当該労働者を復職させることができる職種がないことを、これらの書証で主張立証することがある。

（▶1）筆者が実際の労働事件や労働相談で触れた、多くの事例を通じての実感としては、大方の産業医は誠実に職務を遂行しているといえるものの、一部、産業医面談記録を作成していない、労働者の立場に立たず使用者の意向に沿った意見のみを挙げているなど、不誠実と感じざるを得ない産業医が存在することも事実である。傷病休職をめぐる相談を受ける際には、産業医にそのような問題がある場合もあり得ることを頭に入れておく必要がある。

（▶2）筆者は、この再抗弁の主張を行ったところ、使用者側代理人から、「労基法19条1項は解雇についての規定であり、傷病休職期間満了退職の場合には適用されない」との主張に遭遇したことがある。しかし、労基法19条1項の考え方が傷病休職期間満了退職にも及ぶことは、定説といってよい。

5 健康保険法上の傷病手当金受給手続

POINT

- 傷病手当金は、健康保険法上の被保険者が、業務起因性のない傷病により、療養のため労務に服することができない場合に、労務に服することができなくなった日から3日を経過した日から、労務に服することができない期間において、傷病手当金の日額以上の報酬を受けない日につき、受給できる。
- 傷病手当金の支給期間は、同一の傷病及びこれにより発した疾病に関し、その支給を始めた日から起算して最長1年6か月であり、その間に何らかの理由で傷病手当金が支給されない期間があったとしても、その期間も含め、1年6か月間である。
- 退職により被保険者資格を喪失しても、既に支給要件を充たしている労働者は、残りの支給期間につき傷病手当金の継続給付を受けることができるが、被保険者資格を有する間に支給日を迎える必要があるため、少なくとも退職前に4日の就労不能による不就労日が必要である。
- 継続給付は「継続」して受給することを要し、断続しては受けられない。継続給付を受ける者が一旦稼働するなどにより傷病手当金が不支給となった場合、完全治癒であると否とを問わず、その後に労務不能となっても傷病手当金の支給は復活されない。

▶ 傷病手当金の1日あたりの支給額は、支給開始日前12か月の標準報酬月額の平均額÷30日×2／3の計算式によって算定される。

▶ 傷病手当金の申請は、使用者側の作成する証明書と主治医の意見書を添付した、健康保険傷病手当金支給申請書を全国健康保険協会か健康保険組合に提出することにより行う。

1――傷病手当金とは

傷病手当金とは、健康保険法に基づき、健康保険法上の被保険者（任意継続被保険者を除く）が、療養のため労務に服することができない場合に、その労務に服することができなくなった日から起算して3日を経過した日から、労務に服することができない期間につき給付される手当金である（健康保険法99条1項）。

健康保険法1条は、同法の法目的について、「この法律は、労働者又はその被扶養者の業務災害（労働者災害補償保険法……第七条第一項第一号に規定する業務災害をいう。）以外の疾病、負傷若しくは死亡又は出産に関して保険給付を行い、もって国民の生活の安定と福祉の向上に寄与することを目的とする」と定める。すなわち、同法は、労働者の傷病に関し、労災保険法ではカバーできない範囲につき保険給付を行うことを目的としている。傷病手当金は、そのような目的に基づき、労災ではない私傷病によって働けなくなった労働者の、不就労期間における収入を確保することを目的としている。

傷病休職制度が労働者に適用される場合において、傷病休職期間中にも賃金を支給する制度になっていない場合、通常はこの傷病手当金受給手続がとられることになる。

2――傷病手当金の受給要件

2-1 傷病手当金の受給要件

傷病手当金は、①被保険者（任意継続被保険者を除く）が、②療養のため労務に服することができない状況で、③労務に服することができなくなった日から3日を経過した場合に、④労務に服することができない期間を支給対象として支給される（以上、健康保険法99条1項)。ただし、⑤労務に服することができなくなった日から3日を経過した後の期間において、健康保険法99条2項に基づく計算によって算定される傷病手当金の金額以上の報酬を受けないことを要する（同法108条1項)。

また、健康保険法の目的が「業務災害以外の疾病、負傷」を対象に保険給付を行うものとしていることから（同法1条)、療養の原因となっている傷病に業務起因性が認められ、労災保険法に基づく給付を受けられる場合は、傷病手当金の支給を受けることはできないので、⑥傷病に業務起因性があることは受給を認めない権利障害要件となる。

もっとも、傷病の業務起因性の有無については、労働基準監督署による調査が行われ労災保険法に基づく支給・不支給決定が出るまで明らかにはならない。業務遂行中のケガのように、労働基準監督署による調査を待たずとも業務起因性が明らかな場合は格別、精神障害や脳梗塞・心筋梗塞発病の業務起因性のように、調査に相当の時間を要する上に、調査の結果、業務起因性が認められるか否かも明らかでない場合、実務上、②の要件の状況は業務外の傷病によるものであることを前提として手続がとられることなる。傷病手当金と労災保険法上の給付の関係については、第6章2「健康保険法上の傷病手当金受給と労災給付の関係」にて述べる。

2-2 「被保険者」の要件

要件①の「被保険者」とは、「適用事業所」に使用される者及び任意継続被保険者をいう（健康保険法3条1項本文）。「任意継続被保険者」とは、適用事業所に使用されなくなったため被保険者の資格を喪失した者が保険者に申し出て継続して当該保険者の被保険者となった者であり（同法3条4項）、「適用事業所」に使用されて「労務に服する」立場にないので、傷病手当金の支給対象からは除外されている。「適用事業所」とは、健康保険法3条3項1号に列挙される事業の事業所で、常時5人以上の従業員を使用する者か、国、地方公共団体又は法人の事業所であって、常時従業員を使用する者（同2号）をいう。適用事業所以外の事業所の事業主は、厚生労働大臣の認可を受けて、当該事業所を適用事業所とすることができる（同法31条1項）。健康保険の保険者は、全国健康保険協会及び健康保険組合である（同法4条）。

なお、健康保険法3条3項1号に列挙される事業の事業所ではない、すなわち「適用事業所」ではない事業所に雇用される場合、健康保険法上の「被保険者」ではないことになるので、健康保険法上の傷病手当金の支給を受けることはできない。医師の業務は健康保険法3条3項1号に列挙される事業には含まれておらず、各都道府県の「医師国民健康保険組合」は、健康保険法4条の「健康保険組合」ではなく、国民健康保険法13条1項に基づく「同種の事業又は業務に従事する者で当該組合の地区内に住所を有するものを組合員として組織する」ものである「国民健康保険組合」である。そのため、「医師国民健康保険組合」は、健康保険法ではなく国民健康保険法の適用を受ける。それゆえに、「国民健康保険組合」の「被保険者」（国民健康保険法19条）は健康保険法上の傷病手当金を受給することはできないことに注意が必要である（▶1）。

2-3　「療養のため労務に服することができなくなった」の要件

要件②の「療養のため」とは、「保険給付として受ける療養のためにのみに限らず、然らざる療養のためをも含む」とされ（昭和2年2月26日保発345号）、自費で傷病の療養をなした場合でも「その傷病の療養のため労務に服することができぬことについて相当の証明があるときは支給する」（昭和3年9月11日事発1811号）とされる。また、医師について療養を受けない場合でも、病後静養した期間、疾病にかかり医師について診療を受くべく中途に費した期間等については、医師の意見書、事業主の証明書等に基づき、「療養のため」の期間と判断され得る（昭和2年4月27日保発345号、昭和6年3月6日保規22号、昭和32年8月13日保文発6905号）。「療養のため」であれば、被保険者資格取得前にかかった疾病または負傷の資格取得後の療養についても支給される（昭和26年5月1日保文発1346号）一方で、「負傷のため廃疾となり、その負傷につき療養の必要がなくなったとき」、すなわち症状固定となった場合は労務不能であっても療養のための労務不能ではないので支給されない（昭和3年10月11日保理3480号）。

要件②の「労務に服することができなくなった」とは、「必ずしも医学的基準によらず、その被保険者の従事する業務の種別を考え、その本来の業務に堪えうるか否かを標準として社会通念に基づき認定する」ものとされる（昭和31年1月19日保文発340号）。したがって、他の軽易な労務に服し得る程度の疾病または負傷であっても、従前の労務に服し得なければ労務不能であり、他の軽易な労務に服することができるという理由で支給を拒むことはできない。また、「幾分でも生計の補いとするために副業ないし内職のような本来の職場における労務に対する代替的性格をもたない労務に従事したり、あるいは受け得るはずの傷病手当金の支給があるまでの間の一時的なつなぎとして軽微な他の労務に服することにより、賃金を得るような場合その他これらに準ずる場合には、通常なお労務不能に該当する」とされ、被保険者がその提供する労務に対する報酬を得ている場合、その故をもって直ちに労務不能でない旨の認定をすることなく、労務内容、労務内容との関連におけるその報酬額等を十分検討のうえ労務不能に該当するか否かの判断がなされる（昭和49年8月6日保険発86号・庁保険発17号）。もっとも、「医師の指示又は許可のもとに半日出勤し、従前の業務に服する場合」は支給されない。また、就業時間を短縮せず配置転換により同一事業所内で従前に比しやや軽い労働に服する場合も支給されない（昭和29年12月9日保文発14236号、昭和32年1月19日保文発340号）。

雇用保険法上の失業給付を受けた場合、労働の意思及び能力があったという認定が公共職業安定所でなされたということになるので、傷病手当金の支給は受けられない（昭和29年3月4日保文発2864号）。

2-4 待機期間の要件

要件③にいう、労務不能となった日から起算し3日間は待期期間であり、待期を経過し4日目から支給が開始される。したがって、3日の待期期間中は、報酬も受けられず、傷病手当金の支給もないこととなる。

待期期間は、労務不能の日が3日連続して初めて完成し、「休、休、休、休」の場合は待期完成であるが、「休、出、休、休」は待期は完成しない（昭和32年1月31日保発2号の2）。就労中に労務不能となったその日は待期3日に包含され、その日に賃金の全部又は一部を受けていたか否かは問われない（昭和3年7月9日保理1719号、昭和5年10月13日保発52号、昭和28年1月9日保文発69号）。他方、当日の終業後に発病・受傷したときは、その翌日から起算する。ある傷病について待期が完成し、傷病手当金の支給を受け、その後一旦就労し、再び同一の傷病にて労務不能となった場合、最初に療養のための待機が完成していればよい（昭和2年2月19日保理700号、昭和2年2月11日保理1085号、昭和2年6月疑義事項解釈、昭和2年9月5日保理3222号）。したがって、「休、休、休、休、出、休」、「休、休、休、出、休」のいずれの場合でも待期はすでに完成しており、前の例では4日目、後の例では5日目から支給される（昭和32年1月31日保発2号の2）。待機期間は、年次有給休暇として処理された場合にも、給与計算上の欠勤開始日から支給される（昭和26年2月20日保文発419号）。

2-5 その他の要件

要件④の「労務に服することができない期間」における公休日も支給対象となる（昭和2年2月5日保理659号）。

要件⑤の「報酬」とは、賃金、給料、俸給、手当、賞与その他名称の如何を問わず、労働者が、労働の対償として受けるすべてのものをいう。ただし、臨時に受けるもの及び三月を超える期間ごとに受けるものは含まれない（健康保険法3条5項）。健康保険法99条2項に基づく計算による給付日額を上回る報酬を受ける日は支給対象とならず、給付日額を下回る報酬を受ける日はその差額のみが支給される（同法108条1項）。

要件⑥との関連では、労災保険法による休業補償給付を受けている労働者が、業務上の事由による疾病または負傷による療養をなお必要とする期間中に業務外の事由による疾病または負傷を併発し、これに関する療養のためにも労務不能と認められるような状況になった場合、休業補償給付の額が傷病手当金の額に達しない場合の差額を除き、併給は受けられない（昭和33年7月8日保険発95号の2各都道府県民生部（局）保険課（部）長・会保険出張所長あて厚生省保険局健康保険課長通知）。

3――傷病手当金の支給期間

傷病手当金の支給期間は、「同一の疾病又は負傷及びこれにより発した疾病」に関し、その支給を始めた日から起算して最長1年6か月とされる（健康保険法99条4項）。

「同一の疾病又は負傷」とは、「一回の疾病又は負傷で治癒するまでをいうが、治癒の認定は必ずしも医学的判断のみによらず、社会通念上治癒したものと認められ、症状をも認めずして相当期間就業後同一病名再発のときは、別個の疾病とみなす。通常再発の際、前症の受給中止時の所見、その後の症状経過、就業状況等調査の上認定す」るものとされる（昭和29年3月保文発3027号、昭和30年2月24日保文発1731号）。逆にいえば、断続的に療養を受けても社会通念上治癒したと認められない場合は「同一の疾病又は負傷」に該当する。医師の附した病名が異なる場合でも疾病そのものが同一なること明らかなときは同一の疾病に該当する（昭和4年8月30日保規45号）。

「同一の疾病又は負傷」には「再発」は含まれない（昭和2年6月疑義事項解釈）。「再発」とは、「被保険者が医師の診断により全治と認定されて療養を中止し、自覚的にも他覚的にも症状がなく勤務に服した後の健康状態も良好であったことが確認される場合」に同一の傷病に罹患した場合をいう（昭和26年12月21日保文発5698号）。

「これにより発した疾病」とは、「同一系統のものであるか否かを問わずある傷病を原因として発した疾病をいうが、前傷病が一旦治癒した後これを原因として発した疾病を含まない」とされる（昭和5年7月17日保規351号）。「これにより発した疾病」といえるためには、直接的、医学的因果関係、すなわち、第一の疾病がなければ第二の疾病は生じなかったであろうという密接な因果関係が認められなければならない。具体例を挙げると、胃酸過多症に起因した胃潰瘍がこれにあたる。

「その支給を始めた日から起算して」とは、現実に支給を開始した日から起算することを意味し、3日間の待期を完成し4日目も労務不能であれば4日目から起算され、4日目には出勤し5日目から労務不能となったときは5日目から起算される。就労不能期間において傷病手当金給付日額以上の報酬を受けとっている場合、傷病手当金は支給されないが（健康保険法108条1項）、その不支給期間は支給期間には算入されず、その報酬の支給停止や減額によって傷病手当金が支給されることになった場合に、その支給開始日から起算されることになる（昭和25年3月14日保文発571号、昭和26年1月24日保文発162号、昭和27年7月9日保文発3809号、昭和21年6月20日保発729号、昭和26年1月24日保文発162号）。

健康保険法99条4項の「一年六月を超えないものとする」とは、1年6か月分の傷病手当金が支給されるという意味ではない。その間に労務可能となった期間があった場合など、傷病手当金が支給されない期間があった場合、その期間も含め、1年6か月間という期間を意味する。したがって、傷病手当金の支給を受ける中途において出産手当金の支給を受けたため、傷病手当金の支給を受けることができなかった場合でも、傷病手当金の支給は、その支給開始の日から1年6月で打ち切られる（昭和4年6月21日保理1818号）。1年6か月の途中で報酬を受けたため傷病手当金を受け取れなかった場合も同様である。

一つの疾病について療養のため労務不能期間中に、他の疾病を発病した場合、「前に発生した疾病について傷病手当金支給期間が満了し、その後もなお、疾病の療養のため労務不能である者について、他の疾病が発生し、この後に発生した疾病についてみても労務不能と考えられる場合には、前の疾病についての療養継続中ではあっても、また、前後の疾病の程度が同程度であっても、後の疾病について支給されるべきである」とされる

（昭和26年6月9日保文発1900号、昭和26年7月13日保文発2349号）。

4――被保険者資格喪失後の継続給付

被保険者の資格を喪失した日（任意継続被保険者の資格を喪失した者にあっては、その資格を取得した日）の前日まで引き続き一年以上被保険者であった者であって、その資格を喪失した際に傷病手当金の支給を受けている者は、被保険者として受けることができるはずであった期間、継続して同一の保険者から傷病手当金の給付を受けることができる（健康保険法104条）。

被保険者資格は、すなわち適用事業所に雇用されていることを意味するので、「被保険者の資格を喪失」とは、大方の場合、退職を意味する。実務では、発病・受傷により働くことができなくなった労働者が、働くことができないことを理由に、自ら退職してしまった後に相談を受けることも多い。この場合、退職により被保険者資格を喪失する前に就労不能期間の待機期間3日要件が充たされているかが重要な問題となる。待機要件が充たされ、既に受給開始となっていれば、退職後であっても、当該労働者は傷病手当金を引き続き受給することができる。行政通達では、「退職時疾病にかかっていても、会社に出勤して労務に服していれば、資格喪失後の傷病手当金の受給はできない」（昭和31年2月29日保文発1590号）、「資格喪失の日前療養のため労務不能の状態が3日間連続しているのみでは、いまだ現に傷病手当金の支給を受けているわけでなく、また、支給を受け得る状態にもないので、継続給付としての傷病手当金の支給は受けられない」（昭和2年9月9日保理3289号、昭和32年1月30日保発2号）とされている。すなわち、退職後に傷病手当金を受給したいならば、少なくとも、退職前4日間につき就労不能により不就労となった日が必要となる（▶2）。

健康保険法104条の「支給を受けているもの」とは、「現にこれ等の保険給付を受けている者は勿論その受給権者であって、法律108条の規定により一時給付の停止をされている者も含む」とされ（昭和27年6月12日保文発3367号)、「第108条において傷病手当金又は出産手当金を支給しないと規定しているのは、被保険者の給付受給権の消滅を意味するのではなく、その停止を意味するにすぎないから、その者が資格を喪失し、事業主より報酬を受けなくなれば第99条により当然にその日より傷病手当金又は出産手当金は支給すべきもの」とされている(昭和27年6月12日保文発3367号)。

「被保険者として受けることができるはずであった期間」とは、傷病手当金の支給開始から退職による資格喪失時までに1か月を経過していれば、継続給付により傷病手当金を受けることができる期間は、残り1年5か月ということになる。

「継続して」とは、継続して受給することを意味し、逆にいえば、断続しては受けられないことを意味する。行政通達は、「資格喪失後継続して傷病手当金の支給を受けている者については、保険診療を受けていても、一旦稼働して傷病手当金が不支給となった場合には、完全治癒であると否とを問わず、その後更に労務不能となっても傷病手当金の支給は復活されない」としている（昭和26年5月1日保文発1346号)。

被保険者資格を喪失した者が、被保険者期間中に報酬を受けていたために、健康保険法108条1項により傷病手当金を受けていなかった場合、「法第104条の保険給付を受ける者とは、療養の給付を受給中の者のように現に給付を受けているか、又は労務不能期間中であっても報酬の全部が支給されているため法第108条の規定によって傷病手当金の支給を一時停止されている者のように、現に給付を受けていないが給付を受けうる状態にあるものをいう」と解されている（昭和5年4月24日保規270号、昭和32年1月30日保発2号)。したがって、資格喪失の日前に療養のための労務不能状態が連続して4日間以上ある場合には、喪失後継続して傷病手当金の受給が可能で、その支給期間の始期は、現実に支給された日、すなわち、資格喪失の日からである。

5——傷病手当金の支給額

傷病手当金の支給額は、1日あたり、支給開始日の属する月以前の直近の継続した12か月間の各月の標準報酬月額を平均した額の30分の1に相当する額の3分の2に相当する金額となる（健康保険法99条2項本文）。すなわち、その計算式は、1日あたりの支給額＝支給開始日前12か月の標準報酬月額の平均額÷30日×2／3となる。

「標準報酬月額」は、被保険者の報酬月額に基づき、健康保険法40条1項に定められる等級区分表をあてはめることによって定まる。「標準報酬月額」は、社会保険料などを決めるためのベースの金額となっている。残業代なども報酬月額に含まれる。

支給開始日前の社会保険加入期間が12か月に満たない場合、さかのぼれる時点までの標準報酬月額平均額と、前年度9月30日時点における全国健康保険のすべての被保険者の標準報酬月額平均額のいずれか低いほうの金額を使って、傷病手当金を算出する（健康保険法99条2項但書）。

傷病手当金の受給期間についても、傷病休職制度の適用により雇用関係が継続している場合、当該労働者が被保険者であることには変わりがないので、労使双方に社会保険料負担が生ずる。傷病手当金の金額は従前の賃金の3分の2ほどだが、社会保険料や住民税などは就労不能前と同金額を負担しなければならないため、手取り額としては3分の2よりも少なくなる。なお、雇用保険料は、月々の給与額に応じて発生するため、無給扱いの傷病休職においては、支払う必要はない。

6——傷病手当金の申請方法

傷病手当金の申請方法は、法文上は、傷病手当金の支給を受けようとする者が健康保険法施行規則84条1項に規定される法定事項を記載した申請書を保険者に提出することとなっている。法定事項は、被保険者等記号・番号または個人番号（同条1項1号）、被保険者の業務の種別（同2号）、傷病名及びその原因並びに発病または負傷の年月日（同3号）、労務に服することができなかった期間（同4号）、被保険者が報酬の全部又は一部を受けることができる場合の報酬の額及び期間（同5号）、傷病手当金が法第109条の規定によるものであるときは、受けることができるはずであった報酬の額及び期間、受けることができなかった報酬の額及び期間、法第108条第1項ただし書、第3項ただし書又は第4項ただし書の規定により受けた傷病手当金の額並びに報酬を受けることができなかった理由（同8号）等々である。申請書には、被保険者の疾病または負傷の発生した年月日、原因、主症状、経過の概要及び健康保険法施行規則84条1項4号の期間に関する医師の意見書と、健康保険法施行規則84条1項4号、5号及び8号に関する事業主の証明書を添付しなければならない（健康保険法施行規則84条2項）。

上記のとおり、法文上は申請を行うのは被保険者（労働者）本人ということになっている。しかし、健康保険法施行規則84条1項4号、5号、8号の内容は使用者側の労務管理に関わる内容である。また、労働者本人は、傷病に罹患しているからこそ傷病手当金の受給を申請するのであり、自身の健康状態との兼ね合いから見れば、申請手続を自身で行うことに困難を伴うことも多い。したがって、申請にかかる書類作成等の相当部分を使用者側が行うことが一般的である。使用者は労働者に対する信義則上の配慮義務として、少なくとも労務管理に関係する部分につき、傷病手当金の申請手続準備を労働者に代わって行うべきである。

申請書類である「健康保険傷病手当金支給申請書」は、全国健康保険協会のサイトからダウンロードできる。

(▶1) 筆者は、まだこの点の違いを知らなかったころに、京都府下の診療所に勤務し、職場いじめを受け、うつ病を発病し就労できなくなった労働者の相談において、ひとまず傷病手当金受給の手続きをとるようにとアドバイスしたところ、その後、「京都府医師国民健康保険組合では、正組合員である医師には傷病手当金が支給される制度があるが、準組合員である従業員には傷病手当金は支給されないと説明されました」との連絡を受け、苦い思いをしたことがある。なお、この事例の場合の正組合員に対する傷病手当金も、健康保険法99条1項に基づくものではない。

(▶2) 筆者は、就労期間中に発病したうつ病を理由に退職し、傷病手当金を受給していた労働者が、退職の数か月後に使用者に対し未払残業代請求を行った途端、使用者が全国健康保険協会に対し、申請書類記載の退職日につき、待機期間3日要件を充たさない日を退職日とする内容に訂正する書類を提出し、当該労働者の傷病手当金受給を妨害しようとしたという悪質事案に遭遇したことがある。なお、この事案における全国健康保険協会との関係については、別途行っていた国を被告とする労災行訴において、当該労働者のうつ病が労災と認められ、労災保険法上の給付を受けることができたため、併給不可となった従前受給した傷病手当金を返還することによって解決した。

6 傷病休職と労災との関係

POINT

- 傷病が労災であるといえる場合には、「私傷病」には該当しないので、傷病休職制度の適用要件を欠くことになるが、当該傷病が業務起因性を有し労災であるとの判断を受けるには相当の時間を要することが多く、その間は当該傷病が業務起因性を有する者か否かは不明となるので、実務上、その間において傷病休職制度が適用されるのが通常である。
- 傷病休職制度が適用された傷病に業務起因性があることが明らかになった場合、遡って労災保険法及び労基法19条1項が適用されることを前提とする労務管理に切り替えるべきことになる。
- 傷病の業務起因性が不明な間は、健康保険法99条1項の「療養により労務に服することができないとき」の要件は充たされるものとして傷病手当金を受給しつつ労災申請を行うことは可能である。
- 傷病手当金を受給しつつ労災申請を行った結果、傷病の業務起因性が認められ、労災保険法上の休業補償給付を受けた場合、労災保険法上の休業補償給付と傷病手当金の併給は認められないので、遡って傷病手当金を返還しなければならない。もっとも、通常は労災保険法上の給付を受ける方が経済的に労働者に有利である。

► 労災と認められるためには、労基法19条1項本文や労基法第8章、労災保険法の全てに共通して、「業務上負傷し、又は疾病にかかつた」ことが要件となる。「業務上」とは、労働者が労働関係のもとにあった場合に起きた災害であり（業務遂行性）、かつ業務と傷病等の間に一定の因果関係があることを意味する（業務起因性）。

1——労災における使用者の補償責任と労災保険法

労基法第8章は、労働者が業務上の傷病（労災）に被災した場合に、療養費用（労基法75条1項)、休業補償（同76条1項)、後遺障害補償（同77条1項）等につき、使用者が無過失責任による補償を行わなければならない旨を定めている。

もっとも、上記労災補償責任は、使用者にとって負担が大きい上に、労働者にとっても、使用者の支払能力がなければ事実上補償を受けられないことになるという問題がある。労災保険法は、労基法上の使用者の労災補償責任を保険制度によってカバーすることにより、被災した労働者の社会復帰の促進、当該労働者及びその遺族の援護、労働者の安全及び衛生の確保等を図り、もつて労働者の福祉の増進に寄与することを目的として制定された法律である（労災保険法1条)。

労災保険法は、労基法第8章に定められる業務上の災害についての補償をカバーする（労災保険法7条1項1号及び2号）のみならず、通勤中の災害（同3号）も対象としている。公務員の場合、国家公務員災害補償法と地方公務員災害補償法に労災保険法にほぼ対応する補償が規定されている。

労災保険法に基づく保険給付に関する決定に不服のある者は、

労働者災害補償保険審査官に対して審査請求を行うことができ、さらにその審査請求に対する決定に不服のある者は、労働保険審査会に対して再審査請求をすることができる（労災保険法38条1項）。労災保険法上の処分に対し取消訴訟（行政事件訴訟法3条2項）を行うためには、先に当該処分についての審査請求に対する労働者災害補償保険審査官の決定を経た後でなければ、提起することができないが（労災保険法40条）、審査請求をしている者は、審査請求をした日から3か月を経過しても審査請求についての決定がないときは、労働者災害補償保険審査官が審査請求を棄却したものとみなすことができる（同38条2項）ので、不支給決定等については、審査請求から3か月を経過すれば取消訴訟を行うことができる。

2――傷病休職と労災申請

第3章で述べたとおり、労働者が傷病に罹患し、債務の本旨に従った労務の提供ができなくなった場合、その発病・受傷に至る経過いかんによっては、当該傷病の発病・受傷は労災保険法上の給付の対象となる労災であるといえそうな事案も多々ある。他方多くの傷病休職制度においては、「私傷病により就労できないこと」が傷病休職の適用要件とされている。すなわち、通常の傷病休職制度の場合、「労働者が業務上負傷し、又は疾病にかかつた場合」（労基法75条1項）に該当し、当該傷病が労災であるといえる場合には、「私傷病」には該当しないので、傷病休職制度の適用要件を欠くことになる。

もっとも、当該傷病が業務起因性を有し労災であるとの判断を受けるには、労働基準監督署に労災申請を行った上で、その調査及び判断を待たなければならず、結論を得るまでには相当の時間を要することも多い。特に、精神障害の労災申請は申請件数も年々増加しており[*1]、申請から結論を得るまでに1年程度ないしそれ以上の時間がかかる事例が多い（▶1）。労働者が労災申請を行った、あるいは行おうとしている場合でも、上記のとおり労災認定に時間がかかる中では、労災保険法上の給付決定ないし不支給決定が出るまで、当該傷病が業務上のものなのか私傷病なのかは明らかでない。

したがって、実務上は、労働者が労災申請を行った、あるいは行おうとしている場合でも、当該傷病が業務起因性を有する労災なのかが明らかでない間は、当該傷病を私傷病として扱い、傷病休職制度を適用するのが通常である。その上で傷病休職期間中に労災保険法上の給付決定が出た場合には、その段階で遡って傷病休職制度ではなく労災保険法及び労基法19条1項の解雇禁止が適用される下での労務管理に切り替えるべきことになる。使用者は、就業規則上の傷病休職期間が満了しても、療養期間中においては当該労働者を解雇ないし退職扱いとすることはできず、雇用関係が継続することとなり、その間は労使双方とも社会保険料負担が生じることになる。

また、傷病の業務起因性については、当初の労災申請に対し不支給決定が出た後に、審査請求、再審査請求、取消訴訟を行う場合には、それらの手続内で業務起因性が認められた時点では既に傷病休職期間が経過しており、使用者が当該労働者を退職扱いとしてしまっている事例も多々ある。この場合、法的には、傷病の業務起因性が認められた時点でまだ療養が続いているならば、労基法19条1項に基づき、遡って退職扱いは無効となり、労働者が雇用の継続を望む限り、社会保険料の扱い等についても遡った修正を行うべきことになる。

＊1　厚生労働省令和４年度「過労死等の労災補償状況」によれば、精神障害の労災申請件数は、2018（平成30）年度で1820件、2019（令和元）年度で2060件、2020（令和2）年度で2051件、2021（令和3）年度で2346件、2022（令和4）年度で2683件と、明らかな増加傾向を示している。

3——健康保険法上の傷病手当金受給と労災給付の関係

傷病手当金を受給するには、傷病に業務起因性がないことも要件となることは、第5章2「傷病手当金の受給要件」で述べたとおりである。そして、傷病の業務起因性の有無については、労働基準監督署による調査が行われ労災保険法に基づく支給・不支給決定が出るまで明らかにならないため、業務遂行中のケガのように、労働基準監督署による調査を待たずとも業務起因性が明らかな場合は格別、精神障害や脳梗塞・心筋梗塞発病の業務起因性のように、調査に相当の時間を要する上に、調査の結果、業務起因性が認められるかも明らかでない場合、実務上、健康保険法99条1項の「療養により労務に服することができないとき」の要件は充たされるものとして扱われる。実際に、傷病のために就労できない労働者につき、傷病手当金を申請し当面の収入を確保した上で労災申請を行うことはよく行われるところである。

上記の考え方の下、傷病手当金を受給しつつ労災申請を行った結果、傷病の業務起因性が認められ、労災保険法上の休業補償給付を受けた場合、労災保険法上の休業補償給付と傷病手当金の併給は認められないので、遡って傷病手当金を保険者（全国健康保険協会ないし健康保険組合）に返還しなければならないことになる。もっとも、傷病の業務起因性が認められた場合、療養補償給付により療養費の100％が補償され（労災保険法13条）、休業補償給付により平均賃金（労基法12条1項本文）の60％が補償される上に（労災保険法14条）、平均賃金の2割にあたる休業特別支給金も支給される（労災保険法29条1項、労災保険特別支給金支給規則2条）。他方、健康保険では、原則として医療費の3割は被保険者負担であり、傷病手当金も従前の賃金の約3分の2のみである。したがって、通常の場合、労災保険法上の給付を受ける方が、経済的に労働者に有利となる。

4——労災と認められるための要件

4-1 労災と認められるための要件

労災と認められるためには、労基法19条1項本文や労基法第8章、労災保険法の全てに共通して、「業務上負傷し、又は疾病にかかつた」ことが要件となる。

「業務上」（労基法19条1項、同75条1項等、労災保険法7条1項1号等）とは、業務が原因となったことを意味し、具体的には、労働者が労働関係のもとにあった場合に起きた災害であり（業務遂行性）、かつ業務と傷病等の間に一定の因果関係があることを意味する（業務起因性）*2。

さらに、「業務起因性」が認められるためには、業務に危険性が内在すること（危険性の要件）、及びその危険性が現実化して発病したと認められること（現実化の要件）を要するとされる。

本書は「休職」をめぐる実務につき述べる実務書であり、「労災」の実務を主眼に置いたものではないが、傷病休職をめぐる紛争と労災をめぐる問題は密接に関わることも多いので、以下、労災と認められるための要件や法的問題点について、簡単にひととおりを述べる*3。

4-2 業務遂行性

業務遂行性は、Ⅰ．事業主の支配・管理下で業務に従事している場合には当然に認められる。さらに、Ⅱ．事業主の支配・管理下にあるが、業務に従事していない場合（休憩時間に事業場構内で休んでいる場合、始業前・終業後の事業場内での行動

＊2　菅野＝山川 590-591 頁、水町 850-852 頁、西谷 412-413 頁、荒木 295-296 頁、川口 405-408 頁。

＊3　労災をめぐる実務書としては、古川拓『労災事件救済の手引（第２版）』（青林書院、2018 年）が詳しい。

等)、Ⅲ．事業主の支配下にはあるが、管理下を離れて業務に従事している場合（事業場外での就労や出張中の災害）に認められる[*4]。

懇親会への参加中などにおける災害のように、私的行動との境界が判別しにくい事例においては、業務との関連性の強さ(例えば営業活動の一環であったかなどの事情)、参加強制の有無などの事情によって判断される。否定例として福井労基署長事件判決（名古屋高金沢支判昭59.9.11労民集34巻5＝6号809頁)、立川労基署長事件判決（東京地判平11.8.9労判767号22頁)、肯定例として渋谷労基署長事件判決（東京地判平26.3.19労判1107号86頁）がある。

4-3 「負傷」の業務起因性

先に述べたとおり、業務起因性が認められるためには、業務に危険性が内在すること（危険性の要件)、及びその危険性が現実化して発病したと認められること（現実化の要件）が必要とされる。

上記4－2Ⅰ及びⅢの業務遂行性が認められる作業中の「負傷」は、原則として業務起因性が認められるが、けんかや業務中の飲酒など、本人の私的逸脱行為である場合（倉敷労基署長事件・最一小判昭49.9.2民集28巻6号1135頁）や、純然たる自然災害や外部的要因によるものは、業務の危険性が現実化したものとはいえないので、業務起因性が認められない。上記4－2Ⅱの業務遂行性が認められる場合、休憩中のスポーツによる負傷などは業務と因果関係がないと判断されるが、事業場施設の不備などによる場合は業務起因性が認められる。

＊4　菅野＝山川 591-592 頁、水町 852-853 頁、荒木 296-298 頁、川口 407 頁。

4-4 「疾病」の業務起因性

業務上の「疾病」の発症は、業務に内在する危険としての有害因子が労働者に接触し、または侵入することによって疾病発生の原因が形成され（危険性の要件）、発症はその危険が具現化されたものとなる（現実化の要件）。したがって、「疾病」の業務起因性は、業務と発症原因との間及び発症原因と疾病との間に二重に有する因果関係を意味する。そして、それぞれの因果関係は単なる条件関係ないしは関与ではなく、業務が発症原因の形成に、また、発症原因が疾病形成にそれぞれ有力な役割を果たしたと医学的に認められることが必要となる。他方、就業時間外において発症したとしても、業務上の有害因子にばく露したことによって発症したものと認められれば業務と疾病との間に相当因果関係は成立し、業務上疾病と認められる。

業務上疾病は、具体的に類型化されており（労基法75条2項、労基則35条、労基則別表第1の2）、かつ業務起因性の認定基準が行政通達にて定められている。特に、「心理的負荷による精神障害の認定基準について」（令和5年9月1日基発0901第2号）と、「血管病変等を著しく増悪させる業務による脳血管疾患及び虚血性心疾患等の認定基準について」（令和3年9月14日基発0914第1号）が実務上非常に重要なものとなっている。精神障害は、発病前6か月の間に月間100時間程度の時間外労働があった場合、脳梗塞・心筋梗塞については、発病前6か月に恒常的に月間80時間程度の時間外労働があった場合に業務起因性が認められやすくなる（いわゆる「過労死ライン」）。また、業務上の精神障害によって、正常の認識、行為選択能力が著しく阻害され、又は自死行為を思いとどまる精神的な抑制力が著しく阻害されている状態で自死が行われたと認められる場合には、結果の発生を意図した故意には該当せず、自死という結果自体に業務起因性が認められる（「精神障害による自殺の取扱いについて」平成11年9月14日基発545号)。

業務上疾病の認定基準については、国・大田労働基準監督署長(羽田交通)事件判決(東京地判平27.5.28労判1120号5頁)は「労災保険の事業を行う行政庁内部の通達に過ぎず、法的な拘束力があるわけではないが、いずれも上記理論に依拠し、それぞれ策定当時の最新の医学的知見を踏まえて発出されたものであって……、その内容には合理性があり、少なくともこれらの定める要件が充足されれば、特段の事情がない限り、……業務起因性は肯定されるものと認められる……。また、認定基準は絶対的なものではないから、厳密にいえば認定基準の要件が完全に充足されているとはいえない場合であっても、事案の内容や認定基準の基礎となっている医学的知見に照らし、業務起因性を認めるのが相当なこともある」と述べており、この考え方は、多くの裁判例でも採用されている。すなわち、業務起因性判断は、少なくとも認定基準の定める要件を充足する事実があれば肯定され、その上に、行政通達に拘束されない立場にある裁判官は、厳密にいえば認定基準の要件が完全に充足されているとはいえない場合であっても、事案の内容や認定基準の基礎となっている医学的知見に照らし業務起因性を認めうると判断できる場合は、認定基準より広範囲に業務起因性を認めることができる。

もっとも、上記はあくまで自由心証主義(民事訴訟法247条)による判断が可能な裁判官の場合であって、労働基準監督署の労災事務官は自由心証主義による判断はできず、厚生労働省の定める認定基準を杓子定規に当てはめざるを得ない。すなわち、「行政手続においては基本的に認定基準の範囲内での判断しか期待できない」ということには十分に留意すべきである。

4-5 危険性の要件

危険性の要件については、使用者の労災補償責任の性質が危険責任を根拠とすることから、当該業務に発病の危険性が内在しているかは、「平均的な労働者」を基準にするというのが行政解釈である。例を挙げると、「血管病変等を著しく増悪させる業務による脳血管疾患及び虚血性心疾患等の認定基準について」（令和3年9月14日基発0914第1号）では、「同種労働者にとっても、特に過重な身体的、精神的負荷と認められる業務であるか否かという観点から、客観的かつ総合的に判断する」とされている。

もっとも、裁判例においては、「労働者の中には、一定の素因や脆弱性を有しながらも、特段の治療や勤務軽減を要せず通常の勤務に就いている者も少なからずおり、これらの者も含めて業務が遂行されている実態に照らすと、……『通常の勤務に就くことが期待されている平均的労働者』とは、完全な健常者のみならず、一定の素因や脆弱性を抱えながらも勤務の軽減を要せず通常の勤務に就き得る者を含むと解するのが相当である。」との解釈に収斂していることに留意すべきである（国・京都下労基署長（セルバック）事件・京都地判平27.9.18労判1131号29頁、国・さいたま労基署長（ビジュアルビジョン）事件・東京地判平30.5.25労判1190号23頁等）。行政解釈においても、「同種労働者とは、当該労働者と職種、職場における立場や職責、年齢、経験等が類似する者をいい、基礎疾患を有していたとしても日常業務を支障なく遂行できるものを含む」と、裁判例の考え方を採り入れている（上掲令和3年9月14日基発0914第1号）。

4-6 現実化の要件

現実化の要件については、当該発病に対して、業務による危険性が、その他の業務外の要因に比して相対的に有力な原因となったと認められることが必要とするのが行政解釈である（相対的有力要因説）。

もっとも、横浜南労基署長（東京海上横浜支店）事件最高裁判決（最一小判平12.7.17労判785号6頁）は、「業務による過重な精神的、身体的負荷が上告人の右基礎疾患をその自然の経過を超えて増悪させ、右発症に至ったものとみるのが相当であって、その間に相当因果関係の存在を肯定することができる」と判示しており、最高裁は「相対的有力要因説」をとらず、業務による過重負荷が自然経過を超えて傷病を生じさせる原因となったか否かという観点から相当因果関係を判断するという手法をとっていると評価されている*5。

5――労災が認められた場合の対応

5-1 労災療養期間における解雇禁止

第4章6－10「業務起因性の再抗弁」にて述べたとおり、傷病が労災であると認められるならば、療養のために休業する期間及びその後30日間は解雇が禁止され、傷病休職期間満了退職についても効力は生じないことになる（労基法19条1項）。したがって、労働者が自ら退職の意思表示を行っていない場合においては、使用者に対し、療養期間中及びその後30日につき、労働契約が継続していることを主張すべきことになる。

もっとも、傷病が症状固定段階に至れば、その後は療養期間とは解されなくなる。したがって、症状固定段階で後遺障害が残り、その後遺障害によって就労不能であったとしても、症状固定から30日を過ぎた時点で解雇は可能となる点に注意が必要である。療養期間該当性について、ジャムコ立川工場事件判決（東京地立川支判平17.3.16労判893号65頁）では、労災認定後の休業中に労働者が週6日間オートバイ店を自営していた

＊5　水町857頁、川口408-410頁、島村暁代・横浜南労基署長（東京海上横浜支店）事件最高裁判決判批（村中孝史＝荒木尚志編『労働判例百選（第9版）』（有斐閣、2016年）94頁）。

ことを理由とする懲戒解雇の事案において、「原告は、午前11時から午後8時ころまで本件オートバイ店にいて、オートバイ、スクーターを並べたり、手袋・ヘルメット等の販売を行い、取扱件数はいずれも月一、二件程度ではあるが、オイル交換、パンク修理、タイヤ交換、プラグ交換、エンジンの調整等をしたり、客が来た場合は、その応対をし、客が来なければ、テレビを見たりラジオを聴いたりして過ごしていたというのであるから、体調が悪いときには横になって安静にしていたにせよ、本件オートバイ店で作業していた期間は、療養のための休業にあたらないと認めるのが相当である」とし、労基法19条1項は適用されない旨を判示している。

また、労災保険法は通勤中の災害（労災保険法7条1項3号）も給付の対象としているが、通勤災害は業務上の災害にはあたらないため、労基法19条1項の解雇禁止の対象にならないことにも注意が必要である。

5-2 労災と認められた場合の給付

労災認定を受けた場合、療養費用実費を支給する療養補償給付（労災保険法13条）のほか、平均賃金の6割にあたる休業補償給付（労災保険法14条）、平均賃金の2割にあたる休業特別支給金（労災保険法29条1項、労災保険特別支給金支給規則2条）、後遺障害等級に応じた障害補償給付（労災保険法15条）、被災者が亡くなった場合の遺族補償給付（労災保険法16条）等の給付が受けられる。

労災保険法に基づく給付請求の時効は2年なので（労災保険法42条1項）、給付事由が生じてから2年以内に給付申請を行っておく必要がある。もっとも、発病・受傷から2年以上経っていたとしても、その傷病による療養や休業が遡って2年以内においても続いているならば、労働基準監督署は、2年以上前の傷病の業務起因性判断を行った上で、業務起因性を認めた場合、時効にかからない2年以内の範囲で療養補償給付や休業補償給付を行うので、その範囲だけでも給付申請を行う意味はある。

5-3 打切補償と解雇

第4章5－4［3］や本章5－1にて述べたとおり、傷病が労災と認められた場合、療養のために休業する期間及びその後30日間は解雇が禁止される（労基法19条1項本文）。もっとも、使用者が、労基法81条の規定に基づき打切補償を支払う場合または天災事変その他やむを得ない事由のために事業の継続が不可能となつた場合は、解雇禁止は適用されない（同項但書）。

労基法81条は、「第七十五条の規定によつて補償を受ける労働者が、療養開始後三年を経過しても負傷又は疾病がなおらない場合においては、使用者は、平均賃金の千二百日分の打切補償を行い、その後はこの法律の規定による補償を行わなくてもよい」と規定する。すなわち、労基法75条に基づき、使用者から療養補償を受けている労働者については、労災による療養が3年を過ぎても治癒しない場合、使用者は、当該労働者の平均賃金（労基法12条）の1200日分に相当する「打切補償」を支払えば、その後の労災補償は支払わなくともよい旨を規定する。したがって、同法19条1項但書及び同法81条の帰結として、使用者から労災による療養補償を受けつつ治癒しないまま3年を経過した場合、使用者は平均賃金の1200日分による打切補償を支払えば、当該労働者を解雇することができることになる。

この打切補償の支払いによる解雇については、打切補償の要件が「第七十五条の規定によつて補償を受ける労働者」と規定されており、文言上、労災保険法上の療養補償を受給している労働者はこの要件に該当しないため、従前は、労災保険法上の療養補償給付を3年以上受給した労働者につき打切補償を支払って解雇することはできないと解するのが通説的見解であった。しかし、専修大学事件最高裁判決（最二小判平27.6.8民集

69巻4号1947頁）は、労災保険法の実質は使用者の労基法上の災害補償を政府が保険給付の形式で行うものであるとして、労災保険法13条に基づく療養補償給付が3年間支給されていれば、使用者が労基法75条1項に基づく支払いを行っていなくとも、平均賃金の1200日分の打切補償を支払うことで労基法19条本文の解雇制限から解放されることを認めている。

5-4 使用者の安全配慮義務と損害賠償責任

[1] 使用者の安全配慮義務

労働者の傷病が労災であると認められた場合、使用者の安全配慮義務違反に基づく損害賠償請求を検討すべきことになる。

使用者は、労働契約に伴い、労働者がその生命、身体等の安全を確保しつつ労働することができるよう、必要な配慮をしなければならない（労契法5条）。いわゆる安全配慮義務である。使用者の労働者に対する安全配慮義務は判例法理によって確立されてきたものであるが、労働契約法制定時に明文化されている。また、労働安全衛生法は、「事業者は、単にこの法律で定める労働災害の防止のための最低基準を守るだけでなく、快適な職場環境の実現と労働条件の改善を通じて職場における労働者の安全と健康を確保するようにしなければならない」（同法3条1項前段）、「事業者は、労働者の健康に配慮して、労働者の従事する作業を適切に管理するように努めなければならない」と規定しており（同法65条の3）、ここでも使用者の安全配慮義務の趣旨は明らかにされている。

使用者の安全配慮義務について最高裁が見解を詳細に示したものとして、電通事件最高裁判決（最二小判平12.3.24民集54巻3号1155頁）がある。同判決は、「労働者が労働日に長時間にわたり業務に従事する状況が継続するなどして、疲労や心理的負荷等が過度に蓄積すると、労働者の心身の健康を損なう危険のあることは、周知のところである。労基法は、労働時間に関する制限を定め、労安衛法65条の3は、作業の内容等を特に限定することなく、同法所定の事業者は労働者の健康に配慮して労働者の従事する作業を適切に管理するように努めるべき旨を定めているが、それは、右のような危険が発生するのを防止することをも目的とするものと解される。これらのことからすれば、使用者は、その雇用する労働者に従事させる業務を定めてこれを管理するに際し、業務の遂行に伴う疲労や心理的負荷等が過度に蓄積して労働者の心身の健康を損なうことがないよう注意する義務を負うと解するのが相当であり、使用者に代わって労働者に対し業務上の指揮監督を行う権限を有する者は、使用者の右注意義務の内容に従って、その権限を行使すべきである」と述べる。同判決の調査官解説[*6]では、この判例が示す考え方から、使用者は、①労働者が過重な労働が原因となって健康を破壊されることのないよう労働時間、休憩時間、休日、労働密度、休憩場所、人員配置、労働環境等適切な労働条件を措置すべき義務（適正労働条件措置義務）、②必要に応じ健康診断またはメンタルヘルス対策を実施し労働者の健康状態を把握して健康管理を行い、健康障害を早期に発見すべき義務（健康管理義務）、③健康障害を起こしているか、またはその可能性のある労働者に対して、その症状に応じ休暇の取得、勤務軽減、作業の転換、就業場所の変更等により労働者を健康障害に悪影響を及ぼす可能性のある労働に従事させない義務（適正労働配置義務）、④過労により疾患を発症したか、または発症する可能性のある労働者に対し、適切な看護・治療を受けさせるべき義務（看護・治療義務）を有することが導かれるとされている。

＊6　八木一洋「最高裁判所判例解説」法曹52巻9号（2000年）340-341頁。

[2] 故意・過失（予見可能性）

労働者の傷病が労災であると認められた場合、その業務起因性の根拠となった出来事について、使用者に上記の意味での安全配慮義務違反があると認められるならば、使用者は、当該労働者に対し、労働契約の債務不履行責任ないし不法行為責任に基づき、労働者に生じた損害を賠償すべき法的責任を有することになる。もっとも、労災補償責任が無過失責任であることに対し、安全配慮義務違反による損害賠償責任が使用者に認められるためには、使用者に故意・過失（予見可能性）があることが要件となる。

使用者に安全配慮違反が認められるべき予見可能性の対象については、「労働者が心身の健康を損なう危険」について、具体的には、使用者またはその履行補助者（被災労働者の上司等）が、ⅰ．被災労働者が長時間労働など、被災の危険性を有する業務に従事していること、ⅱ．被災労働者の健康状態が悪化するおそれがあることの2つの事実を認識し、または認識し得たときは、健康状態への悪影響につき予見可能性があったと認められる。日鉄鉱業（長崎じん肺訴訟）事件控訴審判決（福岡高判平元.3.31民集48巻2号77頁）は、使用者がこの2つの事実を具体的に認識していなくても、これを認識し得るようにするための義務として労働者の業務の実情を調査・把握する義務を有しているのであって、その意味で使用者の予見の内容は抽象的危険で足りるとする。また、労働安全衛生法には、事業内容に応じた危害防止措置義務が詳細に定められているところ、それらを遵守していないことは、そのまま事業者の過失の評価根拠事実となり得る。

[3] 損害賠償請求と賃金請求

上記のとおり、故意・過失による安全配慮義務違反が使用者に求められる場合、労働者は使用者に対し損害賠償請求ができるところ、損害費目の典型的なものとしては、ア）治療費、イ）通院費、ウ）付添看護費、エ）休業損害、オ）入通院慰謝料、カ）後遺障害による逸失利益、キ）後遺障害慰謝料、ク）これらを請求するための弁護士費用などが挙げられる。

もっとも、このうち休業損害については、労基法19条1項に基づき解雇ないし休職期間満了退職が成立していないことを前提に賃金請求を行う場合、同時には成立しない内容となるので、労働契約の継続が認められない場合の予備的請求として請求を行う場合を除き、賃金請求権と同時には請求できないことになる。なお、賃金請求を行う場合、傷病によって就労できないことから、ノーワーク・ノーペイの原則との関係で、民法536条2項が適用されるのかが問題となる。この点、労務の提供をすることができなくなる事態には、労働者の労務提供の意思を形成し得なくする場合も、労務提供の能力を奪う場合もあり得るのであるから、労働者において労務提供の意思を有していなくても、当該労働者の判断により労務の不提供を判断したなどの特段の場合であればともかく、使用者の責めに帰すべき事由により労働者が労務提供の意思を形成し得なくなった場合には、同条項の適用があると解される（東芝（うつ病・解雇）事件・東京高判平23.2.23労判1022号5頁、アイフル（旧ライフ）事件・大阪高判平24.12.13労判1072号55頁、仁和寺事件・京都地判平28.4.18労判1139号5頁等)。

[4] 損益相殺と過失相殺・素因減額

労災と認められ、労災保険法に基づく給付を受けている場合に、並行して使用者に安全配慮義務違反に基づく損害賠償請求を行う場合、療養補償給付は治療費の補償にあたるものであり、休業期間における賃金日額の6割が支給される休業補償給付については休業損害の補償にあたるものであり、障害補償給付は後遺障害による逸失利益の補償にあたるものなので、それぞれ損益相殺の対象となる。他方、コック食品事件最高裁判決（最二小判平8.2.23民集50巻2号249頁）は、休業特別支給金、障害特別支給金（労災保険法29条1項、労災保険特別支給金支給規則2条）の支給について、労働福祉事業の一環として、被災労働者の療養生活の援護等によりその福祉の増進を図るために行われるものなので、被災労働者の損害をてん補する性質を有するということはできず、損益相殺の対象とはならないとしている。

安全配慮義務違反に基づく損害賠償請求においても、発病・受傷につき労働者に何らかの過失があったり、素因があったりする場合は、過失相殺・素因減額（民法418条、同722条2項）の対象となり得る。

もっとも、上掲電通事件最高裁判決は、「ある業務に従事する特定の労働者の性格が同種の業務に従事する労働者の個性の多様さとして通常想定される範囲を外れるものでない限り、その性格及びこれに基づく業務遂行の態様等が業務の過重負担に起因して当該労働者に生じた損害の発生又は拡大に寄与したとしても、そのような事態は使用者として予想すべきものということができる。しかも、使用者又はこれに代わって労働者に対し業務上の指揮監督を行う者は、各労働者がその従事すべき業務に適するか否かを判断して、その配置先、遂行すべき業務の内容等を定めるのであり、その際に、各労働者の性格をも考慮することができるのである。したがって、労働者の性格が前記の範囲を外れるものでない場合には、裁判所は、業務の負担が過重であることを原因とする損害賠償請求において使用者の賠償すべき額を決定するに当たり、その性格及びこれに基づく業務遂行の態様等を、心因的要因としてしんしゃくすることはできない」と述べる。また、東芝（うつ病・解雇）事件最高裁判決（最二小判平26.3.24集民246号89頁）も、「使用者は、必ずしも労働者からの申告がなくても、その健康に関わる労働環境等に十分な注意を払うべき安全配慮義務を負っているところ、上記のように労働者にとって過重な業務が続く中でその体調の悪化が看取される場合には、上記のような情報については労働者本人からの積極的な申告が期待し難いことを前提とした上で、必要に応じてその業務を軽減するなど労働者の心身の健康への配慮に努める必要がある」と述べる。いずれの事案でも、最高裁は過失相殺・素因減額を否定している。すなわち、精神障害発病の事案において、過重労働の事実とそれによる業務起因性が認められれば、通常想定される範囲の労働者の脆弱性や、体調不良の不申告は基本的に過失相殺や素因減額の根拠にならない。

労働者の傷病が労災であると認められた場合、以上を前提に、使用者の安全配慮義務違反に基づく損害賠償請求を検討すべきである。

(▶1) 筆者は、長時間労働とパワハラをきっかけにうつ病になり働けなくなった労働者が、当面は傷病手当金で生活を維持しつつ労災申請を行ったものの、一向に行政からの判断が出ないまま、傷病手当金受給期間である1年6か月が過ぎ、当該労働者が収入を失った直後に労災保険法上の給付の不支給決定を受けた事案に遭遇したことがある。当該事案では、審査請求によりうつ病の業務起因性が認められ、労災保険法上の給付を受けることはできたが、労災と認められるまでに実に2年半近くを要することになった。

7 公務員における傷病休職

POINT

- 公務員においては、傷病休職は法令上の根拠に基づく行政処分として設定されている。
- 国家公務員の場合、最大90日間取得できる有給の病気休暇があり、傷病休職は通常、その病気休暇を全て取得しても職場復帰できない場合に適用される。
- 国家公務員の傷病休職期間は最大3年であり、その期間内に復職できない場合、分限免職されうることになる。
- 国家公務員の傷病休職期間中、最初の1年間は80％の給与が支給されるが、その後は無給となる。
- 地方公務員についても、傷病休職制度の建て付けは基本的に国家公務員と同じであり、その詳細は各地方公共団体の条例等で定められている。

1——国家公務員法に基づく傷病休職

国家公務員の休職・復職は、任命権者が国公法及び人事院規則に基づき適用することになり（国公法61条)、逆に、国公法及び人事院規則に基づかなければ、休職の適用を受けることもない（国公法75条1項)。民間の労働契約関係における傷病休職制度が、法令ではなく契約によって設定されるものであるのに対し、国家公務員の傷病休職は、勤務条件法定主義（国公法28条）に基づき法令で定められる制度となっている。

国家公務員の傷病休職については、「心身の故障のため、長期の休養を要する場合」に該当すれば、当該国家公務員の意思に反しても、任命権者は当該国家公務員に対し、休職を命ずることができる（同法79条1号)。国家公務員の意思に反し休職を命ずる場合、任命権者は、当該国家公務員に対し、休職処分の際に、処分事由を記載した説明書を交付しなければならない(国公法89条1項)。「休職」は「分限」という行政処分の一種であり、身分保障の原則の例外として、傷病で公務を担えない者を一時的に強制的に職（ポスト）から外すものである。

国家公務員が傷病に罹患した場合、通常は、まず最大90日間取得できる病気休暇（「一般職の職員の勤務時間、休暇等に関する法律」16条、同法18条、同法22条、人事院規則15-14（職員の勤務時間、休日及び休暇）21条1項）を取得することになる。この病気休暇中は、給与は100％支給される。この90日間の病気休暇を経ても就労可能な状況まで回復しない場合、国家公務員法79条1号に基づく休職が命じられることになるのが通常である。

休職の期間は、休養を要する程度に応じ、3年を超えない範囲内において任命権者が定める。休職の期間が3年に満たない場合、休職にした日から引き続き3年を超えない範囲内において、これを更新することができる（国公法80条1項、人事院規則11-4（職員の身分保障）5条1項)。休職期間中に休職事由が消滅した場合、休職は当然終了したものとし、任命権者は、当該職員が離職し、または他の事由により休職にされない限り、すみやかに当該国家公務員に復職を命じなければならない（国公法80条1項、人事院規則11-4（職員の身分保障）6条1項）。

国公法78条2号は、「心身の故障のため、職務の遂行に支障があり、又はこれに堪えない場合」につき、当該国家公務員の意に反してこれを降任しまたは免職することができる旨を定める。いわゆる「分限免職」の規定である。人事院規則11-4（職員の身分保障）7条3項は、任命権者が指定する医師2名によつて、長期の療養若しくは休養を要する疾患又は療養若しくは休養によつても治癒し難い心身の故障があると診断され、その疾患もしくは故障のため職務の遂行に支障があり、またはこれに堪えないことが明らかな場合に、国家公務員法78条2号に基づく分限処分を行うことができる旨を定める。人事院規則11-4（職員の身分保障）7条3項の医師の「診断」は、職員が①3年間の病気休職の期間が満了するにもかかわらず、心身の故障の回復が不十分で、職務を遂行することが困難であると考えられる場合、②病気休職中であって、今後、職務を遂行することが可能となる見込みがないと判断される場合、③病気休暇又は病気休職を繰り返してそれらの期間の累計が3年を超え、そのような状態が今後も継続して、職務の遂行に支障があると見込まれる場合、④勤務実績がよくない職員又は官職への適格性を欠くと認められる職員について、それらが心身の故障に起因すると思料される場合につき、行うものとしている（人事院事務総長発昭和54年12月28日任企─548「人事院規則11-4（職員の身分保障）の運用について」第7条関係5項）。

休職期間中の給与について、休職者は、職員としての身分を保有するが、職務に従事せず、その休職の期間中、給与に関する法律で別段の定めをしない限り、何らの給与を受けてはならないとされるところ（国公法80条4項）、「一般職の職員の給与に関する法律」23条3項は、傷病休職の期間が満1年に達するまでは、俸給、扶養手当、地域手当、広域異動手当、研究員調整手当、住居手当及び期末手当のそれぞれ80%を支給すると定めている。この80%の賃金支給を受けられる期間が過ぎた場合、1年6か月を限度に健康保険法上の傷病手当金を受給することができる（第5章参照）。

2――地方公務員の傷病休職

地方公務員についても、傷病休職制度の建て付けは基本的に国家公務員と同じである。

地方公務員は、「心身の故障のため、長期の休養を要する場合」に該当すれば、その意に反しても、休職を命じられるが（地公法28条2項1号）、逆に、地公法で定める事由に該当しなければ、その意に反して休職を命じられることはない（地公法27条2項）。休職の手続及び効果は、法律に特別の定めがある場合を除くほか、条例で定めなければならないとされるため（地公法28条3項）、実際の手続及び効果については、各地方公共団体の定める条例やその下位規範となる規則等を確認する必要があるが、一般的には、国家公務員に準じた内容とされることが多い。

各地方公共団体の条例・規則については、各地方公共団体のウエブサイトに「例規集」がアップされており、そこで確認することができる。通常は、例規集のうち、「人事」としてまとめられる部分、特にそのうち「分限」について規定されている部分に、傷病休職制度についての規定が記載されている。

傷病休職期間を満了しても復職できない場合、「心身の故障のため、職務の遂行に支障があり、又はこれに堪えない場合」に該当するものとして、分限免職の対象となり得る（地公法28条1項2号）。

8 傷病休職と障害者雇用促進法との関係

POINT

- 障害者に関する法制度としては、基本法として障害者基本法があり、その理念に基づき、障害者雇用促進法、障害者総合支援法、障害者差別解消法が定められている。障害者の労働関係においては、障害者雇用促進法が特に重要となる。
- 障害者雇用促進法は、障害者雇用における差別禁止と使用者の合理的配慮義務を定めている。障害者雇用促進法上の合理的配慮義務は、事業主に「過重な負担」までは求めないものとなっている。傷病休職との関係では、障害者である労働者が傷病休職から復職しようとする場合や、受傷・発病の結果、障害者となった労働者が傷病休職から復職しようとする場合に、使用者の過重な負担とならない合理的配慮義務として、いかなる配慮がなされるべきなのかが問題となる。

1――障害者雇用促進法

障害者に関する法制度としては、基本法として障害者基本法があり、その理念に基づき、障害者雇用促進法、障害者総合支援法、障害者差別解消法が定められている。障害者の労働関係においては、障害者雇用促進法が特に重要となる。

障害者基本法は、「何人も、障害者に対して、障害を理由として、差別することその他の権利利益を侵害する行為をしてはならない」（同法4条1項）と、障害者差別の禁止を宣言している。その上で、2011年改正により、「社会的障壁の除去は、それを必要としている障害者が現に存し、かつ、その実施に伴う負担が過重でないときは、それを怠ることによつて前項の規定に違反することとならないよう、その実施について必要かつ合理的な配慮がされなければならない」（同2項）と、障害者に対する合理的配慮義務の考え方が導入されている[*1]。

それを受け、障害者雇用促進法は、2013年法改正により、その法目的につき、障害者雇用義務制度、職業リハビリテーションに加え、「雇用の分野における障害者と障害者でない者との均等な機会及び待遇の確保並びに障害者がその有する能力を有効に発揮することができるようにするための措置」、すなわち、差別禁止と合理的配慮義務をもって、障害者の職業の安定を図るべきことが目的に加えられている（同法1条）。同法34条以下には、雇用における差別禁止と合理的配慮についての規定が置かれており、また2015年には「障害者差別禁止指針」（平成27年厚生労働省告示116号）及び「合理的配慮指針」（平成27年厚生労働省告示117号）が定められている。

障害者雇用促進法は、「障害者」とは、身体障害、知的障害、精神障害（発達障害を含む）、その他の心身の機能の障害があるため、長期にわたり、職業生活に相当の制限を受け、または職

＊1 「合理的配慮」の概念が雇用差別禁止法の分野に初めて登場したのは、障害者差別の文脈ではなく、アメリカにおける「宗教差別」の文脈である。アメリカでは、1972年の公民権法改正により、使用者は「過度の負担」（undue hardship）とならない範囲において、労働者の宗教的儀礼や慣行に対し、合理的な配慮（安息日の労働義務免除等）を提供しなければならないとされた（公民権法701条（j））。このように始まった合理的配慮の考え方は、障害差別の文脈にも拡大することとなった。長谷川珠子「日本における『合理的配慮』の位置づけ」日労研646号（2014年）19頁。

業生活を営むことが著しく困難な者と定義する（同法2条1号）。その上で、同法は、募集・採用における機会均等（同法34条）、賃金の決定、教育訓練の実施、福利厚生施設の利用その他の待遇における差別禁止（同法35条）を定め、事業主の合理的配慮義務も、募集・採用段階では障害者から申出があった場合に（同法36条の2）採用後においては障害者の申出がなくても負うものと定められる（同法36条の3）。

合理的配慮の考え方は、障害者がその障害ゆえに職務遂行能力等に支障が生じているのであれば、合理的配慮によってその支障を取り除くべきであり、そういった配慮を提供しないことが「差別」に該当するというものである*2。

2——傷病休職と障害者への合理的配慮義務

障害者雇用促進法のうち、傷病休職との間で最も関連性があるのは、採用後における合理的配慮義務である。同法36条の3は、「事業主は、障害者である労働者について、障害者でない労働者との均等な待遇の確保又は障害者である労働者の有する能力の有効な発揮の支障となつている事情を改善するため、その雇用する障害者である労働者の障害の特性に配慮した職務の円滑な遂行に必要な施設の整備、援助を行う者の配置その他の必要な措置を講じなければならない。ただし、事業主に対して過重な負担を及ぼすこととなるときは、この限りでない」と定め、同法36条の4は、「事業主は、前二条に規定する措置を講ずるに当たつては、障害者の意向を十分に尊重しなければならない」（同条1項）、「事業主は、前条に規定する措置に関し、その雇用する障害者である労働者からの相談に応じ、適切に対応するために必要な体制の整備その他の雇用管理上必要な措置を講じな

＊2　長谷川・前掲注＊1・20頁。

ければならない」（同条2項）と定める。「合理的配慮指針」（平成27年厚生労働省告示117号）は、同法36条の5第1項に基づき定められている。

合理的配慮は、個々の障害者である労働者の障害の状態や職場の状況に応じて提供されなければならず、多様性・個別性が高いものである（合理的配慮指針別表2)。そのような、多様かつ個別性の高い合理的配慮義務は、傷病休職からの復職の段階における勤務配慮義務と考え方が重なる部分が多いといえる。他方、障害者雇用促進法上の合理的配慮義務においては、事業主に「過重な負担」までは求めないものとなっており、それらの点で、障害者である労働者が傷病休職から復職しようとする場合や、受傷・発病の結果、障害者となった労働者が傷病休職から復職しようとする場合につき、どのように考えるべきなのかが問題となる。

この点、早稲田大学事件判決（東京地判令5.1.25労経速2524号3頁）は、大学教授が、脳出血とその後遺症により傷病休職を適用され、当初の傷病休職期間満了時には期間延長がなされたものの、延長後の傷病休職期間満了後に解任された事案につき、休職期間満了時において大学の教授としての職務を通常の程度に行える健康状態にあったとは認められず、また、当初軽易な作業に就かせればほどなく従前の職務を通常の程度に行える健康状態にあったとも認められないから、休職事由が消滅していたとはいえず、解任は有効であると判断する中で、障害者雇用促進法36条の3に基づく合理的配慮義務について述べている。同判決は、同条但書が「事業主に対して過重な負担を及ぼすこととなるときは、この限りでない」と述べていることを指摘し、「使用者において、障害者雇用促進法の趣旨を踏まえた配慮をすべきであるとしても、労働契約の内容を逸脱する過度な負担を伴う配慮の提供義務を課することは相当でない」、配慮の「内容を確定する上では、当該授業の形態・水準等が、労働契約の内容に照らして許容可能なものであるかという観点からの検討が不可欠である」と述べた上で、①合理的配慮による授業実施の可能性及び当該配慮の具体的内容につき、判断できない状況にあったこと、②休職期間の延長を行い、復職の可否を見極めるために模擬授業の実施を提案したこと、③原告が模擬授業の提案に応じなかった結果、いかなる授業を実施し得るのかの判断材料が提供されず、復職可能との判断ができなかったことから、解任に至る判断の過程が、障害者雇用促進法に反するものであったとはいえず、また大学側で配慮措置等の積極的な提案をしなかったからといって、その対応が障害者雇用促進法の趣旨に照らし不相当なものであったとは評価できないと判示している。

この判決は、障害者雇用促進法36条の3の趣旨を踏まえた傷病休職からの復職のあり方についての解釈を示した実質的に初の裁判例であり、合理的配慮義務の内容を「労働契約の内容に照らして許容可能なものであるか」で画する点に特徴がある。この判決に対しては、合理的配慮義務は、障害者差別禁止として憲法14条に根拠を置く公序として設定される義務であり、労働契約に基づいてその内容を一義的に縮小、排除可能な義務ではなく、他の職務への配置転換を含む労働契約内容の変更も合理的配慮の選択肢の一つと位置づけた上で、これを「過度な負担」の判断要素として位置づけるべきであったとの批判がある。また、障害者である労働者の意向を尊重した配慮の具体化と、これを可能にする体制の整備状況（障害者雇用促進法36条の4）も踏まえて、使用者が労働者に対しどのような配慮の提案や実施をしたかについてより詳細な事実認定が必要であるとの批判がある[*3]。この論点は、まだ先例が積み重なっておらず、ダイバーシティを重視する昨今の社会の流れからすれば、裁判所の

＊3　長谷川聡・同事件判批・労旬2046号（2023年）64-65頁。

判断も動く可能性がある。

この論点との関連で、参考になる裁判例を挙げると、中倉陸運事件判決（京都地判令5.3.9労判1297号124頁）は、4トンウイング車運転手が、精神障害等級3級の認定を受けている旨の書類を提出したところ、即日解雇されたとして、解雇無効を前提とする地位確認請求等のほか、障害者を差別を理由とする不法行為責任に基づく損害賠償請求を行った事案で、退職合意の成立を理由に地位確認請求等を棄却した上で、精神障害等級3級との認定を受け通院・服薬治療を受けていることのみをもって、その病状の具体的内容、程度の検討、主治医や産業医等専門家の知見を得るなどして医学的見地からの業務遂行に与える影響の検討を行うことなく退職勧奨を行ったことが、障害者に対して適切な配慮を欠き、原告の人格的利益を損なうものであったとして、不法行為責任を認めている。

他方、ブルーベル・ジャパン事件判決（東京地判令4.9.15労経速2514号3頁）は、HIV感染症による免疫機能障害2級の身体障害者手帳を交付されている労働者が、使用者に対し、新型コロナウイルス感染症の罹患や重症化への不安があるという理由で在宅勤務等の措置を求めたところ、当該措置が認められなかった上に、退職勧奨等を受け、合意退職したものとして取り扱われた等を理由に、地位確認請求等を行ったほか、在宅勤務等の措置を認めなかったことを含む一連の対応が合理的配慮義務及び安全配慮義務を怠ったものとして不法行為を構成するとして損害賠償請求を行った事案で、使用者側が人事・業務部に障害者である労働者からの相談に対応する窓口を設けており、同窓口担当者は頻回に行われた就業形態に関する問合せに対しても逐次対応し、必要な説明や助言をしていたことや、産業医との面談をセットすることも可能である旨を示唆したことから、障害の特性に配慮した必要な措置に関する相談のために必要な措置を講じる注意義務は尽くしていたと認定し、請求を棄却している。

また、日東電工事件判決（大阪高判令3.7.30労判1253号84頁）は、生産技術開発の部署で働いていた労働者が、業務外の事故により負傷し、傷病休職の適用を受けていたところ、傷病休職期間中に症状固定し、下半身麻痺等の身体障害１級と認定され、その後復職に向けた話し合いの中で、使用者側が子会社や従前とは異なる事業所での復職を候補としてあげたところ、当該労働者が従前就労していた事業所での復職を希望し、在宅勤務を基本に出勤は週１日、全通勤費用の使用者側負担を求め、復職審査会との面談の結果、産業医は復職不可とし、当該労働者を退職扱いとした事案である。判決は、使用者側が従前の事業所以外での就労可能性を考慮し提案していたところ、当該労働者が最終的に、「(従前の）事業所への復職を希望する意思を明示したのであるから、被控訴人としてはその当否を検討すれば足りるのであり、控訴人が配置される現実的可能性があると認められる全ての業務について、控訴人による労務の提供の可否を検討すべき義務があったということはできない」と判示した。さらに、当該労働者が、使用者から合理的配慮が提供されるかどうかがわからない状況においては債務の本旨に従った履行ができるかどうかを判断することは不可能であると主張していた点に対し、当該労働者が復職後の労働条件として、「在宅勤務。週1回を限度に必要な時だけ（従前の）事業所へ出勤」を含む諸条件を書面で提示し配慮を求めていたので、使用者側に対して「配慮を求める内容が明確であり、被控訴人においては合理的配慮としてどこまで対応すべきかを検討した上で控訴人の復職の可否を判断していたのである」として、上記主張を排斥している。

3――発達障害と傷病休職

障害者雇用促進法は、発達障害を有するため、長期にわたり職業生活に相当の制限を受け、または職業生活を営むことが著しく困難な者も、適用対象となる「障害者」としている（同法2条1号）。

他の障害者雇用促進法の適用対象となる障害者と比べた場合の、発達障害者に特有の問題点としては、①障害と非障害の境界や、障害と二次障害の境界が曖昧で、障害の判定や発見が困難なことが多く、本人に障害や二次障害の認識がない場合も多いこと、②障害が本人の役務提供能力だけでなく、他の労働者の安全健康や職場環境にも影響を与えやすいこと、③役務提供を通じて障害の程度がときに当事者に見えにくい形で変化し、二次障害の発生・悪化が導かれやすいことなどが指摘されている*4。

上記①の問題点について、シャープNECディスプレイソリューションズほか事件判決（横浜地判令3.12.23労判1289号62頁）は、発達障害が疑われる労働者が、適応障害を発病し、2年半以上の傷病休職適用を経て傷病休職期間満了退職扱いとされた事案において、「ある傷病について発令された私傷病休職命令に係る休職期間が満了する時点で、当該傷病の症状は、私傷病発症前の職務遂行のレベルの労働を提供することに支障がない程度にまで軽快したものの、当該傷病とは別の事情により、他の通常の従業員を想定して設定した『従前の職務を通常の程度に行える健康状態』に至っていないようなときに、労働契約の債務の本旨に従った履行の提供ができないとして、上記休職期間の満了により自然退職とすることはできない」と述べた上で、

＊4　長谷川聡「発達障害者・パーソナリティ障害者の復職と法－安衛法の視点から－」日本労働法学会誌136号（2023年）57頁。

傷病休職はあくまで適応障害の療養のためのものであり、「職場内で馴染まず一人で行動することが多いことや上司の指示に従わず無届残業を繰り返す等の行動については、休職理由の直接の対象ではない」と認定し、適応障害自体による健康状態の悪化は傷病休職期間満了前に解消されていたとして、傷病休職期間満了退職扱いを無効としている。この判決も言及するとおり、「発達障害はスペクトラムで、特性の濃い人から薄い人までグラデュエーションとなっており、どんな人でも発達障害的要素は持っており、その特性が環境に合わず、対人関係、業務遂行、修学また二次障害によるうつ病など健康の問題をおこして支障を来たせば、『障害』、なければ『個性』と呼ばれることになる」ことや、障害者雇用促進法36条の3の趣旨からすれば、発達障害者についても使用者の「過重な負担」とならない限り合理的配慮を行った上で就労させるべきことからすれば、この判決の判断枠組みは正当であると考える。もっとも、発達障害が疑われる当該労働者の性格傾向に対し使用者が合理的配慮を行うことが「過重な負担」といえる状況にあり、その状況で勤務させることが他の労働者の安全健康や職場環境に悪影響を与えることが高度の蓋然性をもって予測できる状況にある場合、傷病休職期間満了退職扱いとは別途、解雇の正当理由とはなり得よう。

傷病休職適用の事例ではないが、発達障害に起因すると考えられる事象を理由とする解雇に関しては、O公立大学法人（O大学・准教授）事件判決（京都地判平28.3.29労判1146号65頁）がある。同判決は、大学准教授が、種々の行為や態度に照らし大学教員としての適格性を欠くとして解雇された事案において、上記の行為や態度はアスペルガー症候群に由来するものであり、「一般的には問題があると認識し得る行為であっても、原告においては、アスペルガー症候群に由来して当然にその問題意識を理解できているものではないという特殊な前提が存在するのであって、被告から、原告に対して、当該行為が大学教員として問題である、あるいは少なくとも被告は問題があると考えているという指導ないし指摘が全くなされておらず、原告に改善の機会が与えられていない以上、原告には問題行動とみる余地のある行動を改善する可能性がなかったものと即断することはできない」と述べ、さらに、障害者基本法19条2項や障害者雇用促進法36条の3の趣旨からすれば、「障害者を雇用する事業者においては、障害者の障害の内容や程度に応じて一定の配慮をすべき場合も存することが予定されているというべきである」と述べつつ、「解雇以外に雇用を継続するための努力、例えば、アスペルガー症候群の労働者に適すると一般的に指摘されているジョブコーチ等の支援を含め、障害者に関連する法令の理念に沿うような具体的方策を検討した形跡すらなく、そのような状況をもって、原告に対して行ってきた配慮が被告の限界を超えていたと評価することは困難である」として、解雇無効と判断している。この事案は、発達障害を有する労働者への合理的配慮が「過重な負担」となるか否かの問題以前に、合理的配慮を検討した形跡がないことをもって解雇の客観的合理的理由を欠くものと判断したといえる。

他方、日本電気事件判決（東京地判平27.7.29労判1124号5頁）は、職場での独り言や徘徊が問題となり、精神科を受診したところ統合失調症の疑いがあり休職を要するとの診断を受け、傷病休職を命じられた労働者について、後に診断名がアスペルガー症候群となったところ、傷病休職期間満了が近付き、主治医から対人交渉の少ない部署での復職可能の診断を受け、試験出社では欠勤・遅刻・早退もなく全作業をこなすことができたが、居眠りを注意されても認めない、独り言を言う、挨拶しない等の問題もみられた状況で、コミュニケーションや社会性について改善がみられず、適する「総合職」の職務はないとして傷病休職期間満了退職扱いとされた事案において、「総合職3級の者が配置される現実的可能性があると認められる他の業務について労務を提供することができ、かつ、原告がその提供を申し出ていたとはいえず、『休職の事由が消滅』していたとは認められない」と判示している。この判決は、発達障害を有する労働者に対して検討すべき合理的配慮としての現実的配置可能性の範囲を「総合職」に限定しているという問題点がある（類似の問題点は、使用者は障害を負った労働者の希望した業務での復職の可否のみを検討すれば足りるかのような判断を行っている、上掲日東電工事件判決にもある）。合理的配慮指針第4の1(2) ロが、「中途障害により……当該職務の遂行を継続させることができない場合には、別の職務に就かせることなど、個々の職場の状況に応じた他の合理的配慮を検討することが必要である」と述べていることからすれば、少なくとも、障害を有する労働者の従前の職務や申し出た職務以外に現実的配置可能性ある職務が存在することを当該労働者に情報提供し、配置転換受け入れの検討機会を与えるべきであろう。そして、障害者雇用促進法の趣旨からすれば、そのような情報提供・機会提供を十分に行ったにもかかわらず、労働者が特定業務での復職に強くこだわった場合に、初めて傷病休職期間満了退職扱いや解雇が有効となると解するべきである。

9 傷病休職以外の休職制度をめぐる論点

POINT

- 事故欠勤休職については、休職期間が短く設定されていることが多く、休職期間の設定が解雇権濫用法理の潜脱になり得る点に注意が必要である。
- 起訴休職については、在宅事件や起訴後保釈された事案では労働者は就労可能なので、原則として休職を命ずることはできず、当該労働者の就労を受け入れることによって業務に具体的な支障が生じ、かつ、そのことが労働者の責めに帰すべき事由に基づく場合であることを要する。
- 就業規則に包括的な休職事由が定められることもあるが、そのような規定に基づく就職命令が有効とされるためには、傷病休職をはじめとする典型的な休職事由に比肩するレベルの事実を要する。

1――事故欠勤休職

事故欠勤休職とは、傷病以外の自己都合による欠勤（事故欠勤）が一定期間以上に及んだときに行われる休職制度であり、傷病休職と同様に休職期間満了までに就労可能となれば復職させることになるが、就労可能とならなければ自然退職あるいは解雇とされる規定が置かれるのが通常である。

解雇権濫用法理の潜脱にならないような制度設計でなければならないのは傷病休職と同じであり、休職期間が解雇予告期間を下回る30日以内になっている場合などは、制度の合理性が認められず（労契法7条)、また復職拒否については休職規定上の要件該当性と判断の相当性が求められる。事故欠勤休職については、休職期間が短く設定されていることが多く、休職期間の設定が解雇権濫用法理の潜脱になる点が問題になる事例が比較的多いことが指摘されている*1。

判例・裁判例では、石川島播磨重工業事件判決（最二小判昭57.10.8労経速1143号8頁、原審東京高判昭56.11.12労民集32巻6号821頁）は、逮捕・勾留により、10日間の有給休暇、1か月の欠勤を経て、1か月の事故欠勤休職処分が発令されたが、その事故欠勤休職期間中にも復職できず、休職期間満了退職とされた事案において、退職を有効としている。また、岩崎通信機事件判決（東京地判昭57.11.12労判398号18頁）は、1か月の欠勤後の6か月の事故欠勤休職を経過しても出勤できないことを理由とした解雇につき、解雇自体は有効としつつ、解雇予告（労基法20条）を欠いていたことから、解雇の効力は解雇の意思表示の30日後になると判断している。

2――起訴休職

起訴休職とは、刑事事件で起訴された者をその事件が裁判所に係属する間または判決が確定するまで休職とすることをいう。

刑事事件の起訴後であっても、もとより在宅事件である場合は、労働者は就労可能である。また、起訴前に勾留されている

＊1　水町565頁、菅野＝山川704-705頁、土田453-454頁、荒木486-487頁。

事案であっても、起訴後は保釈により就労可能となっている場合もあり得る。にもかかわらず起訴休職が適用されると、労働者が長期にわたり無給という状態にされかねないという問題がある。

裁判例では、明治学園事件判決（福岡高判平14.12.13労判848号68頁）は、入管法上の不法就労あっせん罪で起訴され後に罰金刑の有罪判決を受けた中学校教諭に対する起訴休職について、「被用者が起訴されたという事実のみによって、直ちに使用者が被用者を休職扱いすることが認められるものではなく、休職に付することが許されるのは、当該被用者が従事する職務の性質、公訴事実の内容、身柄拘束の有無など諸般の事情に照らし、起訴された被用者が引き続き就労することにより使用者の対外的信用が失墜し又は職場秩序の維持に障害が生ずるおそれがある場合、あるいは当該被用者の労務の継続的な給付や使用者の業務の円滑な遂行に障害が生ずるおそれがある場合でなければならないというべきである。さらに、無給休職の場合には、休職によって被る被用者の不利益が極めて大きいから、その不利益の程度が起訴の対象となった犯罪行為の軽重と比較して著しく均衡を欠かないことをも要する」との一般論を述べた上で、教員の起訴が大きく報道されたことや、保護者らの多くの問い合わせがあった当該事案における起訴休職を有効としている。

他方、山九（起訴休職）事件判決（東京地判平15.5.23労判854号30頁）は、痴漢行為で起訴された労働者に対する、休職期間中を無給とする起訴休職につき、「このような休職処分は、懲戒処分ではないものの、休職中は無給とされることから、労働者は懲戒処分としての減給以上に過酷な状況に置かれる場合がある。このことと、労務提供に対し正当な理由がなく受領拒絶がされた場合には労働者は賃金請求権を失わないこと（民法536条2項、413条参照）との均衡から、『特別の事由があって休職させることを適当と認めたとき』とは、当該労働者の就労を受け入れることによって業務に具体的な支障が生じ、かつ、そのことが労働者の責めに帰すべき事由に基づく場合であることを要するものと解するのが相当である」、「労働者が刑事事件で起訴された場合には、そのことだけで直ちに労務提供が不可能となるとはいえないが、当該労働者を職務に従事させることにより、対外的には使用者の信用を損ね、対内的には職場秩序維持が困難となり、また、身柄拘束や公判期日への出頭等のため労務提供が不安定である等の理由によって、業務に具体的な支障を生じる場合がある。そのような場合は、労務提供が可能であるといっても、それは瑕疵ある労務提供というべきであるから、『特別の事由があって休職させることを適当と認めたとき』に該当し、使用者は、休職を命じることができる」との一般論を述べた上で、顧客や女性と接することのないような部署に配置可能であったこと、労働者は保釈されており、前科もなく、犯罪事実も比較的法定刑の軽いものであったことから、休職事由である「特別の事由があって休職させることを適当と認めたとき」には該当しないと判断している。

また、日本冶金工業事件判決（東京地判昭48.5.18労民集24巻3号197頁）や全日本空輸事件判決（東京地判平11.2.15労判760号46頁）は、使用者が、当該労働者の公判期日出頭を起訴休職適用の理由としていた点に対し、公判出頭は年次有給休暇を取得することで対応可能であるとして、起訴休職処分を無効としている。

これらの裁判例からは、在宅事件や保釈により就労可能となっている場合の起訴休職については、企業の社会的信用や職場秩序の維持、当該労働者の業務遂行等の点からみて、起訴された労働者を就労禁止とすることにやむを得ない理由がある場合に限られるといえる。それゆえに、起訴された当初においては起訴休職の必要性が認められたとしても、一審無罪判決などにより当該労働者の社会的信用がある程度回復したといえるような場合には、休職事由が消滅したものとして復職させるべきであるといえる。

また、公判期日出頭のような、長期にわたる不就労は見込まれない事実は起訴休職処分の正当理由にはならず、起訴後勾留による継続的な不就労が見込まれる場合でなければ、不就労見込みは起訴休職処分の理由にならないといえる*2。

起訴後勾留が長期にわたり、起訴休職期間が満了した場合、当該労働者を休職期間満了退職とすることや解雇とすることに合理性が認められる場合もあり得る。裁判例では、国立大学法人B大学事件判決（大阪高判平30.4.19労経速2350号22頁）は、国立大学法人の助教が傷害致死の公訴事実により起訴されたことで、起訴休職制度に基づき休職処分を受け、その後、2年の起訴休職期間が満了したことを理由に分限解雇となった事案において、「起訴休職制度は、起訴により、物理的又は事実上労務の提供ができない状態に至った労働者につき、短期間でその状態が解消される可能性もあることから、直ちに労働契約を終了させることなく、一定期間、休職とすることで、使用者の不利益を回避しつつ、解雇を猶予して労働者を保護することを目的とするものと解されるところ、このような起訴休職制度の趣旨及び目的に鑑みれば、使用者は、労務の提供ができない状態が短期間で解消されない場合についてまで、当該労働者との労働契約の継続を余儀なくされる理由はないから、不当に短い期間でない限り、就業規則において、起訴休職期間に上限を設けることができる」と述べた上で、「起訴休職期間の上限を2年間とする本件上限規定が不当に短い期間であるとはいい難い」とし、解雇を有効としている。この事案は、刑事事件の一審判決で懲役8年の有罪判決が出た後、分限解雇とされたが、刑事事件控訴審にて、傷害致死の公訴事実については無罪となり、暴行罪の

＊2　水町566頁、菅野＝山川705-706頁、荒木487頁。

み有罪とする罰金刑となっている。この事案で解雇を有効とすることは労働者に酷にも思えるが、一審での有罪判決と2年の休職期間満了の事実がある中ではやむを得ないといえる。

3――組合専従休職

組合専従休職制度は、労働組合と使用者との間で労働協約（労組法14条）を締結することによって導入されることになる。したがって、その適用対象となる専従組合員の役職や、休職期間、復職手続等は、労働協約による労働組合と使用者との合意によって定まることになる。

ここで注意が必要なのは、組合専従者の賃金は、組合費から支給されるべきものであるという点である。使用者が組合専従者の給与を支払うことは、労働組合の消極的要件となる「団体の運営のための経費の支出につき使用者の経理上の援助を受けるもの」（労組法2条但書2号）や、不当労働行為となる「労働組合の運営のための経費の支払につき経理上の援助を与えること」（労組法7条3号）に該当しうることになるので、労働協約における組合専従休職の定めにおいては、休職期間中の組合専従者の賃金は無給であり、別途労働組合が賃金を支払う旨を定めておくべきことになる。

4――公職休職

公職休職とは、労働者が国会議員、地方議員、都道府県知事、市町村首長などの公職に就き、企業の業務と両立できない場合に適用される休職制度である。

公職就任は、使用者との間の労働契約に基づく労務の提供と公務遂行が両立しないことも多いので、公務就任と同時に労働者側が退職することが多いと考えられる。また、公職に就任した労働者が退職しない場合も、労働者の労働義務履行が継続的に不可能となることが十分に予測されうるので（予測原則）、使用者にとっては、公職就任の事実自体が解雇事由になりえる。十和田観光電鉄事件最高裁判決（最二小判昭38.6.21民集17巻5号754頁）は、労働者が使用者の承認を得ないで市議会議員に就任したことを理由に懲戒解雇された事案で、労基法7条が、特に労働者に対して労働時間中における公民としての権利の行使および公の職務の執行を保障していることに鑑みると、公職の就任を使用者の承認にかからしめ、その承認を得ずして公職に就任した者を懲戒解雇に付する旨の就業規則は、上記労基法の規定の趣旨に反し、無効であるとした上で、「公職に就任することが会社業務の遂行を著しく阻害する虞れのある場合においても、普通解雇に付するは格別、同条項を適用して従業員を懲戒解雇に付することは、許されないものといわなければならない」と判示する。この最高裁判決は、公職就任を懲戒解雇事由とすることはできない旨を明らかにする一方で、「普通解雇に付するは格別」と述べていることから、公職就任による労務の不提供は普通解雇事由になり得ることも明らかにしているといえる。

もっとも、公職には、任期が定められており、任期満了とともに公職も終了するものも多く、その場合、公職就任により一定期間の労務提供が不可能となったことが明らかになったとしても、任期満了後の復職を見越して、公職就任期間中を休職扱いとすることに合理性が認められる。そのような趣旨で、労働契約上に公職休職を設定することはあり得る。

公職休職の趣旨・性格を明らかにした裁判例としては、森下製薬事件判決（大津地判昭58.7.18労民集34巻3号508頁（労判417号70頁））がある。同判決は、町会議員に就任した労働者が、就業規則・労働協約所定の特別休職事由にあたるとして無給の特別休職処分に付された上に、研究所勤務から本社人事部付への配転命令を受けたという事案において、「債務者における特別休職制度は、解雇猶予措置と考えられる事故休職の制度とは明確に区別され……従業員が長期にわたつて継続的または断続的に職務を離れるため、当該従業員を働かせても労働契約上の債務の本旨に従つた履行が期待できず、業務の正常な運営が妨げられることになる場合、人事管理上の必要から、右職務離脱の期間、労働契約は存続させるが、労働の義務を消滅させてその間の賃金を原則として無給とし、職務復帰が可能となれば原則として復職させることとし、その間の身分上の取扱いを休職ということにして暫定的に確定することを目的としているものと考えられる」と述べた上で、「労基法七条は、労働者が労働時間中に公の職務を執行するために必要な時間を請求した場合には使用者はこれを拒んではならない旨を定めているが、これは正常な労働関係を前提としたうえで労働契約上の債務の履行と労働者の公的活動との調和を図る趣旨のものであるから、労働者が公の職務を執行することにより使用者の立場から正常な労働関係が維持できなくなるような場合に当該労働者を休職とし（たとえ、その期間中無給であるとしても）、ひいては解雇することまで禁止するものではないと解するのが相当である」と判示し、議員就任は、議会活動日数自体は年間40日であったとしても、就業規則の休職事由に該当し、休職処分及び配転命令は有効としている。

5――出向休職

出向休職とは、労働者が自身の使用者となる企業のグループ企業や関連企業などに出向をするときに、出向期間中は就労先ではなくなる使用者（出向元）との関係で適用される休職制度である。

厚生労働省の定義では、「出向」とは、出向元事業主と何らかの関係を保ちながら、出向先事業主との間において新たな雇用契約関係に基づき相当期間継続的に勤務する形態をいう[*3]。

厚生労働省の見解では、出向には、出向元事業主及び出向先事業主双方との間に労働契約関係がある（出向先事業主と労働者との間の雇用契約関係は通常の労働契約関係とは異なる独特のものである）とされる「在籍型出向」と、出向先事業主との間にのみ雇用契約関係がある「移籍型出向」がある[*4]。在籍型出向の場合、出向中は出向元事業者においては休職が適用され、身分関係のみが出向元事業主との関係で残っていると認められるもの、身分関係が残っているだけでなく、出向中も出向元事業主が賃金の一部について支払義務を負うもの等、多様なものがある。なお、労働者保護関係法規等における雇用主としての責任は、出向元事業主及び出向先事業主、出向労働者による三者間の取り決めによって定められた権限と責任に応じて、出向元事業主または出向先事業主が負うこととなる。

在籍型出向は、「出向契約」という労働者供給契約に基づき、出向元事業者が出向先事業者に対し労働者を供給しつつ、当該労働者を出向先の指揮命令下で労働させるものであり、かつ出向先（他人）に対し「当該労働者を当該他人に雇用させることを約してするもの」として行われるものなので、「労働者派遣」（労働者派遣法2条1号）には該当せず、「労働者供給」（職安法4条8項）に該当する。したがって、在籍型出向は、それ自体が事業として行われた場合は、職安法44条の禁止する「労働者供給事業」に該当することとなる。事業性の有無は、営利性や反復継続性を考慮して判断される。厚生労働省の見解では、反復継続性のある出向が「事業」にあたらない場合として、①労働者を離職させるのではなく関係会社において雇用機会を確保する、②経営指導、技術指導の実施、③職業能力開発の一環として行う、④企業グループ内の人事交流の一環として行う等の正

＊3　「労働者派遣事業関係業務取扱要領」（令和３年１月１日以降）10頁。

＊4　前掲注＊3・10頁。

当な出向目的がある場合が挙げられる[*5]。それらの正当目的がなければ、その出向は労働者供給事業に該当し、職安法44条に違反することとなる。

在籍型出向が上記の問題点をクリアした適法なものであった場合、出向労働者には、出向元事業者との間にも、出向先労働者との間にも、二重の労働契約関係が存在する状態となる。もっとも、在籍型出向の大部分においては、出向労働者が実際に就労するのは出向先であり、出向元は賃金支払義務などの使用者の義務の一部を負うのみという関係になっていることが通常である。出向休職制度は、出向労働者が出向期間中について出向元事業者に対しては労務提供義務を負わないことを明確にする点にその合理性が認められる。

6――自己都合休職

自己都合休職とは、留学や災害復興支援ボランティアなど、労働者本人の都合に基づく希望によって適用される休職制度である。労働者の留学等の希望を叶えることが企業にとって長期的なメリットにつながると判断し、自己都合休職制度を設けるケースもあるが、自己都合休職を認めるかどうかは、使用者の裁量が大きいと考えられている。

裁判例では、日本アジア航空事件仮処分決定（東京地決昭53.7.21労民集29巻4号551頁）は、就業規則上、「やむを得ない事情」がある場合に労働者が自己都合休職を申請できる旨の規定があり、労働者が語学留学を理由に休職を申請したが使用者が不承認とした事案において、「自己都合による休職申請については、同号が休職事由として『やむを得ない事情』と包括的に表現していることから明らかなごとく、その性質上種々の事

*5　前掲注*3・10-12頁。

由があり得るから、被申請会社が従業員の自己都合を理由とする休職申請につき承認すべき義務を負つているものとはいえず、休職申請を承認すべきか否かの裁量は被申請会社に許されているものと解される」「従業員の自己都合による休職事由の一つである留学休職については特に運用基準45条中に承認基準が列挙されているが、これはあくまでも承認のための一応の方針を定めたものにすぎず、これをもつて留学休職につき承認基準に合致した場合被申請会社は必ず承認すべき義務を負うものとは解されない」と述べた上で、「留学休職が認められる要件として選考学科が会社業務と密接な関連を持つことが必要である。この場合、語学研修を主目的とする休職はあまりにも広範すぎるため52年度より原則として認めないこととしている。よつて不承認とせざるを得ない」との理由で使用者が休職申請を不承認としたことは違法といえない旨を判示している。

7——その他の休職

就業規則上の休職規定においては、これまで述べてきた、傷病休職をはじめとする典型的な休職事由のほかに、「その他前各号に準ずるやむを得ない理由があると会社が認めた場合」というように、包括的な休職事由の根拠規定を置いている場合がある。このような包括的休職事由に基づき休職命令を発令することが可能となる場合は、休職期間中は無給となることをはじめ、労働者に様々な不利益が生じることを踏まえれば、休職を命ずることの客観的合理的理由が具体的に十分に認められる場合に限られるというべきである。

裁判例では、クレディ・スイス証券（休職命令）事件判決（東京地判平24.1.23労判1047号74頁）は、使用者が労働者に命じた「業務改善プロセス」がパワーハラスメントにあたるとの見解を労働者が述べつつ就労を拒否した状況において、使用者が

「その他会社が必要と認めたとき」との休職事由に該当するとして無給の休職命令を発令し、休職期間満了後に解雇をした事案で、「本件休職命令が、その期間、原則として無給扱いとなり、勤続年数に通算されないという不利益が労働者側にあること……に照らすと、同規定は、被告に対し、無制限の自由裁量による休職命令権を付与したものと解することはできず、合理性が認められないような場合には、当該命令は無効なものというべきである」と述べた上で、「本件業務改善プロセス期間における一連の被告の対応がパワーハラスメントに当たるとの原告の見解が一方的で事実無根であると評価することはできず、このような理由により本件休職命令・本件休職延長命令を発することに合理性は認められない」として、休職命令自体を無効とし、解雇についても客観的合理性を欠くとして無効とした。

また、富国生命保険（第1回、第2回休職命令）事件判決（東京高判平7.8.30労民集46巻4号1210頁（労判684号39頁））は、頸肩腕障害のため1年7か月余りにわたり傷病欠勤をした後に復職した労働者に対し、当該傷病が治癒しておらず増悪する可能性の存することが私傷病休職事由該当性に準ずる事由にあたり、就業規則所定の休職事由である「その他前各号に準ずるやむを得ない理由があると会社が認めた場合」に該当するとしてなされた休職命令につき、「職員の傷病が治癒しておらず治療中であり、将来その症状が再燃し増悪する可能性がある場合であっても、それを理由として職員に対し無給等の不利益を伴う右休職処分を命ずることは許されないというべきである」と述べる。同事件一審判決（東京地八王子支判平6.5.25労民集46巻4号1218頁）のうち、控訴審判決が引用する部分においても、休職命令が退職金の額、退職年金の受給資格、受給期間、定期昇給等につき労働者に不利益を与えるものなので、私傷病休職事由該当性に準ずる事由があるか否かは厳格に解釈すべきであると述べた上で、同人の症状及び復職後の勤務状況が就業規則所

定の傷病休職事由と同視できる程度に勤務の支障を生じている
といえないとし、休職命令を無効としている。

資料

①地位確認請求（→訴状参照）

申入書

○年○月○日

〒○○○－○○○○
○○県○○市○○町○番地
○○株式会社
代表取締役　○○○○様

〒○○○－○○○○
○○県○○市○○町○番地　○○ビル○○号
○○法律事務所
ＴＥＬ○○－○○○○－○○○○
ＦＡＸ○○－○○○○－○○○○
○○○○代理人
弁　護　士　　○　○　○　○

当職は、貴社との労働契約に基づき、○○○○年○月から貴社に勤務しております、○○○○氏から委任を受けた弁護士です。○○氏を代理して、貴社に対し、以下のとおり申入れます。

○○氏は、膝関節症等の症状により、○○○○年○月○日から、有休休暇を取得して仕事を休むようになり、さらにその有休休暇取得期間中に、眩暈症の症状（○○○○／○／○診断）も出るようになったため、その旨の診断書を提出しました。それに対し、貴社は、○○○○年○月○日付で、同日を休職期間の始期とし、最大1年半を休職期間とする、傷病休職命令の辞令を、○○氏に送付しました。

○○氏は、上記の休職期間中、治療・回復に専念しておりました。そんな中、貴社は、○○氏に対し、○○○○年○月○日付で「休職期間満了と復職について（通知）」と題する文書を送付しております。同文書には、○○氏の休職期間が同年○月○日で満了すること、それゆえに、復職申請書を同年○月○日までに提出し、同年○月○日（月）から出社してほしいこと、提出された復職申請書類をもとに、休職事由が消滅したか否かを確認することが記載されていました。

○○氏は、同文書を受け、主治医である○○○○医師作成の、「○月○日現在ふらつきはかなり改善しており、復職は可能であると考えられる」との旨が記載された診断書を添え、本年○月○日付で、貴社に対し復職申請書を提出しております。それを受け、同月○日、貴社は○○氏に対し、同年○月○日に産業医面談を受けることを求める連絡を行い、○○氏は、同日10時に産業医面談を受けています。その際に、○○氏は産業医に対し、足は2週間に1度通院しつつヒアルロン酸注射を打っているが痛みはなく、眩暈もないと伝えました。産業医からは、復職可能と考えられるが、時短勤務から始めてはどうかと提案されました。

その後、本年○月○日、貴社は、電子メールにて、○○氏に対し、翌日13時半に本社に出社するように伝えました。同月○日、○○氏が本社に出社すると、貴社は、再発の可能性があるとの点を理由に、○○氏の復職を拒否する旨を通告しました。その結果、貴社は○○氏を、本年○月○日をもって傷病休職期間満了退職扱いとしているようです（以下、「本件退職処分」という。）。その後、○○氏は、何度か貴社に対し、復職拒否に納得できない旨を伝えましたが、むしろ貴社は、退職届にサインして提出しなければ、○○氏の傷病手当金受給手続をとらないとの旨を○○氏に伝えています。

しかし、本件退職処分は、いかなる観点からみても違法・無効であり、○○氏と貴社との間の労働契約は、現在も継続しています。理由は以下のとおりです。

本来傷病休職制度は、「傷病により労務の履行が不能となった労働者に対する使用者の解雇権の行使を一定期間制限して、労働者の権利を保護しようとする制度」、すなわち、労働者保護のための制度です。それゆえに、「休業期間満了前に従業員が自己の傷病が治癒したとして復職を申し出たのに対し、使用者側ではその治癒がいまだ十分でないとして復職を拒否し、結局休業期間満了による自然退職に従業員を追い込むことになる恐れなしとせず、したがって、自然退職扱いの合理性の範囲を逸脱し、使用者の有する解雇権の行使を実質的に容易にする結果を招来することのないように配慮することが必要」とされます（エールフランス事件・東京地判昭和59年1月27日労判423号23頁、東洋シート事件・広島地判平成2年2月19日判タ757号177頁）。

その帰結として、上記労働者保護の制度趣旨の観点からみて、①就業規則上の傷病休職制度の内容自体に合理性が認められない場合、その部分は労働契約内容とはならず（労働契約法7条）、それに基づく「休職期間満了退職」は効力を持たないことになります。

また、②傷病休職制度は、就業規則上の根拠に基づき導入される制度である以上、その適用は、少なくとも就業規則に則った手続に従ったものである必要があり、そうでない場合は、就業規則の最低基準効（労働契約法12条）により、無効となります。

さらに、③休職期間中に労働者が復職可の診断書の提出とともに復職を申し出たにもかかわらず復職を拒否する場合、「使用者において当該従業員が復職することを認めることができない事由を具体的に主張立証する必要があ」ります。すなわち、復職拒否の正当理由の主張立証責任は使用者が負い、その立証ができない場合、退職処分は無効となります（上掲エールフランス事件、上掲東洋シート事件）。その上で、「労働者が職種や業務内容を限定せずに雇用契約を締結している場合においては、休職前の業務について労務の提供が十全にはできないとしても、その能力、経験、地位、使用者の規模や業種、その社員の配置や異動の実情、難易等を考慮して、配置替え等により現実に配置可能な業務の有無を検討し、これがある場合には、当該労働者に右配置可能な業務を指示すべきである。そして、当該労働者が復職後の職務を限定せずに復職の意思を示している場合には、使用者から指示される右配置可能な業務について労務の提供を申し出ているものというべき」であるとされます（東海旅客鉄道（退職）事件・大阪地判平成11年10月4日労判711号25頁、片山組事件・最判平成10年4月9日労判736号15頁）。それゆえに、使用者は、「傷病が治癒していないことをもって復職を容認しえない旨を主張する場合にあっては、単に傷病が完治していないこと、あるいは従前の職務を従前どおりに行えないことを主張立証すれば足りるのではなく、治癒の程度が不完全なために労務の提供が不完全であり、かつ、その程度が、今後の完治の見込みや、復職が予定される職場の諸般の事情等を考慮して、解雇を正当視しうるほどのものであることまでをも主張立証することを要」します（上掲エールフランス事件）。

本件においては、①貴社の就業規則運用内規13条は、休職事由の発生要件にかかる「実労働日数」につき、「年次有給休暇は『実労働日数』には含まない」としています。この規定は、有休休暇取得を理由に労働者に不利益扱いするものといえるところ、使用者は有給休暇を取得した労働者に対して不利益取扱いをしてはならず（労働基準法136条）、労働者の有休権行使を抑制する効果をもたらす不利益扱いは、全て無効となります（日本シェーリング事件・最一小判平成元年12月14日民集43巻12号1895頁）。したがって、上記運用内規の規定は違法・無効といえます。

そして、②貴社の就業規則13条1項1号は、「私傷病休職」が適用される要件として、「欠勤が引き続き3か月を超えたとき」としております。すなわち、貴社の就業規則に定められる傷病休職制度では、1年半の休職期間と併せ、最大1年9か月の療養期間が保障されていることになります。しかるに、上記①で述べたとおり、有休休暇は「欠勤」として扱うことができないので、貴社就業規則に従えば、貴社が○○氏に休職を命ずることができるのは、有休休暇を使わずに病休するようになった○○○○年○月○日から3か月超が経過した、同年○月○日からということになります。にもかかわらず、貴社は、○○氏を、有給休暇を用いて休み始めた同年○月○日から休職扱いとしています。この扱いは、貴社の就業規則が保障する療養期間を○○氏に与えないものであり、違法・無効です。

さらに、③の点からは、上記①及び②の点を度外視しても、○○氏は、主治医による復職可能の診断書をつけて復職申請を行っており、貴社の指示で受けた産業医面談においても、復職を不可とするような判断は受けておりません。そして、○○氏は貴社の正社員として勤務しており、その労働契約においては特に職種の限定等もありません。そうすると、上掲のエールフランス事件、東洋シート事件、東海旅客鉄道（退職）事件、片山組事件の考え方からすれば、貴社が○○氏の復職を拒否できる正当理由が存在するとは到底考えられず、本件退職処分は違法・無効ということになります。

以上のとおり、上記①～③のいずれの観点からみても、本件退職処分は違法・無効であり、○○氏と貴社の労働契約は現在も継続しています。現在、○○氏が貴社に勤務できないのは、貴社による違法な復職拒否、本件退職処分によるものなので、○○氏は、本年○月以降、貴社に対し契約どおりの賃金月額○○万○○○○円を請求できる権利を失いません（民法536条2項）。*1

そこで、当方は、貴社に対し、○○○○年○月以降、毎月の賃金支給日である○日に、○○氏に対し賃金○○万○○○○円の支払いを行い続けることを求めます。また、どうしても○○氏に退職を受け入れてほしいというのであれば、○○氏の長年の勤務に十分報いるといえる水準となる、相当な金額の解決金の支払いを求めます。なお、○○氏は、本年○月分の傷病手当金受給のために必要な書類を貴社に送付しますので、その点の手続は速やかにお願いします。

つきましては、本書面到達の日から2週間以内に、上記当方の要求に対するご回答をお願い致します。当方の要求を拒絶する旨のご回答をいただいた場合、ないし上記期間内にご回答いただけなかった場合には、当方は速やかに訴訟ないし労働審判を含む法的手続に入らせていただきますので、その旨併せて通知させていただきます。

なお、本件に関しては当職が受任いたしましたので、今後の本件に関するご連絡等の一切は当職宛にお願いいたします。

＊1　この申入書は、最初期の段階から詳細な主張を行っている内容である。早い段階から事実経緯が明確であるならば、ここまで詳細な主張を申入書段階で行うこともあり得る。

②傷病手当金手続等

申入書

○年○月○日

〒○○○－○○○○
○○県○○市○○町○番地
○○株式会社
代表取締役　○○○○様

〒○○○－○○○○
○○県○○市○○町○番地　○○ビル○○号
○○法律事務所
ＴＥＬ○○－○○○○－○○○○
ＦＡＸ○○－○○○○－○○○○
○○○○代理人
弁　護　士　　○　○　○　○

当職は、貴社との労働契約に基づき、○○○○年○月から貴社に勤務しております、○○○○氏から委任を受けた弁護士です。○○氏を代理して、貴社に対し、以下のとおり申入れます。

○○氏は、貴社における就労において、恒常的に1か月あたり80時間から100時間近い時間外労働を行ってきました。そんな中で、○○氏は、○○○○年○月○日、心療内科である○○クリニックの○○医師より、「適応障害」の診断を受け（以下、「本件疾病」という。）、同月○日より、貴社にて就労ができなくなっております。

貴社に就労できなくなって以降、○○氏は、当面は有給休暇を取得してまいりました。また、その間に○○氏が、○○労働基準監督署に労災申請を行い、労基署による調査が始まったことは、貴社もご存じのことと思います。

○○氏の有給休暇は、本年○月○日で全部を消化しきってしまうことになります。しかし、同日までに○○氏が貴社にて就労可能な程度にまで本件疾病から回復する見込みは、今のところ立っていません。したがって、同日以降、○○氏は病気欠勤にて貴社を欠勤することになる見込みです。
　そこで、当方はまず、〇〇氏の当面の収入を確保するために、貴社に対し、①速やかに〇〇氏が健康保険法上の傷病手当金を受給できるよう手続をとることを求めます。健康保険法上の傷病手当受給手続は、申請書類の中に事業主作成を要する部分が多く、事業主の協力がなければ申請できない建て付けになっておりますので、よろしくお願いいたします。
　また、当職が貴社の就業規則を確認したところ、貴社においては傷病休職制度が整備されており、職員の病気欠勤が3か月続いた場合、貴社は職員に1年半の休職期間を与える傷病休職命令を出すものとされています。傷病休職制度は、「傷病により労務の履行が不能となった労働者に対する使用者の解雇権の行使を一定期間制限して、労働者の権利を保護しようとする制度」、すなわち、解雇を猶予し労働者に一定の療養委期間を与える、労働者保護のための制度です（エールフランス事件・東京地判昭和59年1月27日労判423号23頁、東洋シート事件・広島地判平成2年2月19日判タ757号177頁)。すなわち、〇〇氏は、有給休暇を全部消化した後においても、貴社の就業規則上、1年9か月は解雇されずに療養できる権利を有するといえます。そこで、当方は、貴社に対し、②貴社の就業規則上の傷病休職制度を〇〇氏に適正に適用し、療養期間を与えることを求めます。〇〇氏は、与えられた療養期間で復職可能な程度まで回復できた際には、貴社での就労を再開することを希望しています。
　なお、〇〇氏が行った労災申請に基づく調査の結果、本件疾病が業務上発病したものであると認められた、すなわち労災と認められた場合、貴社は、〇〇氏が本件疾病によって療養のために休業する期間及びその後30日間につき、〇〇氏を解雇することはできません（労働基準法19条1項)。おそらく、〇〇氏の労災申請に対する結論は、貴社が〇〇氏に発令する傷病休職命令に基づく休職期間中に出ると思われますが、本件疾病が労災と認められた場合には、上記の解雇制限が適用されることにご留意をお願いいたします。
　現時点で、当方からお伝えしたいことは、以上のとおりです。つきましては、上記①の傷病手当金受給手続を速やかにとられることと、上記②の傷病休職制度の適正な適用につき、よろしくお願いいたします。

地位確認請求

訴　状

○○○○年○月○日

○○地方裁判所　御中

原告訴訟代理人
弁　護　士　　○　○　○　○　印

〒○○○－○○○○　○○県○○市○○町○番地
原　　告　○　○　○　○

〒○○○－○○○○
○○県○○市○○町○番地　○○ビル○○号
○○法律事務所（送達場所）
TEL○○－○○○○－○○○○
FAX○○－○○○○－○○○○
原告訴訟代理人弁護士　○　○　○　○

〒○○○－○○○○　○○県○○市○○町○番地
被　　告　○○株式会社
上記代表者代表取締役　○　○　○　○

地位確認等請求事件
訴　　額*1　○○円
貼用印紙代　○○円

第1　請求の趣旨

1　原告が被告に対し、労働契約上の権利を有する地位にあることを確認する

2　被告は、原告に対し、○○○○年○月から毎月○日限り金○○万○○○○円及びこれに対する各弁済期の翌日から支払済みまで年3分の割合による金員を支払え

＊1　地位確認請求をする場合、訴訟物の価額は算定不能なので、160 万円となる（民事訴訟費用等に関する法律4条2項）。ただし、その地位に基づく賃金請求もするときは、「訴え提起までの既発生額＋賃金月額× 12 か月分」の金額を計算し、それが 160 万円を超えるときは、賃金請求の金額で訴額を計算する。そして、その余の給付請求（本件では請求の趣旨第3項）の訴額を加算する。

3　訴訟費用は被告の負担とする
との判決並びに第2項及び第3項につき仮執行の宣言を求める。

第2　請求の原因
1　当事者等
(1) 被告は、○○○○等を事業内容とする株式会社である（本訴状添付資格証明書参照)。
(2) 原告は、被告との間の労働契約（以下、「本件労働契約」という。）に基づき、○○○○年○月○日から被告にて就労してきた者である。

2　労働条件*2
(1) 原告は、本件労働契約に基づき、正社員として、新規顧客開拓などを行う営業職として勤務してきた。
(2) 被告における賃金支給は、月給制固定額払いで、毎月○日締め、当月○日払いである（甲1・被告就業規則○条参照)。
原告の最新の賃金内訳は、職能給○○万○○○○円、役付手当○○○○円、営業手当○万円の、額面合計○○万○○○○円である（甲3の1乃至○)。
また、被告においては、月給とは別途、賞与及び退職金が支給されることになっている（甲1・被告就業規則○条参照)。

3　傷病休職命令*3
(1) 原告は、膝関節症等の症状により就労が困難となったため、○○○○年○月○日、上司である○○室長にその旨を伝えた。○○室長は、原告に対し、足を痛そうにして外回りをされたら困る、当面は有給休暇を取得して休んでもらったらいい、○月末くらいまでは休めるだろう、有給休暇を全部消化してもまだ歩行困難なら、休職してもらうことになるとの旨の説明を行った。
それを受け、原告は、同月24日から、有給休暇を取得して仕事

＊2　地位確認請求の請求原因として、労働契約の存在を主張しなければならない。また、同時に賃金請求を行うのが通常なので、具体的な労働条件として、賃金締日、支払日、賃金額とその内訳を主張しなければならない。

＊3　傷病休職命令から休職期間満了退職扱いに至る事実は、使用者側が抗弁として主張立証責任を負う事実であるが、労働者側は、確認の利益の主張の関係や、実質的争点を早期に明確にするためにも、これらの経緯を訴状段階にて主張しておくべきである。

を休むようになった。

さらに、原告は、その有給休暇取得期間中に、眩暈症の症状が出るようになり、同年○月○日、○○クリニックの○○医師から眩暈症の診断を受け、同年○月○○日、○○医師より、眩暈症の診断書の交付を受けた（甲4）。

（2）○○○○年○月○日、原告は、○○室長に対し、眩暈の症状も出るようになった旨を報告した。同月○日、被告の総務から原告に対し、有給休暇の残日数について連絡があった。原告は、眩暈症により、有給休暇が取得できる期間が満了する○月○日までの療養では職場に戻れない見込みになったことから、被告の総務に対し、自身の傷病の状況を伝え、指示を仰いだ。被告の総務は、原告に対し、診断書の提出を求め、休職期間は無給だが、被告が健康保険法上の傷病手当受給手続をとる旨を説明し、原告に対し傷病休職命令を出すことになる旨を述べた。

同年○月○日、被告は、原告に対し、同月○日を休職期間の始期とし、最大1年半を休職期間とする傷病休職命令の辞令を送付した（甲5）。

（3）以上の経緯により、原告は、○○○○年○月○日から被告にて就労しておらず、同年○月○日から同年○月○日までの労働義務日については有給休暇を取得し、同年○月○日以降は傷病休職扱いとなった。もっとも、被告からは、休職期間満了日がいつになるのか、その休職期間満了日までに復職できなかった場合どうなるのか、復職するためには何が必要なのか等について等を説明する文書は、この段階では、原告に対し一切交付されていない。

なお、被告においては、就業規則上も休職期間は無給とされているものの（甲1・被告就業規則○条参照）、休職期間中、原告は、被告の説明どおり、健康保険法上の傷病手当金を受給している。

4　復職申請と復職拒否

（1）原告は、上記の傷病休職期間中、○○クリニックへの通院を続けながら、安静・治療に専念し、その傷病から回復していった。

（2）○○○○年○月○日、被告は、原告に対し、「休職期間満了と復職について（通知）」と題する文書を送付した。同文書には、原告の休職期間が同年○月○日で満了すること、それゆえに、復職申請書を同年○月○日までに提出し、同年○月○日（月）から出社してほしいこと、提出された復職申請書類をもとに、休職事由が消滅したか否かを確認することが記載されていた（甲6）。

（3）原告は、同文書を受け、○○○○年○月○日、主治医である○○医師の診察を受け、「○月○日現在ふらつきはかなり改善しており、復職は可能であると考えられる」との旨が記載された診断書の交付を受けた（甲7）。

同日、原告は、上記診断書を添え、同日付で、被告に対し、「この度、症状が治まり、職務遂行に支障がない程に回復した為、医師より許可が出ましたので、復職いたしたく、申請致します」と記載した、復職申請書を提出した（甲8）[*4]。

（4）上記復職申請書を受け、○○○○年○月○日、被告は、原告に対し、同年○月○日に産業医面談を受けることを求める連絡を行った。

同日10時、原告は、産業医面談を受けた。その際に、原告は産業医に対し、足は2週間に1度通院しつつヒアルロン酸注射を打っているが痛みはなく、眩暈もないと伝えた。産業医からは、復職可能と考えられるが、時短勤務から始めてはどうかと提案された。

産業医による面談後、原告は、被告本社に出社し、被告の役員である、○○取締役と○○執行役員に対し、産業医面談の内容について説明した。

（5）○○○○年○月○日、被告は、電子メールにて、原告に対し、翌日13時半に本社に出社するように伝えた。

同月○日、原告が本社に出社すると、○○取締役と○○執行役員は、再発の可能性があるとの点を理由に、原告の復職を拒否する旨を通告した。

同年○月○日、被告が原告の休職期間満了日として設定していた日が到来し、被告は、原告を自然退職扱いとした（以下、「本件退職扱い」という。）。

5　被告による復職拒否後の経緯

（1）○○○○年○月○日、原告は、被告に架電し、○○取締役に対し、復職したい旨を改めて述べた上で、被告の就業規則を見せてほしい旨を伝えた。

＊4　復職可能の診断書を添えて復職の意思表示を行ったことは、労働者側の重要な再抗弁事実となる。

○○取締役は、原告に対し、就業規則を見てもらうことはできるので、翌日の13時30分から14時に本社に来るようにと述べた。

なお、被告は、原告を含む職員に対し、就業規則を交付しておらず、またその適用関係の詳細を原告に対し説明したこともない。

(2) ○○○○年○月○日13時30分、原告は、本社に出社し、被告の就業規則及びその運用内規を閲覧した。

その後、○○取締役と○○執行役員は、原告に対し、退職届（甲9）と離職票に署名・押印することを求めた。原告は、復職を望んでいるのであり、被告を退職する気はないので、この日はいずれにも記入せずに帰宅した。

(3) ○○○○年○月○日、原告は、主治医の○○医師から再度、「○月○日現在ふらつきは出ておらず復職は可能であると考えられる」との記載がある○○○○年○月○日付での診断書を書いてもらった上で（甲10)、本社に出社し、その診断書を提出の上で復職を求めた。しかし、○○取締役と○○執行役員は、診断書の受け取りを拒否し、原告に対し、話し合いも行わないと通告した。さらに、○○取締役と○○執行役員は、原告に対し、再び退職届に署名・押印することを求めた。

それに対し、原告は、印鑑を持ってきていないから押印できないし、署名も押印もするつもりはないと述べた。それに対し、○○取締役と○○執行役員は、印鑑を持っていないなら退職届を持って帰るように、持って帰らないなら郵送する、退職届を記入しないと傷病手当金の受給手続をとらないと述べた。さらに○○取締役と○○執行役員は、原告の退職は決定事項だから覆らない、退職届を書かないと、傷病手当金の手続が遅くなる、それで遅くなっても被告の責任ではないと述べた。

上記経緯により、原告は、仕方なく、退職届の書式を持ち帰った（甲9)。

(4) 原告は、以上の経緯に全く納得できないので、○○○○年○月○日、本件について原告代理人に相談した。

同月○日、原告代理人は、原告を代理して、被告に対し、本件退職扱いが休職制度の趣旨に反していること、休職制度の適用内容が被告就業規則に反していること、原告の復職を拒否する合理的理由が認められないこと等から、本件退職扱いが無効であると述べた上で、○○○○年○月分以降の賃金を支払い続けることを求める申入書を、内容証明郵便にて送付した（甲11）。同通知書は、同月○日に被告に到達した（甲12）。

（5）○○○○年○月○日、○○弁護士をはじめとする3名の弁護士は、連名で、被告を代理し、原告代理人に対し、原告の被告への要求を全面的に拒否する内容の回答書をＦＡＸにて送付した（甲13）。さらに、同月○日、原告代理人に、上記ＦＡＸ送信による回答書と同内容の回答書と（甲14）、それに同封された被告就業規則（甲1）及びその運用内規（甲2）が到達した。

原告は、被告の回答がゼロ回答であったため、本件訴えを提起することにした。

6　本件退職扱いの無効

（1）はじめに

本件退職扱いは、いかなる観点からみても違法・無効であり、原告と被告との間の労働契約は、現在も継続している。

（2）傷病休職制度の趣旨とその効力

傷病休職制度は、「傷病により労務の履行が不能となった労働者に対する使用者の解雇権の行使を一定期間制限して、労働者の権利を保護しようとする制度」、すなわち、労働者保護のための制度である。それゆえに、「休業期間満了前に従業員が自己の傷病が治癒したとして復職を申し出たのに対し、使用者側ではその治癒がいまだ十分でないとして復職を拒否し、結局休業期間満了による自然退職に従業員を追い込むことになる恐れなしとせず、したがって、自然退職扱いの合理性の範囲を逸脱し、使用者の有する解雇権の行使を実質的に容易にする結果を招来することのないように配慮することが必要」とされる（エールフランス事件・東京地判昭和59年1月27日労判423号23頁、東洋シート事件・広島地判平成2年2月19日判タ757号177頁）。

その帰結として、上記労働者保護の制度趣旨の観点からみて、①就業規則上の傷病休職制度の内容自体に合理性が認められない場合、その部分は労働契約内容とはならず（労契法7条）、それに基づく「休職期間満了退職」は効力を持たないことになる。

また、②傷病休職制度は、就業規則上の根拠に基づき導入される制度である以上、その適用は、少なくとも就業規則に則った手続に従ったものである必要があり、そうでない場合は、就業規則の最低基準効（労契法12条）により、無効となる。

さらに、③休職期間中に労働者が復職可の診断書の提出とともに復職を申し出たにもかかわらず復職を拒否する場合、「使用者において当該従業員が復職することを認めることができない事由を具体的に主張立証する必要があ」る。すなわち、復職拒否の正当理由の主張立証責任は使用者が負い、その立証ができない場合、退職扱いは無効となる（上掲上掲エールフランス事件、東洋シート事件）。その上で、「労働者が職種や業務内容を限定せずに雇用契約を締結している場合においては、休職前の業務について労務の提供が十全にはできないとしても、その能力、経験、地位、使用者の規模や業種、その社員の配置や異動の実情、難易等を考慮して、配置替え等により現実に配置可能な業務の有無を検討し、これがある場合には、当該労働者に右配置可能な業務を指示すべきである。そして、当該労働者が復職後の職務を限定せずに復職の意思を示している場合には、使用者から指示される右配置可能な業務について労務の提供を申し出ているものというべき」であるとされる（東海旅客鉄道（退職）事件・大阪地判平成11年10月4日労判711号25頁、片山組事件・最判平成10年4月9日労判736号15頁）。それゆえに、使用者は、「傷病が治癒していないことをもって復職を容認しえない旨を主張する場合にあっては、単に傷病が完治していないこと、あるいは従前の職務を従前どおりに行えないことを主張立証すれば足りるのではなく、治癒の程度が不完全なために労務の提供が不完全であり、かつ、その程度が、今後の完治の見込みや、復職が予定される職場の諸般の事情等を考慮して、解雇を正当視しうるほどのものであることまでをも主張立証することを要」する（上掲エールフランス事件）。

（3）被告就業規則の不合理性

まず、上記①の観点からは、以下のことがいえる。

本件においては、被告の就業規則運用内規○条（甲2）は、休職事由の発生要件にかかる「実労働日数」につき、「年次有給休暇は『実労働日数』には含まない」としている。

この規定は、有給休暇取得を理由に労働者に不利益扱いするものといえるところ、使用者は有給休暇を取得した労働者に対して不利益取扱いをしてはならず（労基法136条）、労働者の有休権行使を抑制する効果をもたらす不利益扱いは、全て無効となる（日本シェーリング事件・最一小判平成元年12月14日民集43巻12号1895頁)。

すなわち、被告の休職制度における休職事由発生要件は、本来通常の出勤と同様に扱うべき有給休暇の取得を実労働日数に含まないものとしており、有給休暇取得日数を労働者に不利益に休職事由発生要件に含めてしまっている。

したがって、被告就業規則における休職規定は、そもそも合理性を有しておらず、その適用により原告に不利益な効果をもたらすことはできないといえる。また、少なくとも、有給休暇を実労働日数に含まない運用は違法・無効といえる。

(4) 就業規則違反

また、上記②の観点からは、以下のことがいえる。

被告就業規則○条○項○号(甲1)は、「私傷病休職」が適用される要件として、「欠勤が引き続き3か月を超えたとき」としている。上記①について述べたとおり、有給休暇は「欠勤」として扱うことができないので、被告就業規則に従えば、被告が原告に休職を命ずることができるのは、有給休暇を使わずに病休するようになった○○○○年○月○日から3か月超が経過した、同年○月○日からということになる。にもかかわらず、被告は、原告を同年○月○日から休職扱いとしている。

被告の就業規則に定められる傷病休職制度では、上記3か月の病欠に1年半の休職期間を併せて、最大1年9か月の療養期間が保障されている。にもかかわらず、原告を同年○月○日から休職扱いとし、○○○○年○月○日をもって休職期間満了とすることは、被告の就業規則が最低基準として保障している期間を下回る療養期間しか原告に与えないものであり、違法・無効である。

(5) 違法な復職拒否

さらに、上記①及び②の点を度外視しても、上記③の点からは、以下のことがいえる。

原告は、主治医による復職可能の診断書(甲7)をつけて復職申請を行っており(甲8)、被告の指示で受けた産業医の診察においても、復職を不可とするような診断は受けていない。そして、原告は被告の正社員として勤務しており、その労働契約においては特に職種の限定等もない。そうすると、上掲の東洋シート事件、エールフランス事件、東海旅客鉄道(退職)事件、片山組事件の考え方からすれば、被告が原告の復職を拒否できる正当理由が存在するとは到底考えられず、本件退職扱いは違法・無効ということになる。

（6）小括

以上のとおり、上記①～③のいずれの観点からみても、本件退職扱いは違法・無効であり、本件労働契約は現在も継続している。

7　原告に支給されるべき賃金

○○○○年○月以降、原告が被告に勤務できないのは、被告による違法な復職拒否、本件退職扱いによるものである。

したがって、原告は、○○○○年○月以降毎月○日に、被告に対し本件労働契約どおりの賃金月額○○万○○○○円を請求できる権利を失わない（民法536条2項）。

8　結論

よって、原告は、被告に対し、労働契約上の権利を有する地位にあることの確認並びに労働契約に基づき○○○○年○月から毎月○日限り賃金○○万○○○○円及びこれに対する各弁済期の翌日から支払済みまで民事法定利率年3分の割合による遅延損害金の支払いを求める。

証　拠　方　法

甲第1号証	就業規則
甲第2号証	就業規則運用内規
甲第3号証の1乃至○	給与明細書
甲第4号証	診断書
甲第5号証	辞令
甲第6号証	「休職期間満了と復職について（通知）」と題する文書
甲第7号証	診断書
甲第8号証	復職申請書
甲第9号証	退職届の書式
甲第10号証	診断書
甲第11号証	申入書

甲第12号証　　　　　　　　郵便物等配達証明書
甲第13号証　　　　　　　　ＦＡＸ文書
甲第14号証　　　　　　　　回答書

付　属　書　類

1　資格証明書　　　　　　　　　　　　　1通
2　訴状写し　　　　　　　　　　　　　　1通
3　甲号証写し　　　　　　　　　　　　各2通
4　委任状　　　　　　　　　　　　　　　1通

重 要 判 例

【傷病休職制度の趣旨、使用者の勤務配慮義務、復職可能の主張立証責任】

【職種限定がない場合の勤務配慮】

【受診命令の可否】

【休職事由該当性】

【療養期間中の労働者の行為】

【リハビリ勤務と復職時期】

【休職命令を経ない解雇】

傷病休職制度の趣旨、使用者の勤務配慮義務、復職可能の主張立証責任

エール・フランス事件

東京地判昭 59.1.27 労判 423 号 23 頁

（事案）

勤続10年以上の労働者（X）が結核性髄膜炎に罹患し、会社（Y）を長期病気欠勤した。Yの就業規則には、私傷病により「長期病気欠勤の場合継続した欠勤期間は下記を越えないものとする」との規定があり、「勤続10年以上20年未満の者18か月」と定め、「この期間を過ぎた場合職員は退職とみなされる」との規定があった。Xは、上記疾病につき完治が見込まれたことから、上司に対し復職希望と復職に際しては夜間勤務のない「タウン勤務」を希望する旨の要望を書面で述べたが、Yは、原職復帰を認めず、夜間勤務のないポストもないとして、Xの復職申出を拒否した。そこで、XはYに対し、「〇年〇月〇日をもって治療を終了し治癒と認定するので以後通常勤務差支えない」旨の主治医師の診断書を提出し、就労の提供をしたが、YはXの復職を拒否し、Xの長期病気欠勤の期間を延長したのち、その延長後の期限をもってXが退職したものとして扱った。

（判旨）

請求一部認容。

「前記就業規則第10章第2条第2項の規定が、従業員が勤務に起因しない傷害を受けたり病気に罹患した場合に、その療養のため一定期間を限度として欠勤しうる旨の従業員の権利を規定したものであること、そして、同項の『この期間を過ぎた場合職員は退職とみなされる』との規定は、所定の休職期間が満了してもなお当該従業員の傷病が治癒せず勤務に復帰しえない場合に、使用者は労務の提供をなしえないことを理由として当該従業員を改めて解雇するまでもなく、当然に契約が終了して自然退職となる旨を定めたものであることは明らかである。

ところで、右のような自然退職の規定は、休職期間満了時になお休職事由が消滅していない場合に、期間満了によって当然に復職となったと解したうえで改めて使用者が当該従業員を解雇するという迂遠の手続を回避するものとして合理性を有するものではあるが、本件におけるように、病気休職期間満了時に従業員が自己の傷病は治癒したとして復職を申し出たのに対し使用者の側ではその治癒がまだ充分ではないとして復職を拒否する場合の同規定の適用解釈にあたっては、病気休職制度は

傷病により労務の提供が不能となった労働者が直ちに使用者から解雇されることのないよう一定期間使用者の解雇権の行使を制限して労働者を保護する制度であることに思いを至せば、右に述べた自然退職の規定の合理性の範囲を逸脱して使用者の有する解雇権の行使を実質的により容易ならしめる結果を招来することのないよう慎重に考慮しなければならない。

したがって、使用者が従業員の復職の可能性を否定して更に休職期間を延長するのであればともかく、復職を否定して休職期間満了による自然退職扱にする場合にあっては、Yの主張するごとく、会社が客観的に当該従業員が原職に復帰しうると認める保障のない限り復職させる義務を会社に負わせるものではなく休職期間の経過により自動的に退職の効果が発生すると解することは、復職を申し出る従業員に対して客観的に原職に復帰しうるまでに傷病が治癒したことの立証の責任を負わせることとなり、休職中の従業員の復職を実質的に困難ならしめる場合も生ずることになるから妥当ではなく、使用者が当該従業員が復職することを容認しえない事由を主張立証してはじめてその復職を拒否して自然退職の効果の発生を主張しうるものと解するのが相当である。そして、傷病が治癒していないことをもって復職を容認しえない旨を主張する場合にあっては、単に傷病が完治していないこと、あるいは従前の職務を従前どおりに行えないことを主張立証すれば足りるのではなく、治癒の程度が不完全なために労務の提供が不完全であり、かつ、その程度が、今後の完治の見込みや、復職が予定される職場の諸般の事情等を考慮して、解雇を正当視しうるほどのものであることまでをも主張立証することを要するものと思料する。」

「ところで、本件においてYがXの復職の申出を拒否した理由は、《証拠略》によれば、Yは、Xが復職にあたってはタウン勤務への転勤を希望する理由としてめまいや耳鳴等の後遺症状を訴えていたため同人の復職の可能性に疑念をいだき、昭和55年11月初旬頃、Xに対して東京医科歯科大学付属病院で検査を受けるように指示し、更に同年12月4日、病気欠勤の期間を2週間延期するから会社指定医の診断を受けるように指示し、Xが右各指示に従って検査を受けた結果得られた東京医科歯科大学耳鼻咽喉科教授P医師の報告並びに意見書、北里研究所付属病院副院長兼内科医長Q医師（会社指定医）の意見書をもとにXの原職の職務内容を考慮に入れて原職復帰不能と判断したYの産業医であるR医師の判断を尊重して、Xの復職を不可能と判断したためであることが一応認められ、他に同認定に反する疎明はない。

そして、《証拠略》によれば、前記P医師の報告並びに意見書には『聴覚に関しては（中略）その障害が言語周波数帯域には及んでいないことから、日常会話に不自由なく、また騒音中での電話やウオーキートーキーなどによる会話も、健康者と同等に可能と考えられる。』『身体平衡機能に関しては、昭和55年11月14日の時点においては、頭部捻転、頭位変換などに際して軽度であっても異常がみられることから、自動車運転、高所作業、ベルトコンベヤー上の歩行などにあたり、頭位を変化すると平衡の失調を生ずる可能性があると考えられる。とくに夜間や暗所におけるこれらの作業、動作は危険性があるので禁止してほしい。』『以上の所見は、いずれも初診時またはその数日後における1回のみの検査によるものであり、今後の経過について、これのみで予測することは困難である。また、これらの異常な非特異性かつ軽度なものであるため、それのみで特定の原因を推定することはできないが、(中略) 結核性髄膜炎に関連した神経耳科学的な後遺症の一種ではないかと推察している。』と記載されていること、前記Q医師の意見書には『結核性髄膜炎は原病巣からの血行性散布によるものである特性に鑑み治癒判定は極めて慎重を要す。』『耳鳴、めまい、ふらつき等の症状は広い意味での結核性髄膜炎後遺症と考える。』『後遺症に対する治療は今後も続行すべきであると考える。』『結核性疾患の常識として、今後1、2年は慎重な経過観察が必要で、しかる後治癒判定をすべきであろう。復職は極めて軽勤務から開始し徐々に作業量を上げる方針で行われることが望ましい。』と記載されていること、前記R医師の意見書には『昭和55年11月25日付東京医科歯科大学耳鼻咽喉科教授P氏の報告ならびに意見書、及び昭和55年12月17日付北里研究所付属病院内科Q医師の意見書、及び当該人が所属する新東京国際空港支店運航課の職場と職務内容について昭和55年12月20日現場視察し、総合的に検討したところ上記職場 (原職) に就労することは不可能と判断します。』と記載されていること、以上の事実が認められる。

一方、《証拠略》によれば、Xが復職の申出に際してYに訴えていためまいや耳鳴等の後遺症状については、XがYからタウン勤務への転勤の希望が入れられることはかなり困難である旨をいわれていたため、何とか右希望を入れて欲しいとの意図からその症状を実際よりも大袈裟に表現して訴えていたことが一応認められ、《証拠略》によれば、Xが昭和55年12月1日にYに提出した、それまで1年2カ月にわたってXの治療にあたってきた成田赤十字病院S医師の同年11月29日付診断書には『結核性髄膜炎加療中のところ、経過良好につき昭和55年11月30日をもって治療を終了し治癒と認定するので以後通常勤務さしつかえない。』との記載があることが疎明される。」

「YがXに対してなした本件退職取扱の当否について判断するに、YがXの復職申出に際してのタウン勤務への転勤を希望したのに対してこれを拒否したことは、前認定のYの当時の経営事情からしてやむえなかった措置として認容しうるが、原職復帰を不可能として復職申出を拒否し、昭和55年12月25日をもって退職したものとして扱っている措置は、相当性を欠き、これを容認することはできないものと思料するが、その理由は次のとおりである。

すなわち、YがXの復職を不可能と判断したのは産業医のR医師の判断を尊重したためであることは前認定のとおりであるが、そのR医師の判断の基礎となっている資料は、Yの新東京国際空港支店運航課の職場と職務内容の現場視察の結果のほか、前記P、Q医師の意見書であったことは前認定のとおりであるところ、これら両意見者の内容も、前認定のとおりであって、いずれも復職の可能性自体を否定するものではなく、復職にあたってはXに軽度ではあるが残っている身体平衡機能の異常の後遺症を考慮して自動車運転、高所作業等を禁止するという内容のもの、あるいは、復職にあたっては軽勤務から徐々に通常勤務に戻すことが望ましいという助言を与える内容のものであることが認められ、これら意見書に記載された内容の限りにおいては、前認定の運航搭載課の職場事情のもとにおいてXを他の職員の協力を得て当初の間はドキュメンティストの業務のみを行なわせながら徐々に通常勤務に服させていくことも充分に配慮すべきであり、前記の後遺症の回復の見通しについての調査をすることなく、また、復職にあたって右のような配慮を全く考慮することなく、単にR医師の判断のみを尊重して復職不可能と判断したYの措置は決して妥当なものとは認められない。また、右R医師の意見書は、《証拠略》及び前認定の同意見書の記載内容自体からして、Xの復職可能性の判断につきコーディネーターとドキュメンティストの両方の業務を交互に担当する通常勤務の場合を想定して判断したものであって右に記載した配慮をも含めての判断ではなかったことが窺われ、一方、《証拠略》によれば、R医師の専門分野は形成外科、整形外科であることが認められ、したがって、R医師の前記意見書における判断は、運航搭載課の職場事情が判断資料として加えられた点を除けば、前記P医師やQ医師の意見書に比べて特に措信すべきものであるということはできないから、同医師の意見書をもってYの右措置が相当である旨の立証があったものと認めることはできず、他にこれを認めるに足りる疎明もみあたらない。

よって、YのXに対する本件退職取扱の措置は無効のものであり、Xの復職申出を容れてXを従業員として取扱うべきものであると思料する。」

東洋シート事件

広島地判平 2.2.19 判タ 757 号 177 頁

（事案）

労働者（X）は、業務外の交通事故によって頭蓋骨骨折、右後頭部急性硬膜外血腫、右下腿打撲等の傷害を受け、傷病休職の適用を受けながら入通院後、主治医から、就労可能であり、ある程度の準備期間として軽作業から始めて漸次通常勤務に移行することにすれば、1か月後には完全復帰（前職場復帰）が可能であると記載された診断書作成を受け、完全復帰可能とされる日からの復職願いを勤務先である会社（Y）に提出した。しかし、Yはこれを無視し返答せず、出社したXに仕事を与えず帰宅を求め、その際にXの上司がXに対し暴行を加え、傷害を負わせたことによって、Xは再び勤務できなくなり、休職期間が満了し、YはXを退職扱いとした。

（判旨）

一部認容。

「Yの就業規則上、業務外の傷病により欠勤し、3か月を経過しても治癒しないときは休職となり、右の場合における休職期間は6か月であること、休業期間満了前に休職理由が消滅したときは直ちに復職させること、復職することなく休業期間が満了となった場合は自然退職となる扱いであることが認められる。

ところで、右のような自然退職の扱いは、休業期間満了時になお休職事由が消滅していない場合に、期間満了によって当然に復職したと解したうえで改めて使用者が当該従業員を解雇するという迂遠な手続を回避するものとして合理性を有するものではあるが、一方、休業期間満了前に従業員が自己の傷病が治癒したとして復職を申し出たのに対し、使用者側ではその治癒がいまだ十分でないとして復職を拒否し、結局休業期間満了による自然退職に従業員を追い込むことになる恐れなしとせず、したがって、自然退職扱いの合理性の範囲を逸脱し、使用者の有する解雇権の行使を実質的に容易にする結果を招来することのないように配慮することが必要であり、このことは、本来病気休職制度が、傷病により労務の履行が不能となった労働者に対する使用者の解雇権の行使を一定期間制限して、労働者の権利を保護しようとする制度であることを考えると、けだし当然であるというべきである。

したがって、当該従業員が前職場に復帰できると使用者において判断しない限り、復職させる義務を使用者が負担するものではなく、休業期間の満了により自動的に退職の効果が発生すると解することは、復職を申し出る従業員に対し、客観的に前職場に復帰できるまでに傷病が治癒したことの立証責任を負担させる結果になり、休職中の従業員の復職を実際上困難にする恐れが多分にあって相当でなく、使用者において当該従業員が復職することを認めることができない事由を具体的に主張立証する必要があるものと解するのが相当である（なお、……Yらは、使用者の労働者に対する安全配慮義務を理由に、Yには復職の判断を慎重にすべき義務があるとも主張するようであるが、本来右安全配慮義務とは、就労の提供が可能である労働者が労務に服する過程で生命及び健康等を害しないよう労務場所・機械その他の環境につき配慮すべき義務をいうのであって、安全配慮義務の名のもとに復職の機会を事実上制限することは許されないものというほかなく、右主張は失当である）。」

「Yの場合、休職後軽作業であれば就労可能との診断書に基づき復職願いが提出され、これが認められたという例がなく、前職場復帰可能であることが復職の原則であったとの点については、本来前職場でいきなり通常の勤務に復帰することの方が問題であり、復職に当たっては軽勤務から徐々に通常の勤務に戻すことの方が望ましく、前職場復帰による通常勤務が前提とならない限り復職を認めないというのは、まさに硬直した考えであるといわざるをえず、Yが前職場復帰可能であることを復職の原則としていたことは、Xの復職を認めない理由とはなりえないものというべきである。」

「また、Xが従事していたスポット溶接の仕事は終日立ち作業であり、Xの復職申出当時、第一、第二製造課を通じて座り作業はなく、第二製造課の溶接職場では軽作業の専従者はいなかったとの点については、前掲各証拠によれば、確かにX復職申出当時におけるYの職場環境としては右のとおりであったことが認められるが、Xが立ち作業に一切従事できないというわけではなく、〈証拠〉によれば、溶接職場においても、専従者はいなかったものの、清掃作業、不良品の手直し作業等の軽作業があり、他の職場にも軽作業はあったし、その専従者もいたことが認められるから、Yの職場環境を前提としても、Xの軽作業による復職を認めない理由としては、不十分である。」

「Yが、Xから復職願いが提出された後復職を認めないとの判断を下すまでの間に、担当医やXから事情を聴取して対策を協議するなどの措置を講じていないことは前記認定のとおりであるし、他の従業員の協力を取りつけたり、当初は溶接職場での就労時間を制限することなどの配慮をすることも可能であるから、右のような配慮を全く顧慮することなく、Xの前職場環境の劣悪さを云々することは許されない。」

「そうすると、YがXの昭和58年3月1日からの復職を認めなかった措置は、これを合理的な理由に基づくものとして是認することはできない」

「Xの同年2月22日付復職申出をYが認めなかった措置を是認することができない

こと前記……認定のとおりであるから、仮に第二の不法行為が発生しなかった場合、Xの復職を認めないままに同年5月7日が到来したとしても、Yが休職期間満了による自然退職の効果を主張することはできなかったものというべきである。」

「そして、第二の不法行為が、Xの復職申出を認めないYの方針に基づいて、Xの就労を拒否しようとしたYの管理職である……3人によって惹起されたことは、前記認定のとおりであるから、右不法行為による受傷の結果、結局休業のまま当初の休業期間である右5月7日が到来したことは明らかであるものの、YがXの休業期間満了による自然退職の効果を主張することはできないものと解するのが相当である。」

職種限定がない場合の勤務配慮

片山組事件

最一小判平 10.4.9 集民 188 号 1 頁（労判 736 号 15 頁）

（事案）

バセドウ病に罹患し、現場監督業務に従事できない旨の申出をしたところ、使用者（Y）から自宅治療命令を発せられた労働者（X）が、その命令後に事務作業を行うことはできるとしたにもかかわらず、自宅治療命令が持続させられてその期間中の賃金が支払われなかったため、賃金請求を行った。

（判旨）

破棄差戻。

「労働者が職種や業務内容を特定せずに労働契約を締結した場合においては、現に就業を命じられた特定の業務について労務の提供が十全にはできないとしても、その能力、経験、地位、当該企業の規模、業種、当該企業における労働者の配置・異動の実情及び難易等に照らして当該労働者が配置される現実的可能性があると認められる他の業務について労務の提供をすることができ、かつ、その提供を申し出ているならば、なお債務の本旨に従った履行の提供があると解するのが相当である。そのように解さないと、同一の企業における同様の労働契約を締結した労働者の提供し得る労務の範囲に同様の身体的原因による制約が生じた場合に、その能力、経験、地位等にかかわりなく、現に就業を命じられている業務によって、労務の提供が債務の本旨に従ったものになるか否か、また、その結果、賃金請求権を取得するか否かが左右されることになり、不合理である」

東海旅客鉄道（退職）事件

大阪地判平11.10.4 労判771号25頁

（事案）

脳内出血を発症し、傷病休職中であった労働者（X）が、使用者（Y）に対し復職の意思表示を行い、後遺症が残存しつつも「軽作業なら行えるが右手の巧緻障害は認められる」等の記載がある診断書が出ている状況で、Yから休職期間満了による退職扱いとされたことが、就業規則、労働協約等に違反し無効であるとして、Yに対し労働契約上の地位確認等の請求を行った。

（判旨）

認容。

「Xは、その採用に際して職種を限定されてはいなかったこと、少なくとも平成9年8月6日には復職の意思を示していたことについては当事者間に争いはない。労働者が私傷病により休職となった以後に復職の意思を表示した場合、使用者はその復職の可否を判断することになるが、労働者が職種や業務内容を限定せずに雇用契約を締結している場合においては、休職前の業務について労務の提供が十全にはできないとしても、その能力、経験、地位、使用者の規模や業種、その社員の配置や異動の実情、難易等を考慮して、配置替え等により現実に配置可能な業務の有無を検討し、これがある場合には、当該労働者に右配置可能な業務を指示すべきである。そして、当該労働者が復職後の職務を限定せずに復職の意思を示している場合には、使用者から指示される右配置可能な業務について労務の提供を申し出ているものというべきである。」

「Yは、名古屋に本社があり、東京都に新幹線鉄道事業部を、静岡市及び大阪市等に支社を置き、従業員約2万2800人を要する大企業である。その事業内容も鉄道事業を中心に不動産売買等の関連事業を含め多岐にわたり、その職種も総合職（事務・技術）、一般職、運輸職、（駅業務、車掌、運転士）等多様である（弁論の全趣旨）。

他方Xは、国鉄及びYに就職後本件発症時まで、一貫して車両の検修業務に従事してきた。そして、前記認定によれば、平成9年12月当時のXの身体の状態は、(a)

歩行については、多少のふらつきがあり、時間がかかるものの、杖なしに独立の歩行が可能であり、(b) 握力も左手に比べて右手の方が弱いものの、健常人のそれと大差がなく、ただ右手指の動きが悪いため文字を書くなどの細かい作業が困難であり、(c) 構語障害については、会話の相手方が十分認識出来る程度であり、(d) 複視はあるものの、その程度は軽く、たまには焦点が合うこともあるというものであった。また血圧については、服薬により一定のコントロールが出来ており、やや高めながらも安定しており、健康管理を続ければ脳血管疾患の再発の危険性は少ない。

以上のようなY内での職務内容の変更状況やXの身体の状況等を考慮した場合、Xが就労可能であったと主張する各業務のうち、少なくとも大二両における工具室での業務は就業可能であり、Xを交検業務から右工具室での業務に配置替えをすることも可能であったとするのが相当である。けだし工具室における勤務は、工具の貸出、保管業務というものであり、特別な知識、経験を必要とするものはなく、右業務については歩行や文字を書くことについて特にスピードが要請されるわけではないうえ、会話の相手方が十分認識できる程度であれば、工具の貸出、保管業務に支障をきたすとは考えられず、握力も正常の範囲内であるから一定重量の工具の貸出は可能であるからである。そしてこのことは、元大二両の所長であった中川所長が、Xに対し、復職を勧めた際に、工具室勤務を考えていると述べていたことなどからも認めうるところである。」

「Xが休職期間中に復職ができないとしたYの判断は、右誤った本件判定委員会の判断に基づくものであること、前述のとおり当時のXの状態からして客観的には少なくとも工具室勤務は可能な状態であったこと、前述のとおり、K所長らが、H医師からXの症状が固定し、軽作業等可能であるとの判断も聞き、また右のようなXの状態をみているにもかかわらず、判定委員会の結論が出る以前において、復職させる場所がないとの判断を先行させていることに照らし、その判断に誤りがあるものといわざるを得ない。

従って、現実に復職可能な勤務場所があり、本人が復職の意思を表明しているにもかかわらず、復職不可としたYの判断には誤りがあると言わざるを得ないから、YによるXに対する本件退職扱いは就業規則に反し無効である。」

受診命令の可否

電電公社帯広局事件

最一小判昭 61.3.13 集民 147 号 237 頁（労判 470 号 6 頁）

（事案）

使用者（Y）が、頸肩腕症候群に罹患した労働者（X）に対し、2週間程度の入院を要する総合精密検診を受けるべき旨の業務命令を行ったが、Xがそれを拒否したことを理由に、Xに対し戒告の懲戒処分を行ったため、Xが戒告処分の無効確認を請求した。

（判旨）

破棄差戻。

「一般に業務命令とは、使用者が業務遂行のために労働者に対して行う指示又は命令であり、使用者がその雇用する労働者に対して業務命令をもつて指示、命令することができる根拠は、労働者がその労働力の処分を使用者に委ねることを約する労働契約にあると解すべきである。すなわち、労働者は、使用者に対して一定の範囲での労働力の自由な処分を許諾して労働契約を締結するものであるから、その一定の範囲での労働力の処分に関する使用者の指示、命令としての業務命令に従う義務があるというべきであり、したがつて、使用者が業務命令をもつて指示、命令することのできる事項であるかどうかは、労働者が当該労働契約によつてその処分を許諾した範囲内の事項であるかどうかによつて定まるものであつて、この点は結局のところ当該具体的な労働契約の解釈の問題に帰するものということができる。

ところで、労働条件を定型的に定めた就業規則は、一種の社会的規範としての性質を有するだけでなく、その定めが合理的なものであるかぎり、個別的労働契約における労働条件の決定は、その就業規則によるという事実たる慣習が成立しているものとして、法的規範としての性質を認められるに至つており、当該事業場の労働者は、就業規則の存在及び内容を現実に知つていると否とにかかわらず、また、これに対して個別的に同意を与えたかどうかを問わず、当然にその適用を受けるというべきであるから（最高裁昭和40年（オ）第145号同昭和43年12月25日大法廷判決・民集22巻13号3459頁（秋北バス事件――筆者注））、使用者が当該具体的労働契約上いかなる事項について業務命令を発することができるかという点についても、関連する就業規則の規定内容が合理的なものであるかぎりにおいてそれが当該労働契約の内容となつているということを前提として検討すべきこととなる。換言すれば、就業規則が労働者に対し、一定の事項につき使用者の業務命令に服従すべき旨を定めているときは、そのような就業規則の規定内容が合理的なものであるかぎりにおいて当該具体的労働契約の内容をなしているものということができる。」

「公社の健康管理規程は、2条2項において、一般的に職員の健康保持義務を定めるとともに、4条において、職員は、健康管理上必要な事項について、健康管理従事者の指示もしくは指導を受けたときは、これを誠実に守らなければならない旨を規定し、更に、24条において、検診の結果等により健康管理医が必要と認めたときは当該職員に精密検診を受けさせなければならないとするとともに、26条において、健康管理医は、検診の結果等に基づき、要管理者につき、その病状に応じて、『療養』、『勤務軽減』、『要注意』、『準健康』の各指導区分を決定したうえ、当該職員を右指導区分に従い個別に健康管理指導を行うこととしていること、また、要管理者については、公社就業規則165条において、『職員は、心身の故障により、療養、勤務軽減等の措置を受けたときは、衛生管理者の指示に従うほか、所属長、医師及び健康管理に従事する者の指示に従い、健康の回復につとめなければならない。』と定めるとともに、健康管理規程31条においても、『要管理者は、健康管理従事者の指示に従い、自己の健康の回復に努めなければならない。』と規定している。

以上の公社就業規則及び健康管理規程によれば、公社においては、職員は常に健康の保持増進に努める義務があるとともに、健康管理上必要な事項に関する健康管理従事者の指示を誠実に遵守する義務があるばかりか、要管理者は、健康回復に努める義務があり、その健康回復を目的とする健康管理従事者の指示に従う義務があることとされているのであるが、以上公社就業規則及び健康管理規程の内容は、公社職員が労働契約上その労働力の処分を公社に委ねている趣旨に照らし、いずれも合理的なものというべきであるから、右の職員の健康管理上の義務は、公社と公社職員との間の労働契約の内容となつているものというべきである。」

「もつとも、右の要管理者がその健康回復のために従うべきものとされている健康管理従事者による指示の具体的内容については、特に公社就業規則ないし健康管理規程上の定めは存しないが、要管理者の健康の早期回復という目的に照らし合理性ないし相当性を肯定し得る内容の指示であることを要することはいうまでもない。しかしながら、右の合理性ないし相当性が肯定できる以上、健康管理従事者の指示できる事項を特に限定的に考える必要はなく、例えば、精密検診を行う病院ないし担当医師の指定、その検診実施の時期等についても指示することができるものというべきである。換言すれば、要管理者は、労働契約上、その内容の合理性ないし相当性が肯定できる限度において、健康回復を目的とする精密検診を受診すべき旨の健康管理従事者の指示に従うとともに、病院ないし担当医師の指定及び検診実施の時期に関する指示に従う義務を負担しているものというべきである。もつとも、具体的な労働契約上の義務の存否ということとは別個に考えると、一般的に個人が診療を受けることの自由及び医師選択の自由を有することは当然であるが、公社職員が公社との間の労働契約において、自らの自由意思に基づき、右の自由に対し合理的な制限を加え、公社の指示に従うべき旨を約することが可能であることはいうまでもなく（最高裁昭和25年（オ）第7号同27年2月22日第二小法廷判決・民集6巻2号258頁（十勝女子商業事件——筆者注））、また、前記のような内容の公社就業規則及び健康管理規程の規定に照らすと、要管理者が労働契約上負担していると認められる前記精密検診の受診義務は、具体的な治療の方法についてまで健康管理従事者の指示に従うべき義務を課するものでないことは明らかであるのみならず、要管理者が別途自ら選択した医師によつて診療を受けることを制限するものでもないから、健康管理従事者の指示する精密検診の内容・方法に合理性ないし相当性が認められる以上、要管理者に右指示に従う義務があることを肯定したとしても、要管理者が本来個人として有している診療を受けることの自由及び医師選択の自由を侵害することにはならないというべきである。」

休職事由該当性

タカゾノテクノロジー事件

大阪地判令 2.7.9 労判 1245 号 50 頁

（事案）

労働者（X）が、適応障害により使用者（Y）から一度傷病休職命令を受け、そこからの復職後に再びYから傷病休職命令を受けた後、傷病休職期間満了を理由に退職扱いとされたが、再度の傷病休職につき、その前提となる傷病休職命令自体が無効であるとして、Yに対し、労働契約上の地位確認等を請求した。

（判旨）

一部認容。

「確かに、休職命令発令に当たり、必ずしも医師の確定診断が必要とまではいえないこと、受診命令を拒否した場合に休職命令を発令できる場合があることはYが指摘するとおりである。また、Y主張の……Xの言動があったことは認定事実……のとおりである。さらに、これらの事情がある場合に、Yが、Xの1回目の休職の原因となった適応障害への再罹患等の可能性があると考え、Xに対し、改めて専門医の診断を受けるように求めることは、労使間における信義則ないし公平の観念に照らし合理的かつ相当な措置といえ、Yは、就業規則に定めがないとしても医師の受診を指示することもできる。

しかしながら、Xの欠勤が続いていたわけではなかったことは認定事実……のとおりである。また、Yの主張によれば、Xには入社当初（適応障害と診断されて1回目の休職に至る前）から、同様の言動・トラブルが見られたというのであり、Y自身、復職後のXの言動が、1回目の休職の時点で発症していた適応障害等の精神疾患が治癒していないためなのか、それとも傷病ではなくXのパーソナリティに由来するものか判断しかねたと述べている。さらに、P産業医は、Xが適応障害というより、うつ病等他の何らかの精神疾患を発症している疑いがあるとの所見を持っていたけれども〔証拠略〕、平成29年8月17日、Xと面談した結果、『今、病気の症状は感じられなかった。現時点で、僕がXさんに対して就業制限とかアクションを起こすことはない。』旨述べており……、その趣旨は、時短勤務や勤務配慮の必要がないというものであって〔証拠略〕、P産業医の判断を前提とすると、仮にXが何らかの精神疾患を発症していたとしても、時短勤務等の必要もない状況であり、そうである以上、Xが更に欠勤する必要がある状況ではなかった。加えて、P産業医は、上記面談時点で、Q医師がXを診断した場合、何もないと言われると考えており〔証拠略〕、Yが本件各受診命令において、Y担当者立会い等を条件としていたのも、Q医師が診断した場合、その診断の当否はともかく、Xの意向を尊重して、適応障害等の精神疾患を再発又は発症していない（あるいは治癒している）との判断がされるものと考えていたためと推測される。そうすると、現にXの欠勤が続いている状況ではなかった上、産業医及び主治医ともXが欠勤する必要があるとは考えていなかったのであるから、Xが私傷病により長期に欠勤が見込まれる、又はそれに準ずる事情があると認めることはできない。」

「Yは、最高裁判所平成24年4月27日第二小法廷判決（日本ヒューレット・パッカード事件――筆者注）や裁判例〔証拠略〕を引用し、Yが取るべき措置が休職命令しかなかった旨主張するが、いずれも労働者の欠勤が続いた事案であって、本件とは事案を異にする。また、Yは、本件各休職命令が解雇猶予としての休職制度の趣旨に沿ったものである旨主張するが、同制度にそのような趣旨が含まれるとしても、それは能力不足を含む解雇一般を避けるためのものではなく、あくまで労働者の欠勤が続いて就業できないような場合にそのことを理由に解雇することを避けるものであって、Xの欠勤が続いたわけではない本件とは前提が異なる。さらに、Yは、社内にXが就労する現実的可能性のある部署がなかった旨主張するが、このこと自体は、本件就業規則24条1項1号ないし5号またはそれらに準ずる事情といえるものではない。加えて、1回目の休職までのXの言動……から直ちに復職後のXの病状を判断できるものでもない。」

「以上によれば、本件各休職命令は、その要件を満たしておらず、無効であり、その結果、Xは、本件就業規則29条3号の退職要件を満たしていない。」

富国生命保険（第1回、第2回休職命令）事件

東京高判平 7.8.30 労民集 46 巻 4 号 1210 頁（労判 684 号 39 頁）

（事案）

使用者（Y）が、労働者（X）の頚肩腕障害を理由に、Xに対し、6か月間及び1年間の各休職命令を出したのに対し、Xが、右頚肩腕障害は通常勤務に何ら支障のない程度にまで回復したから、就業規則に定める休職事由には該当しないとして、各休職命令の無効確認、未払賃金の支払い及び慰謝料の支払いを求め、各休職命令の無効確認及び未払賃金の支払請求が認容された事件の控訴審。

（判旨）

控訴棄却。

「Yが発した第1回休職命令の通知書〔証拠略〕及び第2回休職命令の通知書〔証拠略〕の内容からみて、Yは、Xの頚肩腕障害の症状の再燃及び増悪可能性がないとはいえないことを理由に、通常勤務に耐えられないものと判断し、その結果、就業規則第48条1項（5）（本人の帰責事由により業務上必要な資格を失うなど、該当業務に従事させることが不適当と認めた場合）及び同項（6）（その他前各号に準ずるやむを得ない理由があると会社が認めた場合）に該当するとして、Xを休職処分にしたものであると認められる。」

「しかしながら、就業規則によって認められるYの休職制度全般の趣旨に照らすと、同規則四八条一項五号の休職事由は、職員本人に何らかの帰責事由があり、それが原因となって、本人をその業務に従事させることが不適当と認められるような事由を

いうものと解するのが相当であるところ、Xが頚肩腕障害に罹患したことや、それが治癒せず将来再燃、増悪する可能性があることなどが、ただちに、Xの責めに帰すべき事由によるものであるとまでいえないことは明らかであるから、右症状の再燃、増悪の可能性があることをもって、同条項5号の休職事由があるということはできない。したがって、右事由を根拠とするYの第1回休職命令は、理由がなくその効力がない。

なお、〔証拠略〕によれば、Yにおいては、同条項5号を、職員本人の帰責事由の有無にかかわらず、単に、職員を該当業務に従事させることが不適当と認められる場合には直ちに休職を命ずることができるものと解しているかのようであるが、そのような解釈は、右5号前段の『本人の帰責事由により業務上必要な資格を失うなど、』との明文の規定を無視することになるし、さらには、職員に対し前記のように無給などの不利益をもたらす休職制度の基本となる同条項1号から6号までの詳細な要件そのものを無意味なものとならしめることになるから、到底採用できない。」

「Xが前記就業規則第48条1項（6）の休職事由に該当するか否かであるが、右規定は、抽象的な規定であるので、同項（1）ないし（4）の文言を参考にしてその内容を検討する。証拠〔証拠略〕によれば、同項（1）は『傷病欠勤が引続き第32条の期間以上にわたった場合　6か月間ただし、結核性疾患による場合には1年間』と、同項（2）は『事故欠勤が引続き1か月以上にわたった場合　1か月間』と、同項（3）は『本人から休職の申し出があり、会社が必要と認めた場合　その都度定める期間』と、同項（4）は『刑事事件によって起訴された場合　訴訟の終了するまでの期間』と定められていることが認められるが、職員からの申し出にかからしめる同項（3）を除き、いずれも職員が、Y及び職員双方の責めに帰すべからざる事由により、又は職員の責めに帰すべき事由により、通常勤務を行うことに相当程度の支障をきたす場合を休職事由と定めているものと解される。そうして、前示のとおりのYが挙げる理由からみて、Yは、Xに同項（1）の病気休職に準ずべきやむを得ない事由があるとして、Xに休職命令を発したものと考えられるところ、就業規則第31条1項、第32条1項（1）、第33条2項、第34条及び第35条並びに前記第48条1項（1）を通観すれば、Yにおいては、職員が業務外及び通勤災害以外の傷病によって欠勤するときは、まず、傷病欠勤の扱いをし、傷病欠勤の期間内に治癒しないときにはじめて病気休職を命ずるものとされていると認められること〔証拠略〕、前認定のとおり、休職命令は休職中の被用者に退職金の額、退職年金の受給資格、受給期間、定期昇給等につき具体的な不利益を与えるものであることを併せ考えると、病気休職に準じるやむを得ない事由があるか否かは厳格に解釈すべく、本件の場合にも、Xの傷病が治癒しておらず、症状の再燃及び増悪可能性があるとしても、それが同項（1）

の病気休職の場合と実質的に同視できる程度に通常勤務に相当程度の支障をきたすものである場合に、初めて同項（6）の休職事由に該当するものというべきである。」

J学園（うつ病・解雇）事件

東京地判平22.3.24労判1008号35頁

（事案）

使用者（Y）の経営する中高一貫校で教員をしていた労働者（X）が、うつ病を発病し、傷病休職命令を受け、復職した後、Xの健康状態等を理由にYから解雇されたことに対し、Xがうつ病に罹患したのはYにおける業務による心理的負荷が原因であり、Yによる一連の行為は、安全配慮義務違反又は不法行為に該当し、また、Yによる解雇は、客観的に合理的な理由を欠き、社会通念上相当であると認められず無効であると主張して、Yに対し、損害賠償及び労働契約上の地位確認、賃金等の支払を求めた。

（判旨）

一部認容。

「Xのうつ病は業務上の傷病とは認められないから、就業規則35条（2）によって、Xは1年しか休職できない立場であった。しかし、その休職は、同34条（2）によって、引続き90日間の欠勤を前提にするものであるから、Yが平成18年12月にXに対してした休職期間が1年である（平成19年9月までに復職しなければ退職させるとの趣旨）という通知は、Xのうつ病が業務外の傷病であるとしても、就業規則の解釈を誤ったものといわざるを得ない。

Xは、平成19年6月、A医師の診断により、いったん復職したが失敗に終わり、入院を要するほどまで症状が悪化して再度休職した。しかし、Xは、同年9月までに復職しなければ退職させられると思い込んでおり、A医師に対し、是が非でも復職可能診断をしてほしいと頼んで、これを得て復職した。このとき、A医師は、復職が時期尚早であり本来はもう少し休んだほうがよいとも考えていたが、Yは、その当時、このような経緯の詳細を知らなかったものと推測される。」

「Xは、教員としての資質、能力、実績等に問題がなかったのであるから、うつ病を発症しなければ、この時期に解雇されることはなかったということができる。そうだとすると、Yは、本件解雇に当たって、Xの回復可能性について相当の熟慮のうえで、これを行うべきであったと考えられる。しかし、……Yは、Xに対し、休職期間について誤った通知をしたうえ、Xの回復可能性が認められるにもかかわらず、メンタルヘルス対策の不備もあってこれをないものと断定して、再検討の交渉にも応じることなく、本件解雇に踏み切った。Yが平成20年度末に本件解雇をしたのは、年度の変わり目において人員配置や予算執行計画を確定するためであったとも考えられるところであるが、このような事情は、Xの回復可能性等に優先するものとはいいがたい。

以上によれば、Xを退職させるとの意思決定（平成20年1月26日）に基づく本件解雇は、やや性急なものであったといわざるを得ず、本件解雇は、客観的に合理的な理由を欠き、社会通念上相当であると認められないものというべきである。」

療養期間中の労働者の行為

マガジンハウス事件

東京地判平 20.3.10 労経速 2000 号 26 頁

（事案）

労働者（X）が、使用者（Y）から、配転命令を拒否したり、うつ病による私傷病欠勤期間中にYの名誉・信用毀損行為やその他の誠実義務違反行為をしたことなどを理由としてなされた解雇が解雇権の濫用であり無効であるとして、労働契約上の地位確認等の請求をした。

（判旨）

棄却。

「Xが、自らの申し出により私傷病欠勤となったこと……に照らせば、Xが、その直後から、週に1回程度とはいえ、Yに出社して、本件配転命令に対する抗議活動を行ったり、組合活動を行っていたことは、Yからみて、その行動に疑問を持たざるを得ない行為であることは明らかであるし、証拠（略）によれば、Xの主治医は、XにとってYと関与する行動を取ることは禁忌である旨指導していたほか、Xにとってブログの作成は、『誤字脱字を繰り返しながら、ブログを書き、そのままベッドに直行する』ような作業であったと認められるのであるから、Xが、Yに出社するなどしてYとの社会的接触を保ちつつ、本件ブログ1において、連日のように、Yや組合に関する記載（その内容はYや組合に関するものだけでも数十行にわたることが多く、短時間で作成できるものとは解されない）を行っていたことは、療養に支障となる行為というべきであって、YがXにつき十分な療養活動をしているか疑問を抱いたことも当然と解される。」

「YがXに満額の賃金を支給しながら私傷病欠勤を認めている趣旨は、Xが療養に専念できるための環境を経済面で整え、療養を支援する趣旨以外には考えられない。このことからすれば、療養専念義務という法的義務が観念し得るかは別としても、Xは、休職期間中、前記の趣旨を踏まえた生活を送ることが望ましいというべきであるから、Xがかかる趣旨に反した行動を取った場合に、そのことに対する就業規則に則した服務規律違反が問われることはやむを得ない。Y就業規則63条2号、4号は、服務規律違反にそむき他の社員に悪影響を及ぼすことや社内の秩序を乱す行為を禁止しているが……、Xは、前記のとおり、あえて私傷病欠勤の趣旨に反するかの行動を取ったばかりか、そのことを本件ブログ1内で連日のように記載し、証拠（略）によれば、本件ブログ1を社内で周知するためのメールを送信した結果、Xが私傷病欠勤をしながら前記のような行動をしていることが社内で知れ渡ったと認められるのであるから、Xの行動は、少なくとも、前記就業規則に準じるもの（Y就業規則63条10号（前提事実（6）））に抵触するものというほかない。

なお、Yは、他にも、Xが私傷病欠勤期間中に、オートバイで頻繁に外出していたこと、ゲームセンターや場外馬券売場に出かけていたこと、飲酒や会合への出席を行っていたこと、宿泊を伴う旅行をしていたこと、SMプレイに興じるなどしていたことを療養専念義務に反する行為であると主張するが、うつ病や不安障害といった病気の性質上、健常人と同様の日常生活を送ることは不可能ではないばかりか、これが療養に資することもあると考えられていることは広く知られていることや、Xが、連日のように飲酒やSMプレイを行い、これがXのうつ病や不安障害に影響を及ぼしたとまで認めるに足りる証拠もないことからすれば、Xの上記行動を特段問題視することはできないというほかない。」

「以上のとおり、〔1〕Xは、本件配転命令から約1年にわたり、これに応じず、〔2〕私傷病欠勤期間に、療養の趣旨に反する行動を繰り返し、〔3〕その間、本件ブログ1において、Yの名誉を傷つけ、Y従業員としての体面を汚す行為をしていたのは事実と認められる。」

「既に説示のとおり、Xは、私傷病欠勤期間中であるにも関わらず、Yへの出社をしたり組合活動をするなどし、十分に療養しているか疑問を呈されてもやむを得ない行動を繰り返していたことも問題であったというほかないし、また、Xには、懲戒解雇事由が認められるところ、Yはあえて普通解雇を選択していること……も併せて考慮すれば、Y内で従前解雇された従業員は存在しないことを考慮しても、なお、本件解雇には社会的な相当性が認められる。」

リハビリ勤務と復職時期

西濃シェンカー事件

東京地判平 22.3.18 労判 1011 号 73 頁

（事案）

労働者（X）が、脳出血の後遺症により右片麻痺となり、使用者（Y）から傷病休職を命ぜられ、一時的な短時間勤務を経た後、延長後の傷病休職期間満了により退職との取扱いをされたことについて、同期間の満了より前に既に復職していた、本件退職の取扱いが労働契約の信義誠実の原則に違反等するから無効であると主張し、Yに対し、労働契約上の地位確認等を求めた。

（判旨）

一部棄却、一部却下。

「Xが平成19年10月にY本社に出社し、Yの作業に従事するに至るまでの経緯をみると、……Pは、Xに対し、平成19年9月1日、『9月末からの制限勤務（短時間・週数日）はあくまで完全復職に向けてのリハビリの一環として捉え、無給とし、健保の傷病手当金を現行通り、継続受給するという方法が最適の選択のようです。……傷病手当の延長給付期間はH20年10月まであるため、様子や体調をみながら、勤務時間や日数を徐々に増やしてフルタイム勤務へ近づけていくことが可能ですので、通常勤務が可能と判断した時点で、給付終了→復職という形をとれます。実際、以前休職されていた方についても、リハビリ勤務ということで健保の傷病手当金の受給期間が終了するまで、同様の措置をとっています。以上のような形で勤務を開始していただくということでよろしいでしょうか?』と記載した電子メールを送信しているのであって、このメールの内容は、『制限勤務』という文言こそ使われてはいるが、Xに対し、平成19年9月25日をもって『復職』という取扱いをせず、あくまでもリハビリテーションの一環として作業に従事し、通常勤務が可能であると判断された時点において『復職』という取扱いとしたいというYの意向を示し、その了承を求めるものであることが明らかである。実際、同年10月以降、XがYにおいて作業に従事していた実態は、……まさにリハビリテーションのために事実上作業に従事していたという域を出ないものといわざるを得ない。また、Xに対し、同作業に従事した対価としての賃金及び本社への往復に要する通勤手当が支払われていない……。
そうすると、Xが、平成19年10月以降、Y本社に出社し、Yの作業に従事していたという法律関係は、Pによる上記電子メールによるYの意向に沿う形で形成されたものであることが明らかである。したがって、Xについては、結局、平成19年9月25日ころに『復職』するという取扱いがされなかったものといわざるを得ない。そして、このような取扱いは、同日に満了日を迎える休職期間を平成20年10月31日まで延長したと捉えざるを得ないところである。」

休職命令を経ない解雇

日本ヒューレット・パッカード事件

最二小判平 24.4.27 集民 240 号 237 頁（労判 1055 号 5 頁）

（事案）

就業規則所定の懲戒事由である正当な理由のない無断欠勤があったとの理由で使用者（Y）から諭旨退職の懲戒処分を受けた労働者（X）が、Yに対し、労働契約上の地位確認等を求めた事案で、原審が精神的な不調を抱えるXの欠勤は就業規則所定の懲戒事由である正当な理由のない無断欠勤に当たらず、上記懲戒処分は無効であるとしていたことに対する上告審。

（判旨）

棄却。
「原審の適法に確定した事実関係等によれば、Xは、被害妄想など何らかの精神的な不調により、実際には事実として存在しないにもかかわらず、約3年間にわたり加害者集団からその依頼を受けた専門業者や協力者らによる盗撮や盗聴等を通じて日常生活を子細に監視され、これらにより蓄積された情報を共有する加害者集団から職場の同僚らを通じて自己に関する情報のほのめかし等の嫌がらせを受けているとの認識を有しており、そのために、同僚らの嫌がらせにより自らの業務に支障が生じており自己に関する情報が外部に漏えいされる危険もあると考え、Yに上記の被害に係る事実の調査を依頼したものの納得できる結果が得られず、Yに休職を認めるよう求めたものの認められず出勤を促すなどされたことから、自分自身が上記の被害に係る問題が解決されたと判断できない限り出勤しない旨をあらかじめYに伝えた上で、有給休暇を全て取得した後、約40日間にわたり欠勤を続けたものである。

このような精神的な不調のために欠勤を続けていると認められる労働者に対しては、精神的な不調が解消されない限り引き続き出勤しないことが予想されるところであるから、使用者であるYとしては、その欠勤の原因や経緯が上記のとおりである以上、精神科医による健康診断を実施するなどした上で（記録によれば、Yの就業規則には、必要と認めるときに従業員に対し臨時に健康診断を行うことができる旨の定めがあることがうかがわれる。）、その診断結果等に応じて、必要な場合は治療を勧めた上で休職等の処分を検討し、その後の経過を見るなどの対応を採るべきであり、このような対応を採ることなく、Xの出勤しない理由が存在しない事実に基づくものであることから直ちにその欠勤を正当な理由なく無断でされたものとして諭旨退職の懲戒処分の措置を執ることは、精神的な不調を抱える労働者に対する使用者の対応としては適切なものとはいい難い。

そうすると、以上のような事情の下においては、Xの上記欠勤は就業規則所定の懲戒事由である正当な理由のない無断欠勤に当たらないものと解さざるを得ず、上記欠勤が上記の懲戒事由に当たるとしてされた本件処分は、就業規則所定の懲戒事由を欠き、無効であるというべきである。」

判例等索引

最高裁判所

高等裁判所

地方裁判所

※以下、厚生労働省独立行政法人労働者健康安全機構「改訂　心の健康問題により休業した労働者の職場復帰支援の手引き」より抜粋

心の健康問題により休業した労働者の職場復帰支援の手引き

平成16年10月
改訂　平成21年 3月
改訂　平成24年 7月

1　趣旨

(1) 趣旨

職場復帰のための対策については、平成16年10月に「心の健康問題により休業した労働者の職場復帰支援の手引き」（以下「手引き」という。）が公表され、心の健康問題により休業した労働者の職場復帰支援のための事業場向けマニュアルとして活用されてきた。

その後、平成18年の改正労働安全衛生法令に基づき、衛生委員会等の調査審議事項に「労働者の精神的健康の保持増進を図るための対策の樹立に関すること」が追加され、また、「労働者の心の健康の保持増進のための指針」（以下「メンタルヘルス指針」という。）が策定されるなど、職場におけるメンタルヘルス対策の推進が図られてきたところである。

一方、心の健康問題により休業している労働者が増加しているとする調査結果や休業後の職場復帰支援がスムーズに進まないという調査結果等もあり、職場復帰支援に関する社会的関心が高まっている。

このようなことから、厚生労働省からの委託により中央労働災害防止協会に設置された「心の健康問題により休業した労働者の職場復帰支援のための方法等に関する検討委員会」において、労働者の職場復帰支援に関する新たな経験や知見等を踏まえ、より円滑な職場復帰を支援するために事業者によって行われることが望ましい事項等について検討がなされ、「手引き」の改訂が行われた。

(2) 職場復帰支援の基本的考え方

ア　職場復帰支援プログラム

心の健康問題で休業している労働者が円滑に職場に復帰し、業務が継続できるようにするためには、休業の開始から通常業務への復帰までの流れをあらかじめ明確にしておく必要がある。

事業者は本手引きを参考にしながら衛生委員会等において調査審議し、産業医等の助言を受け、個々の事業場の実態に即した形で、事業場職場復帰支援プログラム（以下「職場復帰支援プログラム」という。）を以下の要領で策定し、それが組織的かつ計画的に行われるよう積極的に取り組むことが必要である。

- 職場復帰支援プログラムには、職場復帰支援の標準的な流れを明らかにするとともに、それに対応する手順、内容及び関係者の役割等について定める。
- 職場復帰支援プログラムを円滑に実施するために必要な関連規程等や体制の整備を行う。
- 職場復帰支援プログラム、関連規程等及び体制については、労働者、管理監督者及び事業場内産業保健スタッフ等に対し、教育研修の実施等により十分周知する。

イ　職場復帰支援プラン

実際の職場復帰支援では、職場復帰支援プログラムに基づき、支援対象となる個々の労働者ごとに具体的な職場復帰支援プランを作成する。その上で、労働者のプライバシーに十分配慮しながら、事業場内産業保健スタッフ等を中心に、労働者、管理監督者が互いに十分な理解と協力を行うとともに、主治医との連携を図りつつ取り組む。

ウ　主治医との連携等

心の健康問題がどの様な状態であるかの判断は多くの事業場にとって困難であること、心の健康問題を抱えている労働者への対応はケースごとに柔軟に行う必要があることから、主治医との連携が重要となる。

また、職場復帰支援においては、職場配置、処遇、労働条件、社内勤務制度、雇用契約等の適切な運用を行う必要があることから人事労務管理スタッフが重要な役割を担うことに留意する必要がある（なお、本手引きにおいて、事業場内産業保健スタッフ等には、人事労務管理スタッフが含まれている。）。

(3) 職場復帰支援に当たって留意すべき事項

職場復帰支援に当たっては、特に以下の点について留意する必要がある。

- 心の健康問題の特性として、健康問題以外の観点から評価が行われる傾向が強いという問題や、心の健康問題自体についての誤解や偏見等解決すべき問題が存在していることに留意の上、心の健康問題を抱える労働者への対応を行う必要があること。
- 事業場においては、計画的にストレス及びメンタルヘルスケアに関する基礎知識や心の健康問題に対する正しい態度など、メンタルヘルスケアを推進するための教育研修・情報提供を行うことが重要であること。
- 職場復帰支援をスムーズに進めるためには、休業していた労働者とともに、その同僚や管理監督者に対する過度の負担がかからないように配慮する必要があること。
- 家族の理解や協力も重要であることから、家族に対して必要な情報を提供する等の支援が望まれること。

(4) 本手引きの適用に当たっての留意点

本手引きには、実際の職場復帰に当たり、事業者が行う職場復帰支援の内容が総合的に示されている。

本手引きが対象とする労働者は、心の健康問題で休業した全ての労働者であるが、第3ステップ以降の職場復帰に関しては、医学的に業務に復帰するのに問題がない程度に回復した労働者（すなわち軽減又は配慮された一定レベルの職務を遂行でき、かつ、想定される仕事をすることが治療上支障にならないと医学的に判断されるもの。）を対象としている。

なお、本手引きの基本的な記述においては、心の健康問題として、治療によって比較的短期に寛解するものが想定されている。その他の心の健康問題については、異なる対応をとる必要がある場合もあることに留意するとともに、主治医との連携が重要となる。手引きの趣旨をその事業場の状況に活かすためには、これらのことを念頭においた上で、事業者の判断と責任の下で、どのように対応すべきかが十分に検討されて行われるべきである。

また、職場復帰支援の具体的な手法については、本手引きによるほか、公開されている様々な文献、事例集、報告書、研修会等を活用・参考にすることが望まれる。

2 職場復帰支援の流れ

本手引きによる職場復帰支援の流れは、病気休業開始から職場復帰後のフォローアップまでの次の5つのステップからなっている（図参照）。事業者は本手引きを参考にしながら、個々の事業場の実態に即した職場復帰支援プログラムを策定することが重要である。

<第1ステップ>

病気休業開始及び休業中のケアの段階であり、「労働者からの診断書（病気休業診断書）の提出」、「管理監督者によるケア及び事業場内産業保健スタッフ等によるケア」、「病気休業期間中の労働者の安心感の醸成のための対応」及び「その他」で構成される。

<第2ステップ>

主治医による職場復帰可能の判断の段階であり、「労働者からの職場復帰の意思表示と職場復帰可能の判断が記された診断書の提出」、「産業医等による精査」及び「主治医への情報提供」で構成される。

<第3ステップ>

職場復帰の可否の判断及び職場復帰支援プランの作成の段階であり、「情報の収集と評価」、「職場復帰の可否についての判断」及び「職場復帰支援プランの作成」で構成される。

<第4ステップ>

最終的な職場復帰の決定の段階であり、「労働者の状態の最終確認」、「就業上の配慮等に関する意見書の作成」、「事業者による最終的な職場復帰の決定」及び「その他」で構成される。

<第5ステップ>

職場復帰後のフォローアップの段階であり、「疾患の再燃・再発、新しい問題の発生等の有無の確認」、「勤務状況及び業務遂行能力の評価」、「職場復帰支援プランの実施状況の確認」、「治療状況の確認」、「職場復帰支援プランの評価と見直し」、「職場環境等の改善等」及び「管理監督者、同僚等への配慮等」で構成される。

図 職場復帰支援の流れ

<第1ステップ>病気休業開始及び休業中のケア

ア 病気休業開始時の労働者からの診断書（病気休業診断書）の提出
イ 管理監督者によるケア及び事業場内産業保健スタッフ等によるケア
ウ 病気休業期間中の労働者の安心感の醸成のための対応
エ その他

↓

<第2ステップ>主治医による職場復帰可能の判断

ア 労働者からの職場復帰の意思表示と職場復帰可能の判断が記された診断書の提出
イ 産業医等による精査
ウ 主治医への情報提供

↓

<第3ステップ>職場復帰の可否の判断及び職場復帰支援プランの作成

ア 情報の収集と評価
(ア) 労働者の職場復帰に対する意思の確認
(イ) 産業医等による主治医からの意見収集

（ウ）労働者の状態等の評価
（エ）職場環境等の評価
（オ）その他
イ　職場復帰の可否についての判断
ウ　職場復帰支援プランの作成
（ア）職場復帰日
（イ）管理監督者による就業上の配慮
（ウ）人事労務管理上の対応
（エ）産業医等による医学的見地からみた意見
（オ）フォローアップ
（カ）その他

↓

<第4ステップ>最終的な職場復帰の決定

ア　労働者の状態の最終確認
イ　就業上の配慮等に関する意見書の作成
ウ　事業者による最終的な職場復帰の決定
エ　その他

↓

職場復帰

↓

<第5ステップ>職場復帰後のフォローアップ

ア　疾患の再燃・再発、新しい問題の発生等の有無の確認
イ　勤務状況及び業務遂行能力の評価
ウ　職場復帰支援プランの実施状況の確認
エ　治療状況の確認
オ　職場復帰支援プランの評価と見直し
カ　職場環境等の改善等
キ　管理監督者、同僚等への配慮等

3　職場復帰支援の各ステップ

(1)病気休業開始及び休業中のケア<第１ステップ>

ア　病気休業開始時の労働者からの診断書（病気休業診断書）の提出

病気休業の開始においては、主治医によって作成された診断書を労働者より管理監督者等に提出してもらう。診断書には病気休業を必要とする旨の他、職場復帰の準備を計画的に行えるよう、必要な療養期間の見込みについて明記してもらうことが望ましい。

イ　管理監督者によるケア及び事業場内産業保健スタッフ等によるケア

管理監督者等は、病気休業診断書が提出されたことを、人事労務管理スタッフ及び事業場内産業保健スタッフに連絡する。休業を開始する労働者に対しては、療養に専念できるよう安心させると同時に、休業中の事務手続きや職場復帰支援の手順についての説明を行う。

管理監督者及び事業場内産業保健スタッフ等は、必要な連絡事項及び職場復帰支援のためにあらかじめ検討が必要な事項について労働者に連絡を取る。場合によっては労働者の同意を得た上で主治医と連絡を取ることも必要となる。

ウ　病気休業期間中の労働者の安心感の醸成のための対応

病気休業期間中においても、休業者に接触することが望ましい結果をもたらすこともある。その場合は、精神的な孤独、復職できるかという不安、今後のキャリア等で本人が不安に感じていることに関して、十分な情報を提供することが重要である。

また、不安や悩みなどを相談できる場を設けることも重要である。この場合、事業場内の相談体制や事業場外の相談機関、地域の相談制度等で利用できるものについて、情報提供をすることも考えられる。

特に、本人が安心して療養できるようにするためには、休業中の経済的・将来的な不安を軽減するための配慮を行うことが重要である。事業場で設けている仕組みの活用や、また、例えば、傷病手当金制度その他の公的支援制度、公的又は民間の職場復帰支援サービスなどの利用について、関係機関等が作成しているパンフレットを渡すなどにより、事業者が本人に対して手続きに関する情報を提供することや、場合によっては利用への支援を行うことなどが望まれる。精神保健福祉センター等を活用（連携・紹介）するなどの方法も考えられる。

休業者との接触のタイミングは職場復帰支援プログラムの策定の際に検討しておくことが望ましい。例えば、診断書や傷病手当金申請書の提出のタイミングに行うと、本人への負担が軽減されることがある。ただし、実際の接触に当たっては、必要な連絡事項（個人情報の取得のために本人の了解をとる場合を含む。）などを

除き、主治医と連絡をとった上で実施する。また、状況によっては主治医を通して情報提供をすることも考えられる。

エ　その他

以下の場合については、労働基準法や労働契約法等の関係法令上の制約に留意の上、労使の十分な協議によって決定するとともに、あらかじめ就業規則等に定め周知しておくことが望ましい。

・　私傷病による休業の最長（保障）期間、クーリング期間（休業の最長（保障）期間を定めている場合で、一旦職場復帰してから再び同一理由で休業するときに、休業期間に前回の休業期間を算入しないために必要な、職場復帰から新たな休業までの期間）等を定める場合

・　休業期間の最長（保障）期間満了後に雇用契約の解除を行う場合

(2) 主治医による職場復帰可能の判断<第2ステップ>

休業中の労働者から職場復帰の意思が伝えられると、事業者は労働者に対して主治医による職場復帰可能の判断が記された診断書（復職診断書）を提出するよう伝える。診断書には就業上の配慮に関する主治医の具体的な意見を含めてもらうことが望ましい。

ただし現状では、主治医による診断書の内容は、病状の回復程度によって職場復帰の可能性を判断していることが多く、それはただちにその職場で求められる業務遂行能力まで回復しているか否かの判断とは限らないことにも留意すべきである。また、労働者や家族の希望が含まれている場合もある。そのため、主治医の判断と職場で必要とされる業務遂行能力の内容等について、産業医等が精査した上で採るべき対応について判断し、意見を述べることが重要となる。（3（3）ア（イ）参照）

また、より円滑な職場復帰支援を行う上で、職場復帰の時点で求められる業務遂行能力はケースごとに多様なものであることから、あらかじめ主治医に対して職場で必要とされる業務遂行能力の内容や社内勤務制度等に関する情報を提供した上で、就業が可能であるという回復レベルで復職に関する意見書を記入するよう依頼することが望ましい。（6－（1）参照）

(3) 職場復帰の可否の判断及び職場復帰支援プランの作成<第3ステップ>

安全でスムーズな職場復帰を支援するためには、最終的な職場復帰決定の手続きの前に、必要な情報の収集と評価を行った上で職場復帰の可否を適切に判断し、さらに職場復帰支援プランを準備しておくことが必要である。このプロセスは、本手引きで示す職場復帰支援の手続きにおいて中心的な役割を果たすものであり、事業場内産業保健スタッフ等を中心に、管理監督者、当該労働者の間で十分に話し合い、よく連携しながら進めていく必要がある。

また、心の健康づくり専門スタッフが配置された事業場においては、これらの専門スタッフが、より専門的な立場から、他の事業場内産業保健スタッフ等をサポートすることが望まれる。

産業医が選任されていない50人未満の小規模事業場においては、人事労務管理スタッフ及び管理監督者等、又は衛生推進者若しくは安全衛生推進者が、主治医との連携を図りながら、また地域産業保健センター、労災病院勤労者メンタルヘルスセンター等の事業場外資源を活用しながら検討を進めていくことが必要である。

ケースによっては、最終的な職場復帰の決定までのプロセスを同時にまとめて検討することも可能であるが、通常、職場復帰の準備にはある程度の時間を要することが多いため、職場復帰前の面談等は、実際の職場復帰までに十分な準備期間を設定した上で計画・実施することが望ましい。

職場復帰の可否及び職場復帰支援プランに関する話し合いの結果については、「職場復帰支援に関する面談記録票」（様式例2）等を利用して記録にまとめ、事業場内産業保健スタッフ等や管理監督者等の関係者がその内容を互いに確認しながらその後の職場復帰支援を進めていくことが望ましい。

ア　情報の収集と評価

職場復帰の可否については、労働者及び関係者から必要な情報を適切に収集し、様々な視点から評価を行いながら総合的に判断することが大切である。家族を含めた第三者からの個人情報の収集については、労働者のプライバシーに十分配慮することが重要なポイントとなる。情報の収集と評価の具体的内容を以下に示す。

なお、事業場外の職場復帰支援サービスや医療リハビリテーション等を利用している場合には、その状況等も有効な情報である。

（ア）労働者の職場復帰に対する意思の確認

a　労働者の職場復帰の意思及び就業意欲の確認

b　職場復帰支援プログラムについての説明と同意

（イ）産業医等による主治医からの意見収集

診断書に記載されている内容だけでは十分な職場復帰支援を行うのが困難な場合、産業医等は労働者

の同意を得た上で、下記（ウ）のa及びbの判断を行うに当たって必要な内容について主治医からの情報や意見を積極的に収集する。この際には、「職場復帰支援に関する情報提供依頼書」（様式例1）等を用いるなどして、労働者のプライバシーに十分配慮しながら情報交換を行うことが重要である。

（ウ）労働者の状態等の評価

a　治療状況及び病状の回復状況の確認

（a）今後の通院治療の必要性及び治療状況についての概要の確認

（b）業務遂行（自ら自動車等を運転しての通勤を含む。）に影響を及ぼす症状や薬の副作用の有無

（c）休業中の生活状況

（d）その他職場復帰に関して考慮すべき問題点など

b　業務遂行能力についての評価

（a）適切な睡眠覚醒リズムの有無

（b）昼間の眠気の有無（投薬によるものを含む。）

（c）注意力・集中力の程度

（d）安全な通勤の可否

（e）日常生活における業務と類似した行為の遂行状況と、それによる疲労の回復具合（読書やコンピュータ操作が一定の時間集中してできること、軽度の運動ができること等）

（f）その他家事・育児、趣味活動等の実施状況など

c　今後の就業に関する労働者の考え

（a）希望する復帰先

（b）希望する就業上の配慮の内容や期間

（c）その他管理監督者、人事労務管理スタッフ、事業場内産業保健スタッフに対する意見や希望（職場の問題点の改善や勤務体制の変更、健康管理上の支援方法など）

d　家族からの情報

可能であれば、必要に応じて家庭での状態（病状の改善の程度、食事・睡眠・飲酒等の生活習慣など）についての情報

（エ）職場環境等の評価

a　業務及び職場との適合性

（a）業務と労働者の能力及び意欲・関心との適合性

（b）職場の同僚や管理監督者との人間関係など

b　作業管理や作業環境管理に関する評価

（a）業務量（作業時間、作業密度など）や質（要求度、困難度など）等の作業管理の状況

（b）作業環境の維持・管理の状況

（c）業務量の時期的な変動や、不測の事態に対する対応の状況

（d）職場復帰時に求められる業務遂行能力の程度（自動車の運転等危険を伴う業務の場合は投薬等による影響にも留意する。）

c　職場側による支援準備状況

（a）復帰者を支える職場の雰囲気やメンタルヘルスに関する理解の程度

（b）実施可能な就業上の配慮（業務内容や業務量の変更、就業制限等）

（c）実施可能な人事労務管理上の配慮（配置転換・異動、勤務制度の変更等）

（オ）その他

その他、職場復帰支援に当たって必要と思われる事項について検討する。また、治療に関する問題点や、本人の行動特性、家族の支援状況など職場復帰の阻害要因となりうる問題点についても整理し、その支援策について検討する。

イ　職場復帰の可否についての判断

アの「情報の収集と評価」の結果をもとに、復帰後に求められる業務が可能かどうかについて、主治医の判断やこれに対する産業医等の医学的な考え方も考慮して判断を行う。この判断は、事業場内産業保健スタッフ等を中心に行われるが、職場環境等に関する事項については、管理監督者等の意見を十分に考慮しながら総合的に行われなければならない。

産業医が選任されていない50人未満の小規模事業場においては、人事労務管理スタッフ及び管理監督者等、又は衛生推進者若しくは安全衛生推進者が、主治医及び地域産業保健センター、労災病院勤労者メンタルヘルスセンター等の事業場外資源を活用しながら判断を行う。

ウ　職場復帰支援プランの作成

職場復帰が可能と判断された場合には、職場復帰支援プランを作成する。通常、元の就業状態に戻すまでにはいくつかの段階を設定しながら経過をみる。職場復帰支援プランの作成に当たってはそれぞれの段階に応じた内容及び期間の設定を行う必要がある。また、各段階ごとに求められる水準（例えば、定時勤務が可能、職場内での仕事に関する意思疎通が可能、顧客との折衝が可能など）も明記する。

労働者には、きちんとした計画に基づき着実に職場復帰を進めることが、職場復帰後に長期に安定して働けるようになることにつながることの十分な理解を促す。

また、本人の希望のみによって職場復帰支援プランを決定することが円滑な職場復帰につながるとは限らないことに留意し、主治医の判断等に対する産業医等の医学的な意見を踏まえた上で、総合的に判断して決定するよう気をつける必要がある。

なお、職場においてどの程度までの就業上の配慮をすべきかの判断材料として、産業医等はその職場で求められる業務遂行能力を見極めた上で、主治医からの情報等に基づき、労働者がどこまで業務遂行能力を回復しているか判断することも求められる。

職場復帰支援プラン作成の際に検討すべき内容について下記に示す。

(ア)職場復帰日

復帰のタイミングについては、労働者の状態や職場の受入れ準備状況の両方を考慮した上で総合的に判断する必要がある。

(イ)管理監督者による就業上の配慮

a 業務でのサポートの内容や方法

b 業務内容や業務量の変更

c 段階的な就業上の配慮(残業・交替勤務・深夜業務等の制限又は禁止、就業時間短縮など)

d 治療上必要なその他の配慮(診療のための外出許可)など

(ウ)人事労務管理上の対応等

a 配置転換や異動の必要性

b 本人の病状及び業務の状況に応じて、フレックスタイム制度や裁量労働制度等の勤務制度変更の可否及び必要性

c その他、段階的な就業上の配慮(出張制限、業務制限(危険作業、運転業務、高所作業、窓口業務、苦情処理業務等の禁止又は免除)、転勤についての配慮)の可否及び必要性

(エ)産業医等による医学的見地からみた意見

a 安全配慮義務に関する助言

b その他、職場復帰支援に関する意見

(オ)フォローアップ

a 管理監督者によるフォローアップの方法

b 事業場内産業保健スタッフ等によるフォローアップの方法(職場復帰後のフォローアップ面談の実施方法等)

c 就業制限等の見直しを行うタイミング

d 全ての就業上の配慮や医学的観察が不要となる時期についての見通し

(カ)その他

a 職場復帰に際して労働者が自ら責任を持って行うべき事項

b 試し出勤制度等がある場合はその利用についての検討

c 事業場外資源が提供する職場復帰支援サービス等の利用についての検討

(4)最終的な職場復帰の決定<第4ステップ>

職場復帰の可否についての判断及び職場復帰支援プランの作成を経て、事業者としての最終的な職場復帰の決定を行う。また、職場復帰の可否の決定に当たっては、労働者にとってもきわめて重要なものであり、また、私法(契約法)上の制約を受けることにも留意の上、社内手続きに従い、適正に行われるべきである。

この際、産業医等が選任されている事業場においては、産業医等が職場復帰に関する意見及び就業上の配慮等についてとりまとめた「職場復帰に関する意見書」(様式例3)等をもとに関係者間で内容を確認しながら手続きを進めていくことが望ましい。

ア 労働者の状態の最終確認

疾患の再燃・再発の有無、回復過程における症状の動揺の様子等について最終的な確認を行う。

イ 就業上の配慮等に関する意見書の作成

産業医等は、就業に関する最終的な措置等をとりまとめて、「職場復帰に関する意見書」(様式例3)等を作成する。

ウ 事業者による最終的な職場復帰の決定

上記イの「職場復帰に関する意見書」等で示された内容について管理監督者、人事労務管理スタッフの確認を経た上で、事業者による最終的な職場復帰の決定を行い、労働者に対して通知するとともに、就業上の配慮の内容についても併せて通知する。管理監督者、事業場内産業保健スタッフ等は、「職場復帰に関する意見書」等の写しを保管し、その内容を確認しながら、それぞれの実施事項を、責任を持って遂行するようにする。

なお、職場復帰支援として実施する就業上の配慮は、当該労働者の健康を保持し、円滑な職場復帰を目的とするものであるので、この目的に必要な内容を超えた措置を講ずるべきではない。

エ その他

職場復帰についての事業場の対応や就業上の配慮の内容等については、労働者を通じて主治医に的確に伝わるようにすることが重要である。書面による場合は「職場復帰及び就業上の配慮に関する情報提供書」(様式例4)等の書面を利用するとよい。こういっ

た情報交換は、産業医等が主治医と連携を図りながら職場復帰後のフォローアップをスムーズに行うために大切なポイントである。

なお、職場復帰に当たり人事労務管理上の配慮を行う上で処遇の変更を行う場合は、処遇の変更及び変更後の処遇の内容について、あらかじめ就業規則に定める等ルール化しておくとともに、実際の変更は、合理的な範囲とすること、また、本人にその必要性について十分な説明を行うことがトラブルの防止につながる。

(5)職場復帰後のフォローアップ<第5ステップ>

心の健康問題には様々な要因が複雑に重なり合っていることが多いため、職場復帰の可否の判断や職場復帰支援プランの作成には多くの不確定要素が含まれることが少なくない。また、たとえ周到に職場復帰の準備を行ったとしても、実際には様々な事情から当初の計画通りに職場復帰が進まないこともある。そのため職場復帰支援においては、職場復帰後の経過観察とプランの見直しも重要となってくる。

職場復帰後は、管理監督者による観察と支援の他、事業場内産業保健スタッフ等による定期的又は就業上の配慮の更新時期等に合わせたフォローアップを実施する必要がある。フォローアップのための面談においては、下記のアからキまでに示す事項を中心に労働者及び職場の状況につき労働者本人及び管理監督者から話を聞き、適宜職場復帰支援プランの評価や見直しを行っていく。

さらに、本人の就労意識の確保のためにも、あらかじめ、フォローアップには期間の目安を定め、その期間内に通常のペースに戻すように目標を立てること、また、その期間は、主治医と連携を図ることにより、病態や病状に応じて、柔軟に定めることが望ましい。

なお、心の健康問題は再燃・再発することも少なくないため、フォローアップ期間を終えた後も、再発の予防のため、就業上の配慮についての慎重な対応（職場や仕事の変更等）や、メンタルヘルス対策の重要性が高いことに留意すべきである。

ア　疾患の再燃・再発、新しい問題の発生等の有無の確認

フォローアップにおいては、疾患の再燃・再発についての早期の気づきと迅速な対応が不可欠である。事業場内産業保健スタッフ等と管理監督者は、労働者の状態の変化について適切なタイミングで対応できるよう日頃から連携を図っておく必要がある。

イ　勤務状況及び業務遂行能力の評価

職場復帰の様子を評価するのに重要な視点であり、労働者の意見だけでなく管理監督者からの意見も合わせて客観的な評価を行う必要がある。

職場復帰後に、突発的な休業等が職場復帰決定時に想定していた程度を超えるような場合は、事業場内産業保健スタッフ等が面接を行い、主治医と連携をとりながら、適切な対応を検討すべきである。

ウ　職場復帰支援プランの実施状況の確認

職場復帰支援プランが計画通りに実施されているかについての確認を行う。予定通り実施されていない場合には、関係者間で再調整を図る必要がある。

エ　治療状況の確認

通院状況や、治療の自己中断等をしていないか、また現在の病状や、今後の見通しについての主治医の意見を労働者から聞き、必要に応じて労働者の同意を得た上で主治医との情報交換を行う。

その場合には、主治医から就業上の配慮についての見直しのための意見を、治癒又は就業上の配慮が解除されるまで、提出してもらうことが望ましい。

オ　職場復帰支援プランの評価と見直し

様々な視点から現行の職場復帰支援プランについての評価を行う。何らかの問題が生じた場合には、関係者間で連携しながら職場復帰支援プランの変更を行う必要がある。

カ　職場環境等の改善等

職場復帰する労働者が、よりストレスを感じることの少ない職場づくりをめざして作業環境、作業方法などの物理的な環境のみならず、労働時間管理（長時間労働や突発的な時間外労働の発生等）、人事労務管理（人材の能力・適性・人間関係等を考えた人材配置等）、仕事の方法（サポート体制・裁量権の程度等）等、労働者のメンタルヘルスに影響を与え得る職場環境等の評価と改善を検討することも望まれる。また、これら職場環境等の評価と改善は、管理監督者や同僚等の心の健康の保持増進にとっても重要である。

職場環境等の改善等のために、「職業性ストレス簡易調査票」、「快適職場調査（ソフト面）」、「メンタルヘルスアクションチェックリスト」等の活用も考えられる。

キ　管理監督者、同僚等への配慮等

職場復帰する労働者への配慮や支援を行う管理監督者や同僚等に、過度の負担がかかることがないように配慮することが望ましい。

また、管理監督者、同僚等に対し、心の健康問題や、自殺の予防と対応に関する知識を含め、ラインケア、セ

ルフケアを促進するための教育研修・情報提供を行うことが望ましい。(6-(6)参照)

円滑な職場復帰には、家族によるサポートも重要となる。しかし、本人の心の健康問題が家族に強い心理的負担を与えていることもあり、一方で、職場復帰に強い不安と期待を持っていることも多い。このため、心の健康問題や職場復帰に関する情報提供や家族からの相談対応など、事業場として可能な支援を行うことも望ましい。なお、職場復帰の最終的な決定に当たっては、本人の同意を得た上で家族から情報を得ることも効果的な場合がある。

4 管理監督者及び事業場内産業保健スタッフ等の役割

(1)管理監督者

管理監督者は、事業場内産業保健スタッフ等と協力しながら職場環境等の問題点を把握し、それらの改善を図ることで職場復帰支援における就業上の配慮を履行する。また、復帰後の労働者の状態についても事業場内産業保健スタッフ等と協力しながら注意深い観察を行っていく。人事労務管理上の問題については人事労務管理スタッフと連携して適切な対応を図っていく。(6-(6)参照)

(2)事業場内産業保健スタッフ等

ア 人事労務管理スタッフ

人事労務管理スタッフは、人事労務管理上の問題点を把握し、職場復帰支援に必要な労働条件の改善や、配置転換、異動等についての配慮を行う。職場復帰支援においては、産業医等や他の事業場内産業保健スタッフ等と連携しながらその手続きが円滑に進むよう調整を行う。

イ 産業医等

産業医等は、職場復帰支援における全ての過程で、管理監督者及び人事労務担当者の果たす機能を専門的な立場から支援し、必要な助言及び指導を行う。特に、労働者の診療を担当している主治医との連携を密にし、情報交換や医療的な判断においては、専門的立場から中心的な役割を担う。労働者や主治医から知り得た情報についてはプライバシーに配慮しながら、関係者間で取り扱うべき情報について調整を行い、就業上の配慮が必要な場合には事業者に必要な意見を述べる立場にある。

ウ 衛生管理者等

衛生管理者等は、産業医等の助言、指導等を踏まえて、職場復帰支援が円滑に行われるよう労働者に対するケア及び管理監督者のサポートを行う。また、必要に応じて人事労務管理スタッフや事業場外資源との連絡調整にあたる。

なお、これらを実施する衛生管理者等については、メンタルヘルス対策全体に関係することが望ましい。メンタルヘルス指針に基づき「事業場内メンタルヘルス推進担当者」を選任している場合は、当該者にこれらの職務を行わせることが望ましい。

また、50人未満の小規模事業場においては、衛生推進者又は安全衛生推進者は、労働者、管理監督者及び主治医と連携し、地域産業保健センター、労災病院勤労者メンタルヘルスセンター等の事業場外資源を活用しながら、職場復帰支援に関する業務を担当する。

エ 保健師等

保健師等は、産業医等及び衛生管理者等と協力しながら労働者に対するケア及び管理監督者に対する支援を行う。

オ 心の健康づくり専門スタッフ

事業場内に心の健康づくり専門スタッフがいる場合には、これらの専門スタッフは他の事業場内産業保健スタッフ等をより専門的な立場から支援する。

5 プライバシーの保護

職場復帰支援において扱われる労働者の健康情報等のほとんどが、労働者のプライバシーに関わるものである。労働者の健康情報等は個人情報の中でも特に機微な情報であり、厳格に保護されるべきものである。とりわけメンタルヘルスに関する健康情報等は慎重な取扱いが必要である。また、周囲の「気づき情報」は、当該提供者にとっても個人情報であり慎重な取扱いが必要となる。事業者は労働者の健康情報等を適正に取り扱い、労働者のプライバシーの保護を図らなければならない。

(1)情報の収集と労働者の同意等

職場復帰支援において取り扱う労働者の健康情報等の内容は必要最小限とし、職場復帰支援と事業者の安全配慮義務の履行を目的とした内容に限定すべきである。

労働者の健康情報等を主治医や家族から収集するに際しては、あらかじめ、利用目的とその必要性を明らかにして本人の承諾を得るとともに、これらの情報は労働者本人から提出を受けることが望ましい。そうすることによって、プライバシーを保護するとともに、労働者が事業者に不信感を持ったり、トラブルが発生したり、またその結果として職場復帰が円滑に進まなくなること等を防止することにつながる。また、労働者の健康情報等を第三者へ提供する場合も原則として本人の同意が必要である。これらの同意は、包括的、黙示ではなく、個別に明示の同意を得ることが望ましい。

このような場合に備えて、あらかじめ衛生委員会等の審議を踏まえて、労働者の同意の取り方やその基本的な項目や手続き等を定めておくとともに、労働者に周知しておくことが望ましい。

なお、心の健康問題の症状によっては日常の細かな選択や決定に大きなストレスを伴うこと等もあり、同意の諾否の選択を求めるに当たっては一定の配慮が必要である。

(2) 情報の集約・整理

労働者の健康情報等についてはそれを取り扱う者とその権限を明確にし、職場復帰支援に関わる者がそれぞれの責務を遂行する上で必要な範囲の情報に限定して取り扱うことを原則とすべきである。特に、メンタルヘルスに関する健康情報等のうち、心の健康問題を示す疾患名は誤解や偏見を招きやすいことから、特に慎重な取扱いが必要である。

このことからも、労働者の健康情報が産業医等その他あらかじめ定められた特定の部署において一元的に管理され、業務上必要であると判断される限りで、事業場の中で、これらの情報を必要とする者に提供される体制が望ましい。この場合、当該部署は専門的な立場からこれらの情報を集約・整理・解釈するなど適切に加工し、労働者のプライバシーが守られた状態で関係者間の情報交換が可能になるよう、調整役として機能する必要がある。

(3) 情報の漏洩等の防止

健康情報等については、労働者等の安全や健康への配慮等、相当な目的がある場合に活用されるべきである。この点については、個々のケースに照らし、その利用の必要性と情報漏洩等の防止の要請を比較して、適切な判断がなされる必要がある。とくに産業医に対して、非専属である場合を含め、情報提供が行われないために、必要な職務が行われなくなるようなことがないよう留意する必要がある。

ただし、事業者は、労働者の健康情報等の漏洩等の防止措置を厳重に講ずる必要がある。また、健康情報等を取り扱う者に対して、その責務と必要性を認識させ、具体的な健康情報等の保護措置に習熟させるため、必要な教育及び研修を行う必要がある。さらに、事業場外資源である外部機関を活用する場合には、当該機関に対して、労働者のプライバシーの保護が図られるよう、必要かつ適切な方策を講じる必要がある。

(4) 情報の取り扱いルールの策定

事業者は、職場復帰支援プログラムに関する規程及び体制の整備を図るに当たって、健康情報等の取扱いに関して、衛生委員会等の審議を踏まえて一定のルールを策定するとともに、関連する文書の書式、取扱い、保管方法等について定めるとともに関係者に周知しておく必要がある。

(5) 個人情報の保護に関する法令・指針等の遵守

個人情報の保護、個人情報の適正な取扱い、健康情報を取り扱うに当たっての留意事項等に関しては、個人情報の保護に関する法律や、「雇用管理に関する個人情報の適正な取扱いを確保するために事業者が講ずべき措置に関する指針」など同法に基づく告示等が制定されている。また、労働者の健康情報の保護に関して、「雇用管理に関する個人情報のうち健康情報を取り扱うに当たっての留意事項について」などが示されている。事業者はこれらの趣旨及び内容を十分に理解し、これらを遵守し、労働者の健康情報の適正な取扱いを図らなければならない。

6 その他職場復帰支援に関して検討・留意すべき事項

(1) 主治医との連携の仕方

主治医との連携に当たっては、事前に当該労働者への説明と同意を得ておく必要がある。

また、主治医に対し、事業場内産業保健スタッフ等や管理監督者それぞれの立場や役割、病気休業・試し出勤制度等・就業上の配慮などの職場復帰支援に関する事業場の規則、プライバシーに関する事項、事業場で本人に求められる業務の状況について十分な説明を行うことが必要である。また、事業者が把握している休業者・復職者の不安や悩み等について説明を行うことも望ましい。

その際、労働者本人の職場復帰を支援する立場を基本として必要な情報交換が行われるように努める。ここで必要な情報とは、職場復帰支援に関して職場で配慮すべき内容を中心とし、それに関係する者の理解を得るために必要とされる病態や機能に関する最小限の情報である。具体的な疾患名は、必ずしもこれに含まれない。状況によっては、主治医及び本人を含めた3者面談を行うことも考えられる。

特に産業医等は専門的な立場からより詳細な情報を収集できる立場にあるが、主治医とスムーズなコミュニケーションが図れるよう精神医学や心身医学に関する基礎的な知識を習得していることが必要となる。

また、「職場復帰支援に関する情報提供依頼書」（様式例1）等を用いて主治医に情報提供を依頼する場合や、直接主治医との連絡や面会を行う場合、その費用負担についても、事前に主治医との間で取り決めておく必要がある。

(2) 職場復帰可否の判断基準

職場復帰可否について定型的な判断基準を示すことは困難であり、個々のケースに応じて総合的な判断を行わなければならない。労働者の業務遂行能力が職場復帰時には未だ病前のレベルまでは完全に改善していないことも考慮した上で、職場の受け入れ制度や態勢と組み合わせながら判断する。

職場復帰判断基準の例として、労働者が職場復帰に対して十分な意欲を示し、通勤時間帯に一人で安全に通勤ができること、会社が設定している勤務日に勤務時間の就労が継続して可能であること、業務に必要な作業（読書、コンピュータ作業、軽度の運動等）をこなすことができること、作業等による疲労が翌日までに十分回復していること等の他、適切な睡眠覚醒リズムが整っていること、昼間の眠気がないこと、業務遂行に必要な注意力・集中力が回復していること等が挙げられよう。

次項に掲げる試し出勤制度等が整備されている場合や、事業場外の職場復帰支援サービス等が利用可能な場合には、これらを利用することにより、より実際的な判断が可能となることが多い。

ただし、疾病のり患を理由に休職した労働者の職場復帰の可否に関しては、さまざまな判例が出されている。このため、トラブルを防止するためにも、法律の専門家等と相談し、適切な対応を図ることが求められる。なお、これらの判例の中には、労働者と職種を限定した雇用契約を結んでいる場合と、職種を限定しない契約を結んでいる場合とで、異なった判断をしているものがある。

(3) 試し出勤制度等

社内制度として、正式な職場復帰の決定の前に、以下の①から③までの例に示すような試し出勤制度等を設けている場合、より早い段階で職場復帰の試みを開始することができ、早期の復帰に結びつけることが期待できる。また、長期に休業している労働者にとっては、就業に関する不安の緩和に寄与するとともに、労働者自身が実際の職場において自分自身及び職場の状況を確認しながら復帰の準備を行うことができるため、より高い職場復帰率をもたらすことが期待される。

① 模擬出勤：職場復帰前に、通常の勤務時間と同様な時間帯において、短時間又は通常の勤務時間で、デイケア等で模擬的な軽作業やグループミーティング等を行ったり、図書館などで時間を過ごす。

② 通勤訓練：職場復帰前に、労働者の自宅から職場の近くまで通常の出勤経路で移動を行い、そのまま又は職場付近で一定時間を過ごした後に帰宅する。

③ 試し出勤：職場復帰前に、職場復帰の判断等を目的として、本来の職場などに試験的に一定期間継続して出勤する。

ただし、この制度の導入に当たっては、この間の処遇や災害が発生した場合の対応、人事労務管理上の位置づけ等について、あらかじめ労使間で十分に検討しておくとともに、一定のルールを定めておく必要がある。なお、作業について使用者が指示を与えたり、作業内容が業務（職務）に当たる場合などには、労働基準法等が適用される場合がある（災害が発生した場合は労災保険給付が支給される場合がある）ことや賃金等について合理的な処遇を行うべきことに留意する必要がある。

また、この制度の運用に当たっては、産業医等も含めてその必要性を検討するとともに、主治医からも試し出勤等を行うことが本人の療養を進める上での支障とならないとの判断を受けることが必要である。

さらに、これらの制度が事業場の側の都合でなく労働者の職場復帰をスムーズに行うことを目的として運用されるよう留意すべきである。

特に、③の試し出勤については、具体的な職場復帰決定の手続きの前に、その判断等を目的として行うものであることを踏まえ、その目的を達成するために必要な時間帯・態様、時期・期間等に限るべきであり、いたずらに長期にわたることは避けること。

(4) 職場復帰後における就業上の配慮等

ア 「まずは元の職場への復帰」の原則

職場復帰に関しては元の職場（休職が始まったときの職場）へ復帰させることが多い。これは、たとえより好ましい職場への配置転換や異動であったとしても、新しい環境への適応にはやはりある程度の時間と心理的負担を要するためであり、そこで生じた負担が疾患の再燃・再発に結びつく可能性が指摘されているからである。これらのことから、職場復帰に関しては「まずは元の職場への復帰」を原則とし、今後配置転換や異動が必要と思われる事例においても、まずは元の慣れた職場で、ある程度のペースがつかめるまで業務負担を軽減しながら経過を観察し、その上で配置転換や異動を考慮した方がよい場合が多いと考えられる。

ただし、これはあくまでも原則であり、異動等を誘因として発症したケースにおいては、現在の新しい職場にうまく適応できなかった結果である可能性が高いため、適応できていた以前の職場に戻すか、又は他の適応可能と思われる職場への異動を積極的に考慮した方がよい場合がある。

その他、職場要因と個人要因の不適合が生じている可能性がある場合、運転業務・高所作業等従事する業務に一定の危険を有する場合、元の職場環境等や同僚が大きく変わっている場合などにおいても、本人や職場、主治医等からも十分に情報を集め、総合的に判断しながら配置転換や異動の必要性を検討する必要がある。

イ　職場復帰後における就業上の配慮

数か月にわたって休業していた労働者に、いきなり発病前と同じ質、量の仕事を期待することには無理がある。また、うつ病などでは、回復過程においても状態に波があることも事実である。

このため、休業期間を短縮したり、円滑な職場復帰のためにも、職場復帰後の労働負荷を軽減し、段階的に元へ戻す等の配慮は重要な対策となる。これらの制度の採用に当たっては、あらかじめ衛生委員会等で審議する等により、ルールを定めておくことが望ましい。

なお、短時間勤務を採用する場合には、適切な生活リズムが整っていることが望ましいという観点からは、始業時間を遅らせるのではなく終業時間を早める方が望ましい。また、同僚に比べて過度に業務を軽減されることは逆にストレスを高めること等もあるので、負荷業務量等についての調整が必要である。ケースによっては、職場復帰の当初から、フレックスタイム制度など特段の措置はとらず、本来の勤務時間で就労するようにさせたりする方が、良い結果をもたらすこともある。

このように、就業上の配慮の個々のケースへの適用に当たっては、どのような順序でどの項目を適用するかについて、主治医に相談するなどにより、慎重に検討するようにすることが望ましい。具体的な就業上の配慮の例として以下のようなものが考えられる。

- 短時間勤務
- 軽作業や定型業務への従事
- 残業・深夜業務の禁止
- 出張制限（顧客との交渉・トラブル処理などの出張、宿泊をともなう出張などの制限）
- 交替勤務制限
- 業務制限（危険作業、運転業務、高所作業、窓口業務、苦情処理業務等の禁止又は免除）
- フレックスタイム制度の制限又は適用（ケースにより使い分ける。）
- 転勤についての配慮

（5）職場復帰に関する判定委員会（いわゆる復職判定委員会等）の設置

職場復帰に関する判定委員会（いわゆる復職判定委員会等）が設置されている場合、職場復帰支援の手続きを組織的に行える等の利点があるが、委員会決議についての責任の所在の明確化、迅速な委員会開催のための工夫、身体疾患における判定手続きと異なることについての問題点等について十分に検討しておく必要がある。

（6）職場復帰する労働者への心理的支援

疾病による休業は、多くの労働者にとって働くことについての自信を失わせる出来事である。必要以上に自信を失った状態での職場復帰は、当該労働者の健康及び就業能力の回復に好ましくない影響を与える可能性が高いため、休業開始から復職後に至るまで、適宜、周囲からの適切な心理的支援が大切となる。特に管理監督者は、労働者の焦りや不安に対して耳を傾け、健康の回復を優先するよう努め、何らかの問題が生じた場合には早めに相談するよう労働者に伝え、事業場内産業保健スタッフ等と相談しながら適切な支援を行っていく必要がある。

管理監督者や労働者に対して、教育研修・情報提供を通じ、職場復帰支援への理解を高め、職場復帰を支援する体制をつくることが重要である。

（7）事業場外資源の活用等

職場復帰支援における専門的な助言や指導を必要とする場合には、それぞれの役割に応じた事業場外資源を活用することが望ましい。専門的な人材の確保が困難な場合等には、地域産業保健センター、都道府県産業保健推進センター※、中央労働災害防止協会、労災病院勤労者メンタルヘルスセンター、精神保健福祉センター、保健所等の事業場外資源の支援を受ける等、その活用

※現　産業保健総合支援センター

を図ることが有効である。

また、公的な事業場外資源による職場復帰支援サービスの例として、地域障害者職業センターが行う「職場復帰支援（リワーク支援）事業」があり、職場復帰後の事業場等への公的な支援の例として、リワーク支援終了後のフォローアップや「職場適応援助者（ジョブコーチ）による支援事業」（障害者が職場に適応できるよう、障害者職業カウンセラーが策定した支援計画に基づきジョブコーチが職場に出向いて直接支援を行う事業）などがある。

その他、民間の医療機関やいわゆるEAP（Employee Assistance Program）等が、有料で復職支援プログラム、リワークプログラム、デイケア等の名称で復職への支援を行うケースがある。ただし、これらの機関が提供するサービスの内容や目標は多様であり、それらが事業場で必要としている要件を十分に満たしているかについて、あらかじめ検討を行うことが望ましい。

また、状況によっては、事業者側から本人に、主治医の治療に関して他の医師の意見を聴くこと（セカンド・オピニオン）を勧めることも考えられる。この場合は、セカンド・オピニオンは本人への治療方針の問題であることから、最終的には本人の意思に委ねるとともに、慎重に行うことが望ましい。

特に50人未満の小規模事業場では、事業場内に十分な人材が確保できない場合が多いことから、必要に応じ、地域産業保健センター、労災病院勤労者メンタルヘルスセンター等の事業場外資源を活用することが有効であり、衛生推進者又は安全衛生推進者は、事業場内の窓口としての役割を果たすよう努めることが必要となる。

付記

1 用語の定義

本手引きにおいて、以下に掲げる用語の定義は、それぞれ以下に定めるところによる。

(1) 産業医等

産業医その他労働者の健康管理等を行うのに必要な知識を有する医師をいう。

(2) 衛生管理者等

衛生管理者、衛生推進者及び安全衛生推進者をいう。

(3) 事業場内産業保健スタッフ

産業医等、衛生管理者等及び事業場内の保健師等をいう。

(4) 心の健康づくり専門スタッフ

精神科・心療内科等の医師、心理職等をいう。

(5) 事業場内産業保健スタッフ等

事業場内産業保健スタッフ及び事業場内の心の健康づくり専門スタッフ、人事労務管理スタッフ等をいう。

(6) 管理監督者

上司その他労働者を指揮命令する者をいう。

(7) 職場復帰支援プログラム

個々の事業場における職場復帰支援の手順、内容及び関係者の役割等について、事業場の実態に即した形であらかじめ当該事業場において定めたもの。

(8) 職場復帰支援プラン

職場復帰をする労働者について、労働者ごとに具体的な職場復帰日、管理監督者の就業上の配慮及び人事労務管理上の対応等の支援の内容を、当該労働者の状況を踏まえて定めたもの。

2 様式例について

後掲の様式例は、本手引きに基づいて職場復帰支援を行うために、各ステップで必要となる文書のうち要となる文書について、その基本的な項目や内容を例として示したものである。この様式例の活用に当たっては、各事業場が衛生委員会等の審議を踏まえて職場復帰支援プログラムを策定し、必要な諸規程を整備し、職場復帰支援プログラムを運用する過程において、これらの様式例を参考に、より事業場の実態に即したものを整備することが望ましい。

3 その他

本手引きの第3ステップ以降は、心の健康問題による休業者で、医学的に業務に復帰するのに問題がない程度に回復した労働者を対象としたものである。この適用が困難な場合には、主治医との連携の上で、地域障害者職業センター等の外部の専門機関が行う職業リハビリテーションサービス等の支援制度の活用について検討することが考えられる。なお、職業リハビリテーションや、地域保健における医療リハビリテーション（デイケアなど）を利用する場合には、それらが何を目的としているかを見極めた上で、それらが事業場の目的に適していることを確認することが重要である。

様式例1（本文3の（3）のアの（イ）関係）

年　　月　　日

職場復帰支援に関する情報提供依頼書

病院
クリニック　　　　先生　御机下

〒
○○株式会社　　○○事業場
産業医　　　　　　　　印
電話　○-○-○

下記1の弊社従業員の職場復帰支援に際し、下記2の情報提供依頼事項について任意書式の文書により情報提供及びご意見をいただければと存じます。

なお、いただいた情報は、本人の職場復帰を支援する目的のみに使用され、プライバシーには十分配慮しながら産業医が責任を持って管理いたします。

今後とも弊社の健康管理活動へのご協力をよろしくお願い申し上げます。

記

1　従業員
氏　　名　○　○　○　○　（男・女）
生年月日　　　年　　月　　日

2　情報提供依頼事項
（1）発症から初診までの経過
（2）治療経過
（3）現在の状態（業務に影響を与える症状及び薬の副作用の可能性なども含めて）
（4）就業上の配慮に関するご意見（疾患の再燃・再発防止のために必要な注意事項など）
（5）
（6）
（7）

（本人記入）
私は本情報提供依頼書に関する説明を受け、情報提供文書の作成並びに産業医への提出について同意します。
年　　月　　日　　　氏名　　　　　　　　印

様式例2(本文3の(3)関係)

職場復帰支援に関する面談記録票

記録作成日　　　　年　　月　　日　　記載者(　　　　　　　　　　)

<table>
<tr><td rowspan="2">事業場</td><td rowspan="2"></td><td rowspan="2">所属</td><td rowspan="2"></td><td>従業員番号</td><td>氏　名</td><td rowspan="2">男・女</td><td rowspan="2">年齢　　歳</td></tr>
<tr><td></td><td></td></tr>
<tr><td colspan="8">面談日時　:　　　　年　　月　　日　　時
出席者:管理監督者(　　　　)　人事労務担当者(　　　　)　産業医等(　　　　)
衛生管理者等(　　　　)　保健師等(　　　　)　他(　　　　)</td></tr>
<tr><td colspan="3">これまでの経過のまとめ</td><td colspan="5"></td></tr>
<tr><td colspan="3">主治医による意見</td><td colspan="5">医療機関名:　　　　主治医:　　　　連絡先:
治療状況等

就業上の配慮についての意見</td></tr>
<tr><td colspan="3">現状の評価問題点</td><td colspan="5">・ 本人の状況

・ 職場環境等

・ その他</td></tr>
<tr><td colspan="3">職場復帰支援プラン作成のための検討事項
(復職時及びそれ以降の予定も含めて)</td><td colspan="5">・ 職場復帰開始予定日:　　　　年　　月　　日
・ 管理監督者による就業上の配慮

・ 人事労務管理上の対応事項

・ 産業医意見

・ フォローアップ

・ その他</td></tr>
<tr><td colspan="3">職場復帰の可否</td><td colspan="5">可・不可(理由:　　　　　　　　　　　　)</td></tr>
<tr><td colspan="3">次回面談予定</td><td colspan="5">年　　月　　日　　時　　面談予定者:</td></tr>
</table>

様式例3（本文3の（4）関係）

年　月　日

人事労務責任者　殿

職場復帰に関する意見書

○○事業場
産業医　　　　　印

<table>
<tr><td rowspan="2">事業場</td><td rowspan="2"></td><td rowspan="2">所属</td><td rowspan="2"></td><td>従業員番号</td><td>氏　名</td><td rowspan="2">男・女</td><td rowspan="2">年齢　　歳</td></tr>
<tr><td></td><td></td></tr>
<tr><td colspan="2">目　的</td><td colspan="6">（新規・変更・解除）</td></tr>
<tr><td colspan="2" rowspan="2">復職に関する意見</td><td colspan="2">復職の可否</td><td colspan="4">可　　条件付き可　　不可</td></tr>
<tr><td colspan="6">意見</td></tr>
<tr><td colspan="2">就業上の配慮の内容（復職可又は条件付き可の場合）</td><td colspan="6">・時間外勤務（禁止・制限　　H）　・交替勤務（禁止・制限）
・休日勤務　（禁止・制限）　・就業時間短縮（遅刻・早退　　H）
・出張　　（禁止・制限）　・作業転換
・配置転換・異動
・その他:
・今後の見通し</td></tr>
<tr><td colspan="2">面談実施日</td><td colspan="6">年　月　日</td></tr>
<tr><td colspan="2">上記の措置期間</td><td colspan="6">年　月　日　～　　年　月　日</td></tr>
</table>

様式例4（本文3の（4）のエ関係）

年　　月　　日

職場復帰及び就業上の配慮に関する情報提供書

病院
クリニック　　　　先生　御机下

〒
○○株式会社　　○○事業場
産業医　　　　　　　　　　印
電話　○－○－○

日頃より弊社の健康管理活動にご理解ご協力をいただき感謝申し上げます。

弊社の下記従業員の今回の職場復帰においては、下記の内容の就業上の配慮を図りながら支援をしていきたいと考えております。

今後ともご指導の程どうぞよろしくお願い申し上げます。

記

氏名	（生年月日　　年　　月　　日　年齢　　歳）	性別 男・女
復職（予定）日		
就業上の配慮の内容	・時間外勤務（禁止・制限　　H） ・休日勤務　（禁止・制限） ・出張　　　（禁止・制限） ・配置転換・異動 ・その他: ・今後の見通し	・交替勤務（禁止・制限） ・就業時間短縮（遅刻・早退　　H） ・作業転換
連絡事項		
上記の措置期間	年　　月　　日～　　　年　　月　　日	

<注:この情報提供書は労働者本人を通じて直接主治医へ提出すること>

私傷病による職員の休業及び復職に関する規程(例)
株式会社〇〇〇　就業規則　別則第〇号

以下の規程(例)は、心の健康問題により休業した労働者の職場復帰支援の手引きをもとに、事業場で「私傷病による休業及び職場復帰に関する規則」を作成する際の一例として中央労働災害防止協会が作成したものです。どのような内容が適切かは、それぞれの事業場の規模・実態によって異なります。事業場に合った規程を作成するにあたって、参考としてください。

第1章　総則

(目的)

第1条　本規程は、従業員の私傷病による休業及び復職に関する取扱いについて定める。

第2章　休業の開始

(休業の開始)

第2条　従業員が、私傷病を原因として、本規則による休業を申し出た場合、会社は休業を命ずることができる。

2　前項の場合、本人は、別紙1の休業申請書(略)に、医師による診断書を添付して、所属長に提出する。診断書には、休業期間の見込みが記載されていなければならない。

(産業医等の面談)

第3条　前条の規定による申請が行われた場合、会社は、申請者に対し、産業医(又は人事労務管理者)との面談を命ずることができる。

(休業の最長保障期間)

第4条　同一の私傷病による休業の期間は、入社後〇〇年以内の者にあっては〇〇月、入社後〇〇年を超える者にあっては〇〇月を超えることができない。

2　復職後、〇月を超えて連続勤務(会社の休日及び事前に申請し又はやむをえない突発的な理由による有給休暇を除く)した場合、それ以前の休業期間は、最長保障期間に算入しない。

(休業期間中の配慮)

第5条　会社は、休業中の従業員に対し、産業医(又は保健師)による定期的な面接を実施する。ただし、本人の主治医が、これを好ましくないと判断する場合はこの限りではない。

2　会社は、公的な支援体制について情報を提供する。

3　会社の心の健康相談窓口は、休業中の従業員及びその家族も利用可能とする。

4　会社は、必要があると認める場合、本人の同意を得た上で、産業医に主治医との意見交換をさせる。

5　前項の場合において、会社は主治医に対して、職場復帰時に本人に求められる業務の内容その他について情報の提供を行い、復職診断書を提出する際の参考とする。また、費用は会社が負担する。

第3章　復職

(復職委員会)

第6条　復職委員会は、休業した従業員の復職にあたって、復職の適切な判定並びに円滑な職場復帰を目的として設置する。

2　復職委員会は、以下の者から構成し、〇〇部長が委員長となる。(例:〇〇部長、〇〇課長、産業医、人事労務担当者、産業保健スタッフ、管理監督者　等)

3　復職委員会では、職場復帰の可否の判断、職場復帰支援プランの作成、復職後の支援等の業務を行う。

(復職の手続きの開始)

第7条　復職の手続きは、休業している従業員が、別紙2の復職申請書(略)に、医師による復職可能であるとの診断書を添付して、所属長に申し込んだ場合に開始する。

2　前項の申請受領後、会社は速やかに復職委員会を開催し、以下の事項について決定する。

一　復職者に関し、どのような情報を誰から得るか

二　情報の収集の時期及び担当者

三　本人の面談の時期

(情報の収集)

第8条　会社は、前条の規定による復職委員会の開催後、本人に対し、以下の確認を行う。

一　復職の意思の最終確認

二　日常の生活状況及び治療の状況の確認

三　前条の復職委員会において決定した本人の健康情報収集にあたって本人の同意の確認

2　会社は、前項第三号に定める本人の同意が得られた範囲内において、健康情報を収集する。この場合において、主治医から健康情報を得る場合には、産業医が行い、必要な範囲で加工した上で〇〇部へ提出する。

3　収集した健康情報は、〇〇部が集中して管理する。

(試し出勤等)

第9条　〇〇課長は、第7条第1項の規定による復職の意

向を申し出た従業員に対し、通勤訓練を行い、その結果を報告することを勧奨することができる。なお、○○課長は産業医を通して、主治医に運転の可否について聴取し、主治医が自動車の運転を危険であるとした場合は自動車による通勤訓練（及び職場復帰後の自動車通勤）は認めない。

2　前項の通勤訓練は、試し出勤ではない。

3　○○部長は、必要と認める場合には、第6条の規定により職場復帰の手続きを開始する従業員に対し、○○日の範囲内で試し出勤を命じることができる。

4　試し出勤は、原則として元の職場で行うものとし、産業医が必要と認める範囲において、労働時間の短縮、仕事上の配慮など、本来の業務からの軽減を行うことができる。

5　試し出勤中は有給とし、交通費を支払う。

（情報の評価と職場復帰の可否の判断）

第10条　○○部長は、健康情報の収集後、復職委員会を開催し、以下の事項について審議を行う。

一　本人面談の結果、試し出勤等の結果その他の収集した健康情報に対する評価・検討（この場合、資料としては、評価に必要な範囲で○○課が加工したものを用いる。）

二　職場復帰の可否についての判断

三　元の職場からの異動、業務の変更等の必要性及び可否についての検討

四　第2号で職場復帰が可と判断された場合、職場復帰支援プランの作成

（職場復帰の決定）

第11条　○○課長は、前条の復職委員会の後、速やかに該当従業員を産業医に面接させる。産業医は、主治医の診断書その他の健康情報を勘案し、本人の状況を確認して、「職場復帰に関する意見書」を作成し、○○部長に提出する。

2　○○部長は、第9条の復職委員会の検討結果及び前項の「職場復帰に関する意見書」を確認し、速やかに、職場復帰の可否及び職場復帰支援プランについて決定し、該当従業員に通知する。

（職場復帰後の就業上の配慮等）

第12条　会社は、職場復帰後、一定の期間に限定して就業上の配慮を行うことができる。この期間は必要に応じ延長できる。

2　復帰する職場は、原則として元の職場とする。ただし、復職委員会が第10条第3号の規定により元の職場に戻すべきではないとし、かつ○○部長が認めた場合はこの限りでない。

3　就業上の配慮の内容は、以下のものとし、それぞれの適用の有無及び適用期間は、休職・復職委員会が事案ごとに原案を作成し、○○部長が決定する。

一　短時間勤務

二　軽作業や定型業務への従事

三　残業・深夜業務の禁止

四　出張制限（顧客との交渉・トラブル処理などの出張、宿泊をともなう出張などの制限）

五　交替勤務制限

六　業務制限（危険作業、運転業務、高所作業、窓口業務、苦情処理業務等の禁止又は免除）

七　フレックスタイム制度の制限又は適用（ケースにより使い分ける。）

八　転勤についての配慮

4　復職委員会においては第6条に定めるもののほか、以下のことを行う。

一　勤務状況及び業務遂行能力の評価

二　職場復帰支援プランの実施状況の確認

（フォローアップ）

第13条　会社は、第12条の配慮を行っている間、該当従業員に対し、定期的に産業医による面談を行う。

2　面談においては、以下のことを行う。

一　疾患の再燃・再発、新しい問題の発生等の有無の確認

二　勤務状況及び業務遂行能力の確認

三　職場復帰支援プランの実施状況の確認

四　治療状況の確認

3　所属長は、産業医による面談の必要性があると認めるときは、該当従業員に産業医による面談を命ずる。

（プライバシーの保護）

第14条　職務上、他の従業員の個人情報を取り扱い、又は知り得る者は、その情報を、上司又は権限のある者からの指示なく、他に漏らしてはならない。

2　職務上、他の従業員の個人情報を取り扱う者は、別途定める機密文書取扱い規程（略）に基づいて取り扱わなければならない。

（主治医・家族等との連携）

第15条　主治医、家族その他社外の者からの情報収集又は情報提供は、原則として本人の同意を得てこれを行う。

2　主治医、家族その他社外の者からの情報収集に当たっては、その使用目的に同意を得た上で行い、その目的以外に使用しない。

3　主治医との情報交換は、原則として○○部長の指示により産業医が行う。産業医は、主治医から得た情報は、社内の各部署が必要とする範囲で適切に集約・整理して伝える。

4　産業医は、主治医の治療方針に問題があると考えるときは、該当従業員に対し、他の医師の意見を聴くことを勧めることができる。ただし、本人に対する強制力を持つものではない。

◎著者プロフィール

塩見卓也（しおみ・たくや）

京都大学法学部卒業、大阪市立大学法科大学院中退。2006年弁護士登録（修習59期）。現在、大阪公立大学法学研究科特任教授（労働法）、日弁連貧困問題対策本部事務局、日本労働弁護団常任幹事、非正規労働者の権利実現全国会議事務局などを務める。市民共同法律事務所所属。

◎編者プロフィール

城塚健之　東京大学法学部卒業。1987年弁護士登録（修習39期）。
佐々木亮　東京都立大学法学部卒業。2003年弁護士登録（修習56期）。
塩見卓也　京都大学法学部卒業。2006年弁護士登録（修習59期）。
嶋﨑 量　中央大学法学部卒業。2007年弁護士登録（修習60期）。

最新テーマ別［実践］労働法実務 3
休職の法律実務

2024年9月11日　初版第1刷発行

著　者　　塩見卓也
編　者　　城塚健之・佐々木亮・塩見卓也・嶋﨑 量
ブックデザイン　神田　彩
編集担当　古賀一志
発行者　　木内洋育
発行所　　株式会社 旬報社
　　〒162-0041 東京都新宿区早稲田鶴巻町544 中川ビル4階
　　Tel03-5579-8973　Fax03-5579-8975
　　ホームページ　https://www.junposha.com/
印刷製本　中央精版印刷株式会社

ISBN978-4-8451-1908-0　C3032